责任保险专题研究

ZEREN BAOXIAN ZHUANTI YANJIU

郭宏彬◎著

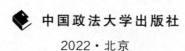中国政法大学出版社

2022·北京

图书在版编目（CIP）数据

责任保险专题研究/郭宏彬著.—北京：中国政法大学出版社，2022.7
ISBN 978-7-5764-0535-4

Ⅰ.①责… Ⅱ.①郭… Ⅲ.①责任保险－保险法－研究－中国 Ⅳ.①D922.284.4

中国版本图书馆 CIP 数据核字(2022)第 124403 号

出 版 者	中国政法大学出版社
地　　址	北京市海淀区西土城路 25 号
邮寄地址	北京 100088 信箱 8034 分箱　邮编 100088
网　　址	http://www.cuplpress.com (网络实名：中国政法大学出版社)
电　　话	010-58908285(总编室) 58908433（编辑部）58908334(邮购部)
承　　印	固安华明印业有限公司
开　　本	720mm×960mm　1/16
印　　张	14.5
字　　数	222 千字
版　　次	2022 年 7 月第 1 版
印　　次	2022 年 7 月第 1 次印刷
定　　价	69.00 元

CONTENTS
目 录

责任保险及其制度功能

　　责任保险无论作为经济制度还是法律制度，均具有其独特的性质和价值。责任保险的主要特征为何？其本质为何？其与民事责任制度有何关联？本书拟从这些基础性问题出发，从责任保险的制度机制解析入手，分析其制度功能之演进。

一、责任保险及其制度机制

（一）责任保险的定义

　　对于责任保险（liability insurance），各个国家和地区一般由保险法或商法直接规定其含义。例如：

　　（1）德国《保险契约法》规定，在责任保险中，要保人基于在保险期间内所引起对第三人应负责任的事由所进行的给付，保险人有义务赔偿。[1]

　　（2）美国《财产保险法》规定，责任保险是以被保险人因对第三方的人身伤害及财产损失而依法应付的经济赔偿责任为保险标的的保险。[2]

　　（3）荷兰《商法》规定，责任保险是负责承保被保险人对第三者可能产生的法律和合同责任的保险。[3]

　　（4）我国《香港保险公司条例》规定，责任保险是指以承保被保险人必须对第三者承担法律责任风险为保险标的的保险。[4]

　　（5）《中华人民共和国保险法》（以下简称《保险法》）第65条第4款规定，责任保险是指以被保险人对第三者依法应负的赔偿责任为保险标的的

---

〔1〕　参见日本生命保险公司编：《德国保险法规》（内部资料）。
〔2〕　参见《各国保险法规制度译编》，中国金融出版社2000年版，第33页。
〔3〕　参见《各国保险法规制度译编》，中国金融出版社2000年版，第319页。
〔4〕　参见《各国保险法规制度译编》，中国金融出版社2000年版，第720页。

保险。

各个国家和地区的立法对于责任保险的定义，其实质意义与内涵基本相同。尽管皆从保险标的入手来定义责任保险，但对于保险标的之范围的界定还是有些差异。如美国只认可侵权责任为责任保险标的，相应地，美国学者一般也支持这样的观点，认为因合同义务不履行而产生的赔偿责任不能成为责任保险的标的。[1] 而荷兰则明确规定责任保险标的包括合同责任。学界一般主张责任保险标的主要为侵权责任，合同责任可以经过特别之约定而成为责任保险之标的。

(二) 责任保险的制度机制

1. 责任保险制度的本质——法律责任风险社会化

责任保险的制度机理与一般的商业保险并无根本区别。从经济关系角度讲，保险是以概率论为技术条件，进行合理计算，以确定保险费率，集合多数单位共同建立保险基金，用来在发生自然灾害或意外事故时，对被保险人的财产损失或人身伤亡给予经济补偿或给付保险金的一项经济制度。因此，它的原理就是利用集合风险和转移风险的方法，将单个风险分散于社会，使损失消化于无形，从而保障社会的安定与繁荣。[2]

保险的三个要素也是从保险作为经济制度的角度来确定的。(1) 前提要素——风险存在。无风险则无保险，风险的存在是保险存在的前提。风险包括人身风险、财产风险和法律责任风险三大类，但并非所有风险都是保险的对象，保险人所能承保的只是可保风险。所谓可保风险，是指上述三类风险中可能引起损失的偶然事件。这些事件发生与否、何时发生、发生的原因及结果均很难预料。(2) 基础要素——众人协力。保险是互助行为，其原理是集合风险、分散损失，其技术是概率论的大数法则，因此只有多数人参加，才能使保险费率合理，保险才能发挥其应有的职能和作用。(3) 功能要素——损失赔付。保险之功能并非保证不发生风险，而在于损失后进行补偿，是一种善后措施。这种补偿是投保人支付保险费的对价。人身保险保险金的

---

〔1〕 See Kenneth S. Abraham, *Insurance Law and Regulation*, The Foundation Press, 1990, pp. 483-506.

〔2〕 参见孙积禄等编著：《保险法原理》，中国政法大学出版社 1993 年版，第 1~7 页；覃有土、樊启荣：《保险法学》，高等教育出版社 2003 年版，第 6~10 页。

给付，虽然不能补偿人身上的损害，但却可以补偿与人身损害相关的经济损失，可见人身保险仍具有补偿的性质。因此，保险最基本、最固有的职能就是组织经济补偿。[1]

保险的实质是一种风险分担机制。就是少数人的损失由多数人来分摊，投保人经常以微小的代价即保险费的支出，换得对将来巨大损失的保障，即在发生约定事故损失时取得保险金。概率论（大数法则）在保险中的应用是损失合理分摊的前提。风险的发生是偶然的，但同时也是有规律的，人们可以通过概率论将个别风险单位遭受损失的不定性，变成多数单位可以预知的损失，并以此为基础，依据不同险种制定与之相对应的合理的保险费率，使每一个投保人对保险费的分摊都较为准确、合理。[2]

具体而言，在保险关系中，保险双方的权利义务关系是靠保险合同确立和维系的。投保人向保险人交纳少量的保险费，保险费是根据风险发生概率合理计算出来的损失分摊额，是每一个投保人都必须要交纳的。众多投保人交纳的保险费的总和构成保险基金。保险基金由保险人掌握和管理，当被保险人遭受合同约定的财产损失或者人身损害时，保险人以此向被保险人或者受益人赔偿或者给付保险金。但是并非所有的被保险人都能得到保险金，对于特定的被保险人来讲，能否得到保险金是不定的。只有少数遭受合同约定的财产损失或者人身损害的被保险人才能获得保险金，保险金的数额通常以实际损失为限，且不超过合同约定的保险金额，但一般来说要远远超过保险费的数额。[3]

责任保险的制度机理也是如此，它是一种经济制度，但需要以一种法律形式——合同来实施。责任保险的实质就是法律责任的分担，或者说是法律责任风险的社会化。这就意味着，如果一个人向保险公司交一点保险费，为自己投保了责任保险，那么，在保险期限内一旦出现保险合同所约定的法律

---

〔1〕 参见覃有土主编：《保险法》，北京大学出版社1998年版，第6~10页。

〔2〕 参见覃有土、樊启荣：《保险法学》，高等教育出版社2003年版，第7~10页。

〔3〕 从保险原理上讲，保险费的总和＝保险基金＝保险金的总和，这个公式中的相等关系是靠大数法则计算合理的保险费率来实现的。但实践中，因保险是商业行为，保险公司不仅要有经营成本，而且还要营利，所以保险费的总和往往要大于保险金的总和，多出的部分就是称为附加保费，包括保险公司的经营开支、税费和利润等。

责任，就由保险公司替代其向责任相对人赔偿，而无须其自己承担责任。例如，投保了汽车第三者责任险的驾驶人，开车撞了行人，按法律规定应赔偿该受害人，但因其投保了第三者责任保险，所以便由保险公司代替其向受害人赔偿，或者在其赔偿受害人之后，由保险公司给予其保险金。而保险公司为此支付的赔偿金或保险金，并非出自保险公司自己的腰包，而是由众多购买此种保险的投保人所缴纳的保险费来支付，也就是由该险种的被保险人共同体分担了。

在学理上，作为保险的一种，责任保险的有效运作需要满足以下条件：（1）由各个因某种风险事故发生而将遭受损失之人所组成的共同团体；（2）在此共同团体之内存在保险法上的风险，以使"大数法则"有其适用之余地；（3）该种风险具有同一性；（4）损害事故发生后补偿的需要性以及有偿性。[1]

2. 责任保险的标的——法律责任

责任保险区别于一般财产保险的显著特征就是保险标的——法律责任具有特殊性。值得注意的是，责任保险之标的范围并非覆盖所有的民事责任，其所承保的"责任"之范围与民事损害赔偿责任是不同的。一方面，责任保险承保的责任主要是被保险人的过错行为所致的责任事故风险，即被保险人的故意行为通常是保险合同规定的除外责任，保险公司不予负担。这一经营特点决定了责任保险承保的责任范围明显小于民事损害赔偿责任的范围。另一方面，在被保险人的要求下并经保险人的同意，责任保险又可以承保着超越民事损害赔偿责任范围的风险。无过错责任超出了一般民事损害赔偿责任的范围，但保险人通常也将其纳入承保责任范围。另外，责任保险所承保的责任风险通常是民事侵权责任，但如果保险合同有特别的约定也可承保部分合同责任。

责任保险的保险责任一般包括两项内容：（1）被保险人依法对造成他人财产损失或人身伤亡应承担的经济赔偿责任；（2）因赔偿纠纷引起的由被保险人支付的诉讼、律师费用及其他事先经过保险人同意支付的费用。因为赔偿责任的金额通常难以预测，所以一般在责任保险合同中明确规定

---

〔1〕 参见江朝国：《保险法基础理论》，中国政法大学出版社 2002 年版，第 19~28 页。

保险金额作为保险人承担赔偿责任的最高限额。其通常有以下几种类型：
（1）每次责任事故或同一原因引起的一系列责任事故的赔偿限额，它又可以分为财产损失赔偿限额和人身伤亡赔偿限额两项。（2）保险期内累计的赔偿限额，它也可以分为累计的财产损失赔偿限额和累计的人身伤害赔偿限额。（3）在某些情况下，保险人也将财产损失和人身伤亡两者合成一个限额，或者只规定每次事故和同一原因引起的一系列责任事故的赔偿限额而不规定累计赔偿限额。保险公司除通过确定赔偿限额来明确自己的承保责任外，还通常在合同中规定免赔额，以此达到促使被保险人小心谨慎、预防事故的目的。

二、责任保险的性质

责任保险的性质与保险的分类密切相关。对于保险最为基础的分类，是分为寿险和非寿险。在笔者看来，寿险是风险保险与储蓄或者投资的一种结合，是保险制度的异化，因此许多保险制度所固有的一些原则如损失补偿原则，在寿险上是不能适用的。[1]而责任保险显然属于非寿险范畴。

（一）责任保险属于广义的财产保险

与上述分类相类似的一种分类，是按照保险标的的不同，将保险分为财产保险和人身保险。责任保险，虽然不是以被保险人某一具体财产为标的，但由于发生民事赔偿责任，就需在其财产中做出部分支出，若不发生民事赔偿责任，则可不支出。因而，责任保险实际上是以被保险人全部责任财产为保险标的的一种保险。也正是从该角度出发，学界一般认为，责任保险在性质上归于广义的财产保险范畴，因为被保险人对第三者依法应负的赔偿责任必然体现为财产的给付。学者们通常将广义的财产保险分为三类：（1）对于特定标的物的灭失损毁之保险，即有形财产保险；（2）对于将来可取之利益的丧失之保险，即无形财产保险；（3）对于发生事故而需由其财产中支出之保险，责任保险即属于第三类型的财产保险。[2]在传统保险法上，一般将财产保险合同区分为火灾保险合同、海上保险合同、运输保险合同、责任保险

---

〔1〕 参见郭宏彬：“保险利益原则之再界定”，载《中央政法管理干部学院学报》2001 年第 3 期。

〔2〕 参见郑玉波：《保险法论》，三民书局 1981 年版，第 132 页。

合同以及其他财产保险合同等。目前一些国家和地区的保险立法也是采用此种分类。我国《保险法》将责任保险归于财产保险之列，将规定有责任保险合同内容的条文第 65 条和第 66 条置于第二章 "保险合同" 之第三节 "财产保险合同" 之中；同时，在《保险法》第 95 条第 1 款中明确规定，保险公司的业务范围：（1）人身保险业务，包括人寿保险、健康保险、意外伤害保险等保险业务；（2）财产保险业务，包括财产损失保险、责任保险、信用保险、保证保险等保险业务；（3）国务院保险监督管理机构批准的与保险有关的其他业务。可见，责任保险还是一种法律上的 "有名" 保险。

（二）责任保险属于损失填补性保险

依据是否适用损失补偿原则，可将保险分为定额给付性保险和损失填补性保险。[1]损失填补性保险适用损失补偿原则的诸项具体规则和制度，如超额保险规则、重复保险规则、代位求偿制度、保险委付（物上代位）制度等，而定额给付性保险则不适用。责任保险合同虽然往往是限额责任，但在本质上不同于定额给付性保险，因此，责任保险属于损失填补性保险无疑。这里所谓的损失，既包括现有财产利益的减少（也称为积极利益或者现有利益的损失）、财产利益应增加而没有增加（也称为期待利益的损失），也包括因为承担赔偿责任而发生的不利益（也称为消极利益损失）。也就是说，如果被保险人因为致使他人损害而应对他人承担赔偿责任，必然会使被保险人的现有财产因为赔偿他人而减少，而对被保险人这种 "财产减少" 的填补，也是保险制度上 "损失填补" 的固有内容之一。正如英国一位法官认为的那样，填补损害（indemnity）一词的含义，不以保护受补偿的人免受第三人索赔而发生的损失为限；即使不存在任何第三人的索赔，它还包括对受补偿的一方遭受的直接损失或损害的赔偿。火灾保险单可以被完全描述成用以填补保单持有人因火灾而遭受的损失的保险单。[2]

这种分类已被众多国家立法所采用，如德国《保险契约法》，其第二章 "损害保险"（内容包含火灾保险、冰雹保险、动物保险、运输保险、责任保险和法律保护保险）、第三章 "人寿保险"、第四章 "伤害保险"。日本《商

---

〔1〕 参见江朝国：《保险法基础理论》，中国政法大学出版社 2002 年版，第 81~85 页。

〔2〕 See Policyholders Protection Board v. Official Receiver, 〔1976〕1 W. L. R. 452. 转引自邹海林：《责任保险论》，法律出版社 1999 年版，第 31 页。

法典》中将保险划分为生命保险和损害保险（又称不定额保险），因为此种分类方法有一个空白区，就是如果人在受到损害的时候，到底属于上述哪个领域就难以确定。因此，日本的保险界就将伤害保险独自成为一个领域，称之为"第三领域"。[1]而 2008 年 6 月 6 日最新颁布的日本《保险法》中第二章名为"损害保险"，第三章名为"生命保险"，第四章名为"伤害疾病定额保险"。[2]

（三）责任保险属于第三人保险

对于损失填补性保险，依据保险风险和保险标的之差异，还可以进一步分为两种类型：第一人保险和第三人保险。所谓第一人保险（first party insurance），是指以被保险人的人身或财产（包括其他的财产性利益）为保险标的，以意外事故为承保风险的保险。被保险人利用第一人保险，目的在于保护其自身免受意外事件造成的经济损失，这里的意外事件之发生并不与民事责任归责原则相关联。[3]而第三人保险（third party insurance），是指以被保险人对第三人的损害赔偿责任为保险标的，以被保险人对第三人的给付为承保风险的保险。责任保险属于第三人保险的范畴。第一人保险的保险风险，若其发生必将立即造成被保险人的财产或利益的减损或者灭失，以致被保险人将失去利用它们的机会；第三人保险所承保的风险，则是被保险人向其他第三人转移某种利益或为给付的责任。[4]在这个意义上，第一人保险与第三人保险有着显著的区别。

责任保险，是以被保险人因为致使第三人的人身或财产受损而应当对第三人承担的赔偿责任为保险标的之保险，属于第三人保险范畴。在这里，保险人所承保的被保险人的损失并非直接源于意外事故本身，而是因为被保险

---

〔1〕 参见沙银华：《日本经典保险判例评释》，法律出版社 2002 年版，第 3~4 页。

〔2〕 2009 年 10 月 17 日在北京举行的"中日新保险法研讨会"（清华大学法学院、中国人民大学法学院、中国政法大学比较法研究所共同主办）会议资料。2008 年 6 月 6 日，原规定于日本《商法典》中的关于保险合同的规定经重大修改并以单行法典《保险法》的形式通过日本国会审议并正式公布。

〔3〕 See Marc A. Franklin, *Injuries and Remedies: Cases and Materials on Tort Law and Alternatives*, 2nd ed., The Foundation Press, 1979, p. 708.

〔4〕 See W. I. B. Enright, *Professional Indemnity Insurance Law*, Sweet & Maxwell, 1996, p. 77. 转引自邹海林：《责任保险论》，法律出版社 1999 年版，第 31~32 页。

人应对第三人承担赔偿责任所致，是一种消极利益损失。在一般财产保险与人身保险实践中，保险人补偿的对象都是被保险人或受益人，其赔款或保险金也是完全归被保险人或其受益人所有，均不涉及第三人。而责任保险却与此不同，其直接补偿对象虽然一般也是与保险合同相关的被保险人，被保险人无损失则保险人无须赔偿，但被保险人的利益损失又首先表现为因被保险人的行为导致第三人的利益损失为基础的，即第三人的利益损失的客观存在并依法应由被保险人负责赔偿时，才会产生被保险人的损失。因此，这种赔偿实际上是对被保险人之外的受害第三人的赔偿。第三人对被保险人的赔偿请求，是责任保险合同得以成立和存在的基础。若没有第三人的存在，被保险人的损害赔偿责任无从发生，当无责任保险的适用。对此，英国的布鲁斯法官（Bruce J.）在有关雇主责任保险的著名判例中认为，保险人给付保险单约定的保险金额之基础，是被保险人对其死亡或者所受人身伤害负有责任；被保险人的雇员的死亡或者所受的人身伤害若因自然原因所致，不发生保险单约定的保险给付，除非雇员的死亡或者所受的人身伤害可归责于被保险人的原因，且被保险人因此而承担赔偿责任；责任保险保险单约定的保险给付，不是对于被保险人的雇员的死亡或者人身伤害的赔偿，而是对被保险人因为索赔而承担赔偿责任的填补；保险给付的发生应当满足两个条件：其一，雇员死亡或者受到人身伤害；其二，被保险人对雇员的死亡或者人身伤害应当承担赔偿责任。[1]

同时，责任保险是被保险人受赔偿请求时保险人始负赔偿责任的保险。责任保险虽以被保险人对于第三人之赔偿责任为标的，但若该项赔偿责任纵已发生，而第三人不向被保险人请求时，则被保险人仍无损害可言，从而保险人亦不必对之负赔偿责任。所以责任保险之保险人于被保险人受第三人之赔偿请求时，始对被保险人负其责任。从这点上看，责任保险的赔偿比一般财产保险和人身保险的赔偿要复杂一些：每一起责任保险赔偿案的出现，都是以被保险人对第三方的损害并依法应承担赔偿责任为前提条件的，从而必然要涉及受害的第三人，而一般财产保险或人身保险的赔偿只涉及保险合同

---

〔1〕　See Lancashire Ins. Co. v. Inland Revenue Commissioners, ［1889］1 Q. B. 358. 转引自邹海林：《责任保险论》，法律出版社 1999 年版，第 32 页。

的双方。值得注意的是，随着责任保险制度的发展，产生了受害第三人请求权或者受偿权制度，[1]这更加凸显了责任保险的第三人性。

可见，责任保险是直接保障被保险人的利益，间接保障不确定的受害第三人利益的一种双重保障机制。从当今各个国家和地区责任保险赔付规则的相关立法来看，与其说责任保险是对被保险人因承担法律责任而致财产损失的填补，毋宁说是替代被保险人对受害第三人给予赔偿，因此，法律一般赋予第三人对保险金的请求权。

（四）责任保险属于消极保险

在学理上，基于对保险利益区分为积极保险利益和消极保险利益，也将保险区分为积极保险和消极保险。于保险法上，保险人基于保险技术之因——即风险范围评估和保险费之对价关系，并非于保险事故发生时，赔偿所有因此而产生之损害，保险人所负之义务唯限于保险契约中保险标的所受侵害而产生之损害。故学说上称前者为定额损害原则（Summenschadensprinzip），后者为个别损害原则（Einzelschadensprinzip）。依个别损害原则，保险人只负责赔偿个别契约中所定之损害。而就保险法上损害之性质而言，可区分为积极保险和消极保险。[2]积极保险之保险契约所保护者为被保险人之积极保险利益，所谓积极保险利益为一特定之人对某一特定积极财产或积极肯定有利之经济地位之关系。[3]而消极保险之保险契约所保护者为被保险人之消极保险利益，所谓消极保险利益为特定人对于某一不利之关系，因为此不利之发生而使特定人产生财产上之损失。[4]法定责任保险和契约责任保险均属于消极保险。这种分类有点抽象，其本身乃至对于责任保险的价值尚待进一步研究。

综上，将责任保险归于广义的财产保险范畴在理论上和立法实践上并无异议；同时，责任保险也是损失填补性的保险，原理上可以适用保险损失补偿原则之诸规则；其特性在于它是第三人保险，也因此，责任保险有着不同

---

〔1〕 例如我国《保险法》第65条规定，保险人对责任保险的被保险人给第三者造成的损害，可以依照法律的规定或者合同的约定，直接向该第三者赔偿保险金。责任保险的被保险人给第三者造成损害，被保险人对第三者应负的赔偿责任确定的，根据被保险人的请求，保险人应当直接向该第三者赔偿保险金。被保险人怠于请求的，第三者有权就其应获赔偿部分直接向保险人请求赔偿保险金。

〔2〕 参见江朝国：《保险法基础理论》，中国政法大学出版社2002年版，第86页。

〔3〕 参见江朝国：《保险法基础理论》，中国政法大学出版社2002年版，第86页。

〔4〕 参见江朝国：《保险法基础理论》，中国政法大学出版社2002年版，第107页。

于一般保险的特征、功能和特殊规则。

三、责任保险的特征

学者们对于责任保险的特征的归纳和表述并不完全相同，大致可以概括为以下几个方面：

（一）责任保险标的之特殊性

责任保险与其他类型保险最为根本的区别是保险标的的不同。

一般来讲，人身保险的标的是人的寿命和身体，财产保险的标的是被保险人的有形财产及相关利益。而责任保险的标的是被保险人对于第三人依法应负的损害赔偿责任。责任保险与人身保险在标的上的区别显而易见，人身保险是以人的寿命和身体为保险标的的保险合同，"人的寿命和身体"与"责任"是明显不同的。同时，责任保险与一般的财产保险在标的上也有着重大的区别。一般财产保险的标的是有形的物质财产，与物质财产相关的利益及其责任，虽然也在保险范围之内，但只是附加在有形财产上的保险，不能单独存在。[1]而责任保险是以被保险人对于第三人依法应负之赔偿责任为标的的保险。例如汽车发生车祸，撞伤行人，车主对于该受害人应负侵权之损害赔偿责任。赔偿后则车主之全体财产必然减少，而遭受损失，于是为填补此种损失，得事先以此种对于受害第三人之赔偿责任为标的，而投保责任保险。此种对于第三人之赔偿责任，如不发生，则被保险人固无何种积极之利益，然若发生，则被保险人之全体财产即必减少。可见，此种保险，实等于以被保险人的全体财产为标的（火灾保险或运送保险则以被保险人的个别的具体的财产为标的），所以也属于财产保险。

责任保险虽然属于广义财产保险范畴，与一般财产保险具有共同的性质，即都属于损失补偿性保险，而适用于广义财产保险的一般经营理论；但是责任保险承保的却是法律风险，且具有代替加害人赔偿受害人的特点，在实务经营中亦有自己的独特之处。因此，在各个国家和地区保险市场上，通常将责任保险作为独成体系的保险业务。[2]

---

〔1〕 参见方乐华：《保险法论》，立信会计出版社 2006 年版，第 88 页。

〔2〕 参见张洪涛、郑功成主编：《保险学》，中国人民大学出版社 2000 年版，312 页。

赔偿责任作为保险合同标的，首先，这种责任是法律责任，非因依法应由被保险人承担的责任，不能成为责任保险的标的；其次，这种法律责任应是民事责任，被保险人依法承担的刑事责任、行政责任不能成为责任保险的标的；最后，这种法律责任是过错责任或法定的无过错责任。被保险人因故意造成他人损害而依法承担民事损害赔偿责任，不能成为责任保险标的。[1]非损害赔偿责任不能作为责任保险的标的，如被保险人致人损害而应当承担的赔礼道歉的民事责任，不得为责任保险的标的。但是，被保险人对第三人承担的民事责任不以损害赔偿为直接内容，而责任的履行得以转化为损害赔偿或得以金钱计算的，可为责任保险的标的，如被保险人致人损害而应承担的恢复原状、消除风险的民事责任。

值得注意的是，早期责任保险理论认为，责任保险只适用于被保险人对第三人的侵权损害赔偿责任。[2]但现代保险法的理论与实务，承认责任保险的标的可以为侵权责任，亦可以为合同责任。[3]实际上，违约损害赔偿和侵权损害赔偿除发生的原因和成立要件有所不同外，在赔偿受害人损失方面并无实质差别，就其填补受害人的损害而言，具有相同的意义。因此，二者均可成为责任保险的标的。另外，根据保险之一般原理，被保险人故意行为造成之风险当属道德风险，不可作为责任保险之标的，但随着责任保险制度的发展，特别是在专为受害第三人利益而设置的强制责任保险范畴，保险人对被保险人故意造成第三人损害不承担保险责任已不具有绝对意义。[4]

（二）责任保险赔偿的限额性

由于保险标的的性质不同，责任保险与一般财产保险在赔偿额度上也有所差别，或者说，二者赔偿限额确定的依据不同。所谓赔偿限额，是指保险

---

〔1〕 参见温世扬主编：《保险法》，法律出版社 2003 年版，第 251 页。

〔2〕 以美国为例，美国法院的绝大多数判例将合同责任（contractual liability）排除于责任保险的承保范围之外，将责任保险的标的限定为侵权行为（torts）所造成的人身和财产损失而产生的责任。See Kenneth S. Abraham, *Insurance Law and Regulation*, The Foundation Press, 1990, pp. 483-504.

〔3〕 参见邹海林：《责任保险论》，法律出版社 1999 年版，第 62 页。

〔4〕 例如，1960 年英国《道路交通法》（Road Traffic Act, 1960）规定，交通事故之受害人，可直接向责任保险的保险人请求给付保险赔偿金；第三人向保险人请求给付保险赔偿金时，保险人不得以被保险人的故意行为来对抗第三人的赔偿请求。我国《机动车交通事故责任强制保险条例》（以下简称《交强险条例》）第 22 条规定，被保险人故意制造道路交通事故的，保险公司在机动车交通事故责任强制保险责任限额范围内垫付抢救费用，并有权向致害人追偿。

人承担赔偿责任的最高限额。在一般财产保险中，赔偿限额就是保险金额，是根据保险标的的实际价值来确定的。一般来说，保险金额不得高于保险财产的实际价值，而赔偿的保险金一般以实际损失为限，且最高额度不能超过保险金额。责任保险承保被保险人对第三人的赔偿责任，而非被保险人的财产或者利益的实际损害，被保险人赔偿责任的发生与否以及赔付责任的大小均取决于多种偶然因素。被保险人赔偿责任发生的偶然性，决定保险人在订约时不可能确切地预测保险事故所造成损害的大小，保险人亦不可能承诺被保险人造成多少损害就赔偿多少。所以，在订立责任保险合同时，投保人和保险人所约定的保险金额，实际为保险人承担赔偿责任的最高限额。各个国家和地区所适用的责任保险单一般约定有每次保险事故的最高限额或者保险期内的累计赔偿限额。不论在保险期间内发生多少次保险事故，保险人给付保险金，均以合同约定的最高赔偿限额为限。从这个意义上说，责任保险为限额保险。[1]

保险人在承保责任保险时，通常对每一种责任保险业务规定若干等级的赔偿限额，由被保险人自己选择，被保险人选定的赔偿限额便是保险人承担赔偿责任的最高限额，超过限额的赔偿责任只能由被保险人自行承担。通常责任保险合同规定赔偿限额的方式有以下几种：（1）每次责任事故或同一原因引起的一系列事故的赔偿限额。它又分为财产损失赔偿限额和人身伤亡赔偿限额两项。（2）保险期限内累计限额。它也分为累计的财产损失赔偿限额和累计的人身伤亡赔偿限额。（3）在某些条件下，将财产损失和人身伤亡两者合为一个限额，或者只规定每次事故和同一原因引起的一系列责任事故的赔偿限额，而不规定累计的赔偿限额。另外，从目前国际上责任保险的发展趋势看，越来越多的国家对人身伤亡不再规定赔偿限额。[2]

（三）责任保险功能上的替代性和保障性

责任保险以被保险人对受害人承担的赔偿责任为标的，与以有形财产或利益为标的的财产保险有差别，即以有形财产或利益为标的的财产保险，纯粹为被保险人本人的利益而存在，而责任保险尚须为第三人的利益而存在。

---

〔1〕 参见覃有土、樊启荣：《保险法学》，高等教育出版社 2003 年版，第 260 页。

〔2〕 参见温世扬主编：《保险法》，法律出版社 2003 年版，第 251 页。

因此，责任保险在性质上为第三人保险。责任保险合同是为第三人利益而订立的合同。具体而言，投保人与保险人订立的责任保险合同，虽有填补被保险人所受损害之目的，但其目的并不在于填补被保险人的财产或者人身因为意外事故而受到的损害。责任保险的目的在于转移被保险人对第三人应当承担的赔偿责任，性质上为第三人保险。

也正是因为上述责任保险的第三人性，使得责任保险在功能上具有替代性和保障性之特征，既替代被保险人承担赔偿责任，又保障受害第三人得到救济。因为责任保险为被保险人转移其赔偿责任的一种方式，亦为受害人取得实际赔偿创造了条件。除法律规定不能通过责任保险转移的赔偿责任或保险合同不予承保的赔偿责任以外，被保险人对第三人应当承担赔偿责任，或者受害人请求被保险人给付赔偿金时，由保险人承担赔偿责任。在这个意义上，责任保险的保险人承担了被保险人的赔偿责任，其居于替代被保险人向受害人赔偿的地位，这就是责任保险赔付功能的替代性。[1]这与责任保险中的保险人追偿制度并不矛盾，追偿制度是控制被保险人道德风险的一种机制，通常基于合同的特别约定，并非普遍适用，且在追偿权与追偿利益之间尚有一定"风险"存在。因此，追偿制度并不否认责任保险一般功能上的替代性特征。

责任保险合同相当程度上是为第三人的利益而订立的。在现实生活中，责任事故的发生不可避免。一旦发生事故，造成他人的人身伤亡或财产损失，加害人必须依法承担经济赔偿责任，但加害人对于这种赔偿责任，有的能够全部负担，有的只能负担一部分，有的则根本无力负担。即使无赔偿能力的加害人受到刑事制裁，也仅仅是对加害人的一种事后惩罚，对受害人在经济上无法进行赔偿，也就对受害人无实质性的救助。如果没有责任保险，受害人能否获得经济赔偿无确切保证。因此，责任保险在功能上具有保障性。正是为保障无辜受害者的经济利益，许多国家和地区对一些风险项目实行强制性责任保险。[2]或者说，在强调保障性功能的领域，法律或者政策通常推行强制责任保险，如强制汽车责任保险等。

---

〔1〕 参见覃有土、樊启荣：《保险法学》，高等教育出版社 2003 年版，第 259 页。

〔2〕 参见温世扬主编：《保险法》，法律出版社 2003 年版，第 251 页。

四、责任保险的类型

（一）责任保险的一般分类

现代保险业已经发展到了相当复杂的程度，难以通过一个绝对固定的标准，对责任保险进行严格的划分。责任保险的分类只是相对的，并不具有绝对的意义。依据不同的标准，责任保险可有不同的分类：

1. 自愿责任保险和强制责任保险

按照保险实施形式的不同，责任保险可分为自愿责任保险和强制责任保险。

（1）自愿责任保险。自愿责任保险又称任意责任保险，是指投保人和保险公司在平等互利、等价有偿原则的基础上，通过协商一致，双方完全自愿订立责任保险合同，建立责任保险关系的保险。[1]自愿责任保险是一种比较普遍的保险实施形式，商业保险中的责任保险绝大多数均属于自愿保险。例如，我国《保险法》第11条规定，订立保险合同，应当协商一致，遵循公平原则确定各方的权利和义务。除法律、行政法规规定必须保险的外，保险合同自愿订立。因此，保险自愿是保险的一般原则。

（2）强制责任保险。强制责任保险又称为法定责任保险，是指国家或政府通过制定法律、颁发法规或行政命令，强行在投保人和保险人之间建立起责任保险关系的责任保险。[2]强制责任保险是对保险领域契约自由的限制，只能基于法律的特别规定而开办，可以说，强制责任保险多是基于国家社会政策或经济政策的需要而开办的，往往是为了实施某项政策而采用的一种手段。例如，《中国华人民道路交通安全法》（以下简称《道路交通安全法》）第17条规定，国家实行机动车第三者责任强制保险制度，设立道路交通事故社会救助基金。具体办法由国务院规定。而据此国务院制定的《交强险条例》是我国第一部正式以"强制保险"命名的行政法规。强制责任保险的强制性集中表现于投保环节和承保环节上，即强制投保和强制承保。法律的强制性是强制保险最根本的特征，但其数量较少，只是保险自愿原则之特例。强制

---

[1] 参见许飞琼编著：《责任保险》，中国金融出版社2007年版，第28页。
[2] 参见许飞琼编著：《责任保险》，中国金融出版社2007年版，第27页。

责任保险往往着眼于维护社会秩序和稳定社会关系的整体利益,带有一定的政策性。当今世界,强制责任保险主要有汽车责任保险、雇主责任保险、律师责任保险、环境责任保险等。

2. 事故型责任保险和索赔型责任保险

按照保险索赔基础的不同,责任保险可以分为事故型责任保险和索赔型责任保险。

(1) 事故型责任保险。事故型责任保险,又称期内发生式责任保险,是指保险人承诺对被保险人因为约定事件的发生而产生的责任损失予以补偿。但该约定的事件,仅以对第三人有所影响而在保险单约定的期间内所发生的事件为限。[1]换言之,即保险人是以被保险人致人损害的行为或者事故发生在责任保险单的有效期间作为保险人承担责任的条件,从而向被保险人承担保险给付的责任,而不论第三人的索赔是否发生在保险单的有效期间。

(2) 索赔型责任保险。索赔型责任保险,又称期内索赔式责任保险,是指以第三人向被保险人请求索赔的事实发生在责任保险单的有效期间,则保险人应对被保险人承担保险金给付责任的保险。[2]其特点是以第三人向被保险人请求索赔的事实发生在责任保险单的有效期间作为保险人承担责任的条件,继而对被保险人承担保险给付的保险,而不论被保险人致人损害的行为或事故是否发生在保险单的有效期间。

以"事故发生为基础"(occurrence basis)的事故型责任保险与以"索赔发生为基础"(claim made basis)的索赔型责任保险不同,容易产生"长尾巴责任"的问题,因为采用这种方式,在保险期间内发生的事故,可能会在保险期限终止后一段时间,甚至很长时间后才提出索赔,就会导致"长尾巴责任"。现今,国内推出的责任保险已经普遍采用"索赔发生为基础"。[3]

3. 其他分类形式

除上述分类外,对于责任保险还可以按其与责任风险的关系不同,将其

---

[1] 参见张洪涛、王和主编:《责任保险理论、实务与案例》,中国人民大学出版社 2005 年版,第 51 页。

[2] 参见张洪涛、王和主编:《责任保险理论、实务与案例》,中国人民大学出版社 2005 年版,第 51 页。

[3] 参见李玉泉:《保险法》,法律出版社 2003 年版,第 184~185 页。

分为直接责任保险和间接责任保险。按其与其他财产保险关系的不同，分为独立责任保险、附加责任保险和混合责任保险。按其责任承担主体的不同，分为自然人责任保险和法人团体责任保险。按责任保险承保责任（保险标的）的性质进行分类，可分为民事损害赔偿责任保险和合同责任保险。[1]同样，按责任保险承担责任基础的不同，还可将民事损害赔偿责任保险进一步分为过错责任保险和无过错责任保险。过错责任保险是指承保被保险人因疏忽或过失行为对他人造成损害时依法应承担的赔偿责任的保险。主要包括汽车第三者责任险、职业责任保险、公共责任保险等。而无过错责任保险，是指承保被保险人无过错赔偿责任（即无论被保险人有无过错，凡致使他人人身伤害、财产损失或利益丧失的，都要对他人负赔偿责任）的保险。无过错责任保险一般都是基于法律明确之规定，主要包括雇主责任保险、产品责任保险、核电站责任保险、环境责任保险等。

（二）责任保险的险种类型

在欧美等发达国家，责任保险合同包罗万象，几乎到了无所不保的程度，因而其险种也千差万别，极其繁多。[2]因为保险公司的险种多是根据保险标的的不同而划分的，因此，这种分类具有重要的意义，它正是保险学和保险法的理论与实践衔接之处，也是保险及保险合同最为基本的分类。责任保险区别于其他保险也是基于保险标的之标准。根据保险标的之不同，责任保险主要分为以下类型：

1. 公众责任保险

公众责任保险（public liability insurance），又称普遍责任保险或综合责任保险。它是责任保险中一项独立的、适用范围极其广泛的险种。广义的公众责任保险几乎承保所有的损害赔偿责任；狭义的公众责任保险，仅以被保险人的固定场所作为保险区域范围，主要承保企业、机关、团体、家庭、个人以及各种组织（单位）在固定的场所从事生产、经营等活动以至于日常生活中由于意外事故而造成他人人身伤害或财产损失，依法应由被保险人所承担的各种经济赔偿责任。[3]

---

〔1〕 参见许飞琼：《责任保险》，中国金融出版社 2007 年版，第 29~33 页。
〔2〕 参见温世扬主编：《保险法》，法律出版社 2003 年版，第 250 页。
〔3〕 谢书云："我国责任保险市场发展研究"，厦门大学 2008 年博士学位论文。

从法律的角度，公众责任保险是指以被保险人因其违反法定义务造成公众人身伤亡或者财产损失而应当承担的赔偿责任为标的的责任保险。因为公众责任保险适用范围非常广泛，所以又有综合责任保险或普通责任保险之称。公众责任保险可分为综合公众责任保险、场所责任保险、承包人责任保险和承运人责任保险四类，每一类又包括若干保险险种。具体险种如电梯责任保险、旅行社责任保险、物业管理责任保险、建筑工程第三者责任保险、安装工程第三者责任保险，以及工厂、商场、办公楼、旅馆、餐饮、公园、校园、影剧院等营业场所投保的公众责任保险等。

2. 雇主责任保险

雇主责任保险（employer's liability insurance），是指以雇主对雇员在受雇期间，从事保险合同列明的被保险人的业务而发生意外事故或患职业病导致伤亡、疾病所应承担的赔偿责任为保险标的的保险。通常，雇主责任保险合同所承保的是雇主对雇员在受雇期间的人身伤害根据劳工法（劳动法）、雇主责任法或者雇佣（劳动）合同应承担的经济赔偿责任。与此密切相关的还有一种雇员第三者责任保险，承保雇员在执行任务时造成他人损害依法或者依据雇佣（劳动）合同规定应由雇主承担的经济赔偿责任。[1]

需要说明的是，雇主所承担对雇员的责任一般包括雇主的故意行为、过错行为乃至无过错行为所致雇员的损害，但保险人所承担的保险责任与此并不一致，即均将被保险人的故意行为列为除外责任，而只将被保险人的过错行为和无过错行为所致的损害纳入保险责任范围。

3. 产品责任保险

产品责任保险（product liability insurance），是指以产品的制造商和销售商因生产和销售的产品造成产品使用者人身伤害或财产损失而依法应当承担的损害赔偿责任为标的的责任保险。产品责任保险的目的，在于保护产品的制造商或销售商免受因其产品的使用而造成他人人身或财产损害而承担赔偿责任的损失。[2]在责任保险领域，产品责任保险是发展最为迅速的险种。[3]

---

〔1〕 参见许飞琼编著：《责任保险》，中国金融出版社 2007 年版，第 33 页。

〔2〕 参见谢书云："我国责任保险市场发展研究"，厦门大学 2008 年博士学位论文。

〔3〕 参见张洪涛、王和主编：《责任保险理论、实务与案例》，中国人民大学出版社 2005 年版，第 51 页。

早期的产品责任保险，主要承保一些直接与人体健康有关的产品，后来逐渐扩大承保范围，现在几乎所有的产品都可以从保险人处获得产品责任保险。

4. 职业责任保险

职业责任保险（professional liability insurance），也称为专家责任保险，又被称为职业赔偿责任保险或业务过错责任保险。其承保的是各种专业技术人员因职业或工作上的疏忽或过错造成合同对方或者他人损害所应负担的赔偿责任。主要的险种有医疗责任保险、药剂师职业责任保险、律师责任保险、注册会计师职业责任保险、保险代理人职业责任保险、保险经纪人职业责任保险、公司董事和经理责任保险、破产管理人责任保险、建筑工程设计责任保险、工程监理责任保险、建设工程勘察责任保险、船舶检验师职业责任保险等。

5. 环境污染责任保险

环境污染责任保险（environmental pollution liability insurance），是指以被保险人因污染环境致使第三者遭受损害而应当承担的环境赔偿责任或者治理责任为标的的责任保险。[1]环境污染责任保险承保的是被保险人污染环境造成第三人人身或财产损害，而应承担的经济赔偿责任以及依法应由被保险人承担的治理污染的责任，是公众责任险的一种特殊形态，或者说是由公众责任保险发展而成的一种新型责任保险，如油污责任保险、核污染责任保险等。

6. 第三者责任保险

第三者责任保险（third party liability insurance），其承保的是被保险人的运输工具、建筑安装工程等意外事故而造成第三者的财产损失或人身伤害而引起的赔偿责任。也可归类为公众责任保险的范畴，其主要险种包括：机动车辆第三者责任保险、建设/安装工程第三者责任保险、船舶碰撞责任保险、航空承运人责任保险、石油作业第三者责任保险、核电站第三者责任保险等。在保险理论中，有的学者考虑到这些险种在承保方式上的差异，将这些险种冠以"第三者责任保险"的名称，在分类上单独列出。[2]

在保险实务中，对于责任保险之诸多险种，经常与一般的财产保险相联系。有的责任保险可以作为其他财产保险的组成部分承保，如船舶保险的基

---

〔1〕 参见邹海林：《责任保险论》，法律出版社1999年版，第100页。

〔2〕 参见张洪涛、王和主编：《责任保险理论、实务与案例》，中国人民大学出版社2005年版，第51页。

本责任包括船舶的碰撞责任在内。有的责任保险可以作为财产保险的附加险承保，如建筑工程和安装工程的第三者责任保险。有的可以作为与财产保险相联系的险种独立承保，如机动车辆损失保险和机动车辆第三者责任保险。还有的则可以作为专门险种独立承保，如很多公众责任保险、产品责任保险、雇主责任保险、职业责任保险等。

此外，在西方国家还流行一种综合性的责任保险，它将多种责任风险组合在一份分为不同项目的保险单内承保，被保险人可以根据具体需要投保其中的全部项目，也可选择部分项目投保。[1]

五、责任保险的制度功能

要认识责任保险的制度功能，须先从责任保险的制度机制说起。众所周知，保险最基本的含义就是社会个体之间借助集体的力量规避风险。保险从一诞生开始就隐含了"人人为我，我为人人"的互济互助理念。与一般商业保险的运行机理相同，责任保险也是社会个体之间通过保险机制互济互助以规避个体风险的一种制度。通过保险公司的组织而建立起来的保险基金是依据保险合同形成的分散风险、填补损失的物质保障。按照保险的一般理论，保险的制度功能在于分散被保险人的风险，组织经济补偿。但从责任保险的发展历程来看，其制度功能显然已经超越了保险制度所固有的职能，承载了更多的内涵。如前所述，责任保险发展的一百多年，恰是近代工业革命兴起，并向工业现代化迈进的时期。由于意外灾害有增无减，工业化国家普遍存在着工业损害问题，诸如大量的工厂事故、交通事故、环境污染、产品致人损害等，引发的损害赔偿大量增加，概括起来有如下几个特征：（1）事故发生反复频繁；（2）事故常常造成巨大损失且受害者众多；（3）造成事故的活动往往都属合法而且必要；（4）很多事故的发生都是工业化的必然结果，难以防范。在这种情况下，受害人需要救济，加害人也迫切需要分散巨额赔偿责任的风险，责任保险即为顺应工业现代化过程中分散法律赔偿责任风险的需要而产生。责任保险通过收取相应低廉的保险费，在不过分加重个人或企业经济负担的前提下，将损失分散于社会大众，消化于无形，从而不仅加强了

---

〔1〕 参见许飞琼编著：《责任保险》，中国金融出版社 2007 年版，第 33 页。

加害人损害赔偿能力，使其不至于因承担大量的损害赔偿责任而陷于破产；也使对受害人的救济获得了较强的保障，有效地避免了受害人不能获得赔偿的问题。概括而言，责任保险具有下列功能：

（一）分散被保险人的赔偿责任风险

伴随着工业现代化的进程，各种意外事故不断增加，民事责任制度也发生了急剧的变化，尤其在民事侵权责任制度领域，过错推定制度、无过错责任制度有日益扩大其范围的趋势。这样一来，加害人的责任风险大大增加，往往达到难以承受的程度。即使行为人尽到了应有的谨慎注意义务，其责任风险仍然存在。这是因为，所谓"应有的谨慎注意义务"本身就是含义非常模糊的概念，在司法实践中具有不确定性，很可能导致行为人再谨小慎微，也不能避免承担赔偿责任的结局。而且，一些领域属于高风险行业，如医疗、审计、运输等行业，只要发生一次巨额索赔，就可能足以让行为人破产。而责任保险通过收取一定的、不过分加重个人或企业财务负担的保险费的形式，将潜在加害人将来可能承当的赔偿责任分散于社会，实现了损害赔偿社会化。责任保险具有如下两个方面的益处：一是使当事人能够避免不必要的风险，这是责任保险最主要的好处；二是可以使被告免于承担抗辩所需的费用，如在没有责任保险的时候审查和监督律师的工作所需要的费用。[1]

同时，因为被保险人所承担的赔偿责任直接关系到保险人所承担之保险责任，所以，保险人为防止被保险人怠于抗辩或有其他不利于保险人的行为，往往会在保险条款中约定"抗辩与和解控制条款"，即被保险人向第三人作出任何许诺、出价、约定、付款或赔偿，均须经保险人同意。可以说，在西方成熟的保险市场中，责任保险不仅仅为被保险人提供赔偿风险的转移，还提供专业化的索赔诉讼服务。也因此，开办责任保险的保险公司往往都是处理事故纠纷和索赔诉讼的专家。当第三人向被保险人索赔时，保险公司代表被保险人与索赔人交涉，代为聘请有经验的律师进行诉讼，从而省去被保险人自行处理纠纷的麻烦。[2]另外，责任保险的被保险人因给第三人造成损害而

---

〔1〕 See Gary T. Schwartz, "Ethics and the Economics of Tort Liability Insurance", *Cornell Law Review*, Vol. 75, 1989, p.336.

〔2〕 See Gary T. Schwartz, "Ethics and the Economics of Tort Liability Insurance", *Cornell Law Review*, Vol. 75, 1989, p.338.

被提起仲裁或者诉讼的，除合同另有约定外，由被保险人支付的仲裁或者诉讼费用，以及其他的合理费用，一般也由保险人承担，这是目前世界各个国家和地区的普遍做法。我国《保险法》中也有类似规定。[1]这有利于被保险人从麻烦的索赔诉讼中解脱出来，并为被保险人节省下不菲的诉讼成本。

事实上，正如侵权法专家约翰·弗莱明（John G. Fleming）所揭示的那样：责任保险自19世纪产生以来，已经逐步渗透到了社会经济生活的各个方面，以至于它已经成为人们从事经营活动乃至个人行为所不可缺少的前提条件。[2]据统计，1988年美国人花在责任保险上的费用高达750亿美元，约占国民生产总值的2%，平均每个美国人为此支出300美元。[3]而美国1990年的侵权责任赔偿金额的93.5%都是由保险公司承担的；在1973年至2000年间，个人侵权责任成本的98%都是由保险公司承担的。[4]与此同时，人们对责任保险的态度也发生了很大变化，人们已不再对其持有敌意，相反，在许多领域还出现了强制性责任保险，如机动车第三者责任险。在当代西方发达国家，责任保险对于一个企业来说，几乎像电力一样重要，是企业维持持续性经营必不可少的条件。[5]

（二）保护受害第三人的权益

从责任保险的历史发展看，初期责任保险的目的主要是为保障被保险人转移其民事赔偿责任风险。应该说，在责任保险产生与发展的初期，其目标和重心在于保护被保险人的利益，在于填补被保险人对受害人承担损害赔偿责任而受到的财产损失，避免被保险人因为承担赔偿责任而陷入经济困顿。

---

〔1〕 我国《保险法》第66条规定，责任保险的被保险人因给第三者造成损害的保险事故而被提起仲裁或者诉讼的，被保险人支付的仲裁或者诉讼费用以及其他必要的、合理的费用，除合同另有约定外，由保险人承担。

〔2〕 See John G. Fleming, *An Introduction to the Law of Torts*, Oxford University Press, 1968, p. 9.

〔3〕 See Kent D. Syverud, "On the Demand for Liability Insurance", *Texas Law Review*, 1993, p. 1629. 转引自周学峰："论责任保险的社会价值及其对侵权法功能的影响"，载《甘肃政法学院学报》2007年第3期。

〔4〕 See Steven Shavell, *Economic analysis of accident Law*, Harvard University Press, 2009. 转引自周学峰："论责任保险的社会价值及其对侵权法功能的影响"，载《甘肃政法学院学报》2007年第3期。

〔5〕 See Kenneth S. Abraham, "Environmental Liability and the Limits of Insurance", 88 *Columbia Law Review*, 1988, p. 942. 转引自周学峰："论责任保险的社会价值及其对侵权法功能的影响"，载《甘肃政法学院学报》2007年第5期。

按照责任保险的传统理念，保险人在被保险人实际对受害第三人给付损害赔偿金之前，被保险人并没有受到损失，因此保险人不需承担给付保险金的义务，即奉行的是"无损失即无填补"的理念；而责任保险合同之外的受害第三人，与保险人并无任何权利义务关系。这就致使在被保险人恶意的情况下，受害人并不能因为加害人投保责任保险而实际受益。

随着现代法治优先保护受害人理念的确立，人们对责任保险的制度功能以及对受害人保护的作用产生了新的思考和认识。在现代责任保险制度中，受害人的利益因责任保险而得到特别的尊重，这已经成为责任保险法律制度的发展趋势。具体而言，责任保险对第三人利益保护的重要制度之一，就是赋予受害第三人对保险公司的直接或者附条件的赔偿请求权。这对传统责任保险制度做出了两项根本性的否定：一是保险人承担保险责任不再以被保险人因实际向受害第三人赔偿而自身遭受财产损失为前提；二是受害第三人赔偿请求权的对象由原来的加害人（被保险人）拓展到了保险人，并因保险人之雄厚财力而使受害第三人的权益得到了更好的保障。

正如学者们所认识到的，虽然责任保险的目的是在被保险人需要向第三人承担赔偿责任时对其加以保护，但责任保险对于受害第三人（被保险人负有赔偿责任的人）来说，同样具有非常重要的作用，能够在很大程度上满足其获得赔偿的要求：一方面，保险人根据责任保险合同的约定或者法律的规定替代加害人向受害人赔偿；另一方面，这种解决办法不仅可以保护加害人免于负担不可预见的赔偿责任，而且也有助于受害人得到及时有效的救济。[1]可见，现代责任保险的发展，使得责任保险逐渐脱离纯粹填补被保险人损害的功能，而更多地以保护受害第三人之获赔利益为目的，在很大程度上实为受害人的利益而存在，体现了责任保险保护受害人利益的新的制度功能。

责任保险的这种新的制度功能往往也直接反映在保险立法上，很多国家的保险法都赋予受害第三人对保险人的赔偿请求权或有制度保障的受偿权，或者规定在法定情形下受害第三人对保险人享有保险金请求权，或者规定保

---

〔1〕 参见〔德〕迪特尔·梅迪库斯：《德国债法总论》，杜景林、卢谌译，法律出版社 2004 年版，第 432 页。

险人在承担保险责任时，应当尽合理的注意义务照顾受害人的赔偿利益，在受害人接受被保险人实际赔偿之前，不得向被保险人给付全部或一部分保险赔偿金。例如，1930 年英国通过了《第三人（对保险人之权利）法》，使第三人在特定情况下依法取代了被保险人的地位。该法第 1 条规定，在被保险人进入破产状态时，其基于责任保险合同对保险人的请求权转给或赋予受害第三人。[1] 1930 年法国的《保险合同法》较早在立法上规定了保险人的注意义务。该法第 53 条规定，保险人对于受害人因被保险人之责任导致的损害事故之金钱上的结果，只要在保险金额的限度内该金额尚未被赔偿，保险人不得将必须支付的保险金额之全部或部分支付给受害人以外的任何人。[2] 而日本在部分强制责任保险中，通过特别立法规定受害第三人对保险人有直接请求权。例如其《汽车损害赔偿保障法》第 16 条第 1 款规定，保有人发生依第 3 条规定之损害赔偿责任时，受害人得依政令所定，于保险金额之限度内，对保险公司为损害赔偿支付之请求。[3] 以切实保障受害第三人的获赔权益。

（三）防灾防损

保险具有防灾防损的派生职能，同理，责任保险也具有强化风险管理、预防损害发生的制度功能。保险人在承保责任保险后，有义务和责任向被保险人提供防灾防损的风险管理服务。保险公司利用自身风险管理的经验，借助社会有关力量，督促被保险人采取相关措施减少损害事故的发生。在责任保险中，保险公司与投保人签订责任保险合同是有条件的，投保人和被保险人对责任的防范和义务等均在保险单中予以明确规定，在保险合同履行过程中，保险人有权根据保险合同的规定对被保险人进行监督检查。同时，保险公司通过对风险的条件、状态等进行评估，可以采取承保、拒保、调整保费等不同方法，从而强化投保人的守法意识，避免或减少保险事故的发生。[4] 可见，通过责任保险制度，可以推动社会风险管理制度的完善。

---

〔1〕 参见［英］约翰·伯茨:《现代保险法》，陈丽洁译，河南人民出版社 1987 年版，第 244~245 页。

〔2〕 参见陈飞:"论我国责任保险立法的完善——以新《保险法》第 65 条为中心"，载《法律科学》（西北政法大学学报）2011 年第 5 期。

〔3〕 参见江朝国编著:《强制汽车责任保险法》，中国政法大学出版社 2006 年版，第 209 页。

〔4〕 参见王伟:"责任保险法理学三论"，载《南京大学法律评论》2005 年第 2 期。

（四）融资投资

保险具有融通资金和投资的职能，因为保险制度是集合风险的机制，多数人的参加是其基础，相应地，作为风险组织者的保险公司必然通过收取保险费的形式融通巨额的保险基金，而运用保险基金投资已经成为世界各国保险业运营的重要模式之一，与保险业务本身具有几乎同等重要的地位。目前，无论是发达国家还是发展中国家，保险公司都已把资金运用作为其重要业务之一，其收益已是保险公司的一项重要收入来源，资金运用也成为整个保险经营活动不可分割的有机组成部分。[1]保险公司的投资活动，还可以促进资本市场的发展，对社会经济产生有利影响。从发达国家的经验来看，责任保险在保障人民生命财产安全、维护社会安定、支持国民经济发展等方面发挥着重要的作用。

从学者们的观点看，责任保险的上述功能中的前两项功能比较重要：一是分散风险功能，责任保险使被保险人能够以目前确定的固定费用取代将来可能由第三人提出的大额索赔；二是保护受害人的功能，责任保险可以确保受害人及时获得赔偿。[2]前者为责任保险填补被保险人因赔偿受害人而导致的损失，后者则为填补受害人的损失。随着社会经济和法制的发展特别是保险法和侵权法的发展，责任保险的功能也必将逐步由前者迈向后者，即更加注重对受害人的保护。因此有学者主张责任保险当以"保护受害人为基本目标"[3]。

【结论】

有学者认为保险应然功能的确立及拓展是一个动态的演化过程，它源于经济体系的复杂化演进。[4]现代保险的功能是一个历史演变和实践发展的过程，随着人类社会的发展和对客观世界认识能力的提高，保险的功能不断丰富和发展。[5]笔者认为，对于责任保险的制度功能，我们应当深层次地去认

〔1〕 郭宏彬：《保险监管法律制度研究》，吉林人民出版社 2004 年版，第 125 页。

〔2〕 See Dorsey D. Ellis Jr, "Fairness and Efficiency in the Law of Punitive Damages", *Southern California Law Review*, Vol. 56, 1982, p. 72.

〔3〕 参见邹海林：《保险法》，人民法院出版社 1998 年版，第 46 页。

〔4〕 参见孙祁祥、朱南军："保险功能论"，载《湖南社会科学》2004 年第 2 期。

〔5〕 参见丁孜山："现代保险功能体系及衍生保险功能研究"，载《保险职业学院学报》2005 年第 5 期。

识。按照保险原理，上述四项功能中，分散被保险人的责任风险是其基本功能，而防灾防损和融资投资属于派生功能，保护受害第三人的利益是附加功能。这是四项制度功能之间关系的基本定位。但值得注意的是，责任保险并不仅仅是为狭隘的个体利益服务的，责任保险有着更深层次的公益价值和社会意义。正如我们所看到的，责任保险的保护范围扩展到了受害之第三人，超越了传统契约所固有的效力范围，而使第三人享受到保险所带来的利益，体现了人文关怀之精神。

笔者常惊叹于保险尤其是责任保险制度机制之精妙，这真是天才之创造！而透过第三人利益合同之光环，再仔细审视责任保险的基本功能，我们会惊奇地发现，在那简单朴素的"分散被保险人责任风险"之表述的背后，又蕴涵了多么巨大的生产力！纵观人类之历史发展，每一次进步都是与风险斗争的结果，对于人类来讲，最大的风险可能就是不冒任何风险，风险之可怕莫过于对风险的恐惧。而保险却克服了它，可以说人类社会科技进步、文明发达与保险有很大的关系。责任保险尤其具有重要的意义，特别在当今市场经济法治社会的背景下，往往是"责任之大，重于泰山"，如果没有责任保险对法律责任之分散，社会可能完全是另一个样子。责任保险的基本功能对于社会发展、科技进步的价值依然处于核心地位。同时，责任保险具有的保护受害第三人的功能，深刻体现了人文关怀和正义理念，也处于相当重要的地位。另外，责任保险在很多场合还具有实施政策的功能或者说是社会管理功能，如在某些强制保险领域颇为明显，它也因此被称作政策性保险。

总之，从客观效果上看，作为市场化的风险转移机制、社会互助机制和社会管理机制，责任保险在促进社会发展、科技进步、保护人权、增进社会和谐、维护社会秩序等方面都发挥着重要的作用，具有其独特的优势，与科技进步和法制完善相关联并相互促进发展。

责任保险的发展与危机

　　西方保险界认为，保险业的发展可以划分为三个大的发展阶段：第一阶段是传统的海上保险和火灾保险（后来扩展到一切财产保险）；第二阶段是人寿保险；第三阶段是责任保险。保险业由承保物质利益风险扩展到承保人身风险后，必然会扩展到承保各种法律责任风险，这已经是被西方保险业发展证明了的客观规律。

　　随着现代社会经济发展和法治昌明，责任保险在保险体系中的地位愈发重要，保险业发展水平是衡量一个国家经济水平的尺度，责任保险又是衡量整个保险业发展水平的尺度。在美国，责任保险的市场份额大致可达财产保险市场的近45%，其他发达国家也达30%左右，而我国大致只占3%~4%。我国的责任保险发展还相当滞后，它一方面表明了责任保险的不发达，另一方面也表明了责任保险市场的潜力巨大。因此，我国应大力发展责任保险。[1]而责任保险之发展，首先需要为其开辟法律道路，解决其法理基础问题。

　　保险学界和法学界对责任保险的制度价值和伦理正当性并无清晰的认识，这必然会给我国责任保险的发展带来深层次的阻力，因此，在法理上对责任保险进行论证和说明，对于保险立法、保险公司设计责任保险条款乃至我国责任保险的健康发展具有重大的现实意义。

　　责任保险为何而来、又是如何发展变化、与哪些因素有关？我国的责任保险能否满足民事责任制度扩张后人们对分散责任风险的市场需求？我国的责任保险市场是否也会像欧美国家那样爆发"责任保险危机"呢？本书以历史研究方法考察责任保险产生、发展乃至出现危机的情况和相关影响因素，对"责任保险危机"的内涵进行解读。考察责任保险的产生与发展，应依循

---

〔1〕　参见许飞琼编著：《责任保险》，中国金融出版社2007年版，第54页。

两条线索展开：第一，它与保险制度发展的关系；第二，它与民事责任制度
发展的关系。

一、责任保险的产生及其意义

（一）责任保险的产生

一部人类文明发展史其实也是一部人与灾害事故的斗争史。保险与人类
的关系非常密切，其起源几乎可以溯及人类之初。[1]远在上古时代，就有了
类似现代保险的思想和行为，其核心体现为"后备"和"互助"，其作用虽
然类似现代的保险，但只是保险制度的萌芽。真正意义的保险制度形成于近
代，是资本主义发展的产物。在保险制度形成过程中，财产保险制度先于人
身保险制度形成，海上保险先于陆上保险形成。[2]继海上保险之后形成的是
火灾保险，火灾保险是陆上财产保险的重要组成部分。之后是人身保险，人
身保险发展的道路比较曲折，当初是被人们所怀疑的，法国、荷兰都禁止过
人身保险，直到第一次世界大战以后，人身保险才得以迅速发展。

相对于已有六百多年历史的海上保险，责任保险的历史并不十分久远，
只有一百多年。但是，责任保险究竟是如何被利用的，可能是一个相对较为
复杂的问题，现有的资料尚不足以证实保险公司在何时签发了第一张责任保
险单。例如，人们在研究较为现代的专家责任保险时，曾经感叹无从查证第
一张专家责任保险单签发的日期。[3]

责任保险是以被保险人对第三人的赔偿责任为保险标的的保险，它的产
生是社会文明进步特别是法制完善的结果。按大陆法系国家学者的通说，责
任保险始创于法国，认为在 19 世纪初期颁布《拿破仑法典》并规定有赔偿责
任后，法国首先举办了责任保险；德国随后仿效法国也开办了责任保险；英
国在 1857 年开始办理责任保险业务；美国的责任保险制度则产生于 1887 年
后。法国《拿破仑法典》（即 1804 年法国《民法典》）第 1384 条规定，任

---

〔1〕 参见张洪涛、郑功成主编：《保险学》，中国人民大学出版社 2000 年版，第 26~29 页。

〔2〕 一般认为，近现代保险制度始于 14 世纪的海上保险，其发祥地为当时海上贸易最为发达的
意大利北部地中海沿岸各城市。参见覃有土主编：《保险法》，北京大学出版社 1998 年版，第 23~27
页。

〔3〕 参见邹海林：《责任保险论》，法律出版社 1999 年版，第 45 页。

何人不仅对因自己的行为造成的损害负赔偿责任，而且对应由其负责之人的行为或由其照管之物造成的损害负赔偿责任。[1] 之后又通过对第 1384 条第 1 款的扩张解释，将机动车、电气、瓦斯等都涵盖在"照管之物"这一概念中。不仅如此，法国还制定了《矿害责任法》（1841 年）、《雇员赔偿法》（1898 年）及《航空事故法》（1924 年）等特殊责任法，确立了无过错责任，相应地，赔偿责任也不断扩张，责任保险应运而生并得以发展。在法国之后，德国也开办了责任保险。德国于 1884 年颁布实施《雇员赔偿法》，推行工业事故社会保险制度，使工业事故的无过错责任得以落实。

也有保险学者认为：19 世纪初，法国《拿破仑法典》中有关责任赔偿的规定为责任保险的产生提供了法律基础。1855 年，英国率先开办了铁路承运人责任保险。自此以后，责任保险日益引起人们的重视。1870 年，保险商开始对因爆炸造成的第三者财产损毁和生命伤害提供赔偿。[2]

在普通法国家，英国责任保险的产生较早，发展也较为迅速。沃顿（Warden）保险公司在 1875 年签发了第一张有记载的公众责任保险单。[3] 具有重要意义的是雇主责任保险，可以说雇主责任保险是工业革命的产物。1880 年英国颁布《雇主责任法》，当年就有专门的雇主责任保险公司成立，承保雇主在经营过程中因过失使雇员遭受伤害时所应承担的赔偿责任。1886 年英国人在美国开设雇主责任保险公司，由此美国的责任保险制度开始建立。此后，雇主责任保险在英国、美国等西方国家获得了发展。西方国家的保险人对其他各种责任保险也开始以附加责任的方式承保，并逐渐以新险种的形式出现和发展。如承包人责任保险始于 1886 年，制造业责任保险始于 1892 年，医生职业责任保险始于 1890 年~1900 年之间，航空责任保险始于 1919 年，会计师责任保险始于 1923 年，个人责任保险始于 1932 年。目前绝大多数国家均采取强制手段并以法定方式承保的汽车责任保险，始于 19 世纪末，并与工业保险一起成为近代保险与现代保险分界的重要标志。[4] 在汽车发明以前，就有一种保险单专门承保因使用马车引起的赔偿责任。19 世纪末，汽

---

〔1〕 参见罗结珍译：《法国民法典》，中国法制出版社 1999 年版，第 330 页。

〔2〕 参见张洪涛、郑功成主编：《保险学》，中国人民大学出版社 2000 年版，第 37 页。

〔3〕 参见邹海林：《责任保险论》，法律出版社 1999 年版，第 46 页。

〔4〕 参见张洪涛、郑功成主编：《保险学》，中国人民大学出版社 2000 年版，第 312~313 页。

车诞生后，汽车责任保险随之产生。最早的汽车保险是 1895 年由英国一家保险公司推出的汽车第三者责任保险。1898 年，美国开办了这项业务。进入 20 世纪后，汽车第三者责任保险得到了极大发展，时至今日它已经成为责任保险市场最主要的业务之一。[1]

美国学者所罗门·许布纳（S. S. Huebner）认为，责任保险是"意外伤害保险"领域中的重要组成部分。早期这一领域内的保险主要是牲畜、人身事故以及锅炉与机器保险。第一份责任保险保单可以追溯到 19 世纪后期。保护雇主不受受害雇员责任索赔损害的保单就是最早的责任保单之一。在临近 20 世纪之前，保险人签发了第一张汽车责任保单。该保单严格地遵循了用于承保使用马匹所产生责任的保单格式。[2]而保护企业的责任保单大约产生于 1890 年。产品责任保险也随后于 1910 年出现。随着员工赔偿法律于 1911 年和 1912 年的制定，法律要求雇主必须对雇员承担一定的责任，承保上述法定责任的保单也因而开始出现。[3]

（二）责任保险产生的意义

美国学者所罗门·许布纳所言，很明显，责任保险是保险业务中相对年轻的一部分内容。它的迅速发展与城市化、商业活动，尤其是制造业的增长以及私人与公共交通的增长密不可分。与大多数其他领域的保险一样，责任保险的一个主要发展趋势就是使用一张保单综合承保各种风险。[4]同时，我们也可以看出，责任保险在保险业中的地位是很高的，它既是法律制度走向完善的结果，又是保险业直接介入社会发展进步的具体表现。[5]

正如保险的产生源于人们应对风险的需求，责任保险的产生与经济的发展以及科技的进步息息相关。在 19 世纪后半叶，随着工业的兴起，新技术的不断应用，危险也进一步"丰富"起来。工业化国家普遍存在的工业损害问

---

〔1〕 参见张洪涛、郑功成主编：《保险学》，中国人民大学出版社 2000 年版，第 37 页。

〔2〕 参见［美］所罗门·许布纳等：《财产和责任保险》，陈欣等译，中国人民大学出版社 2002 年版，第 384 页。

〔3〕 参见［美］所罗门·许布纳等：《财产和责任保险》，陈欣等译，中国人民大学出版社 2002 年版，第 384 页。

〔4〕 参见［美］所罗门·许布纳等：《财产和责任保险》，陈欣等译，中国人民大学出版社 2002 年版，第 384 页。

〔5〕 参见乌跃良："论责任保险的特征"，载《财经问题研究》2000 年第 6 期。

题，诸如大量的工厂事故、交通事故、产品事故等，必然造成社会大众不可预见的损失。可以说，工业生产在为社会创造财富的同时，也为社会制造了比以往任何时候都更多、规模更大的风险。而对于这种人为风险所造成损害的赔偿责任，往往会超越侵权人的经济能力；同时，受害人能否得到足够的赔偿，也依赖于侵权人的经济能力。这种损害与赔偿之间的不确定性，无疑也是一种风险。责任保险无疑成了解决这个问题的一种方法选择。造成损害的风险增加了，特别是严重的人身伤亡事故增加了。立法者和法院应当为受害人提供变革中的侵权法所要求的赔偿。事实上，他们必须这样做。一方面存在损害且其数量在逐步增加；另一方面则存在造成损害的新的活动。[1]首先，修正有关产生诸多严重损害的活动的法律以满足赔偿的需要，是非常自然的事情。但是，不能依靠侵权法提供的得以满足赔偿需求的理想模式。得以满足这一目的的其他手段是利用保险。结果，赔偿的需求创造出了非常广泛地利用保险的时代。[2]

保险制度是非常重要的一种风险管理方法，其固有的职能就是分散风险、填补损失。可以说，责任保险就是顺应工业革命后分散由于工业发展而带来更多的赔偿责任风险的需要而产生的。

二、责任保险的发展及其原因

责任保险是随着科学进步、社会发展，特别是法律制度的逐步健全而发展起来的。责任保险发展的一百多年，恰是近代工业革命兴起，并向工业现代化迈进的时期，先是工业事故，后是交通事故、制造物缺陷等，其引发的损害赔偿大量增加；而该时期社会的另一个特点是，古典自由主义思想衰落，代之而来的是法治国家思想兴起。有此社会基础作背景，责任保险开始出现并发展起来。

尽管责任保险与其他险种相比还年轻，但它的发展十分迅速，这是城市化、企业活动增加，尤其是制造业和交通运输业高度发展的必然结果。责任

---

〔1〕 See Ivar Strahl, "Tort Liability and Insurance", *Scandinavian Studies in Law*, Vol. 3, 1959, pp. 204~205.

〔2〕 See Ivar Strahl, "Tort Liability and Insurance", *Scandinavian Studies in Law*, Vol. 3, 1959, pp. 204~205.

保险是当前国际上受到人们广泛重视的一项业务，特别是在经济发达的国家，责任保险已成为保险公司的主要业务种类，而责任保险制度也已经成为一项具有相对独立理论体系和运作系统的保险制度。

在笔者看来，责任保险的发展，究其原因，大致得益于两个因素：一是经济因素，二是法律因素。所谓经济因素包括两个方面，其一是指保险业快速发展的带动作用；其二是科技进步和社会发展所带来的人们对于新风险（特别是责任风险）分散的强烈需求。而法律因素则主要是民事责任制度演进对于责任保险的促进作用。

（一）经济因素

保险与商品经济关系密切，18 世纪以来，随着资本主义商品经济的发展，保险制度也随之得到完善。特别是进入 20 世纪以后（尤其是第二次世界大战以后），世界保险业随着各国经济的突飞猛进而快速发展。主要表现为：

（1）保险公司林立，行业竞争异常激烈，保险产品出现供大于求的局面。（2）保险费收入骤增，年均以约 10% 的速度递增。（3）新险种不断涌现，几乎已经无所不保，特别是责任保险发展十分迅猛。（4）从世界范围看，保险的发展很不均衡。少数经济发达的几个保险大国，在保险密度和保险深度上，在保险市场份额的比例上，均占有绝对的优势。另外，保险活动也趋于国际化。其原因有二：其一是保险业互相渗透，形成了一个国际大市场，往往是一个灾害的赔付，涉及世界众多的保险公司。风险分散的范围已达全世界。其原因在于巨额保险增多，再保险市场迅速发展。如万吨油轮、石油钻井平台、大型客机、人造卫星、航天飞机、核电站等，它们的价值少则几千万美元，多则数亿美元。面对数额如此巨大的保险标的，保险人只能借助于国际再保险市场。其二是保险技术相对统一，主要是保险单证、行规逐步统一。国际贸易交往广泛，如果没有相对统一的保险单格式、保险条款、费率、保险规则，对于保险业务的国际交往必然带来很大困难，对于投保人的保险选择也很不利。

在这样的背景下，责任保险也得以迅速发展。进入 20 世纪 70 年代以后，责任保险的发展在工业化国家进入了黄金时期。在这个时期，首先是各种运输工具的第三者责任保险得到了迅速发展，其次是雇主责任保险成了普及的责任保险险种。随着商品经济的发展，各种民事活动急剧增加，法律制度不断健全，人们的索赔意识不断增强，各种民事赔偿事故层出不穷，使得责任保险在 20 世纪 70 年代以后的工业化国家得到了全面的、迅速的发展。责任保险起源于雇主责任保险，如今已渗透到社会生活的各个领域，产生了许多新型责任保险，如产品责任保险、环境责任保险、专家责任保险等，并且得到了迅速发展。到 20 世纪 70 年代，美国的各种责任保险业务保费收入就占整个非寿险业务的 45%~50% 左右，欧洲一些国家的责任保险业务收入占整个非寿险业务收入的 30% 以上，日本等国的责任保险业务收入也占非寿险业务收入的 25%~30%。[1]西方发达国家责任保险的服务领域十分广阔，早已形成了门类齐全、险种众多、专业性强的特色，真正成了企业、团体、家庭及个人，乃至政府机关等都必不可少的危险保障工具和各国保险人的主要业务种类。进入 20 世纪 90 年代以后，许多发展中国家也日益重视发展责任保险业务。[2]进入 21 世纪后，责任保险业务更是发展迅速。就美国而言，据瑞士再保险公司统计，2003 年，美国的责任保险保费收入为 670 亿美元，占全球责任保险保费总额 1070 亿美元的 62.62%。[3]仅董事责任保险，美国市场所产生的保费每年就有 80 亿美元左右。[4]可以说，美国的责任保险几乎已经到了"只有想不到，没有做不到"的地步了。[5]可见，虽然责任保险发展的时间相对其他保险而言非常短，但是目前已经成为具有相当规模和影响力的保险险种。笔者一直认为，责任保险将是未来世界上最切合人们需求、最有发展前景的保险险种。

我国的责任保险始于 20 世纪 50 年代初，当时开办的险种主要是汽车、飞机公众责任保险和船舶碰撞责任保险业务，但这一时期的责任保险业务仅维持几年即被停止，现阶段的责任保险是 20 世纪 80 年代恢复国内保险业务后逐步发展起来的。

---

〔1〕 参见［美］小哈罗德·斯凯博等：《国际风险与保险：环境——管理分析》，荆涛等译，机械工业出版社 1999 年版，第 320~345 页。

〔2〕 参见张洪涛、郑功成主编：《保险学》，中国人民大学出版社 2000 年版，第 313 页。

〔3〕 参见郑莉莉、赵冰："经济增长带动需求，瑞士看好明年亚洲保险市场"，载《国际金融报》2004 年 12 月 6 日。

〔4〕 参见陈天翔："高管责任险不该成应景之作"，载《第一财经日报》2006 年 8 月 10 日，第 B2 版。

〔5〕 参见王炯："责任险市场蕴涵巨大商机"，载《上海证券报》2005 年 7 月 4 日，第 7 版。转引自许飞琼编著：《责任保险》，中国金融出版社 2007 年版，第 42 页。

（二）法律因素

大量客观存在的民事损害风险和人们转移风险的需求，是责任保险产生和发展的基础。随着社会生活的日益复杂，每个人接触不安全因素的可能性也随之提升，使得人们开始用投保责任保险的方式来保护自己的利益。正如我国台湾地区学者吴荣清所言，当今社会，权利义务的观念，日益彻底而发达；各项活动范围日益扩大，一个人的行为，在有意或无意中加害他人的可能性随之增加。责任保险应该随之发展，以发挥其效能。[1]

应该说，使责任保险得以产生并迅速发展的关键因素是法律因素，主要是民事责任制度。因为责任保险的保险标的是被保险人依法应当承担的民事赔偿法律责任，如果没有相关的民事法律制度作为基础，民事赔偿法律责任也就无从谈起，进而也就不会有以此为保险标的的责任保险的产生和发展，人们也不会有这样的保险需求。所以说，责任保险产生与发展的基础，不仅要求各种民事法律风险的客观存在和社会生产力达到一定水平，而且还需要法律制度的不断完善，其中法制的健全和完善是责任保险产生与发展最为直接的基础因素。

在法理上，责任保险的标的是被保险人于法律上的损害赔偿责任，而这种责任的确立，最早是完全取决于侵权法所确认之原则的。换言之，侵权法上的责任制度是责任保险制度存在的前提。若没有侵权责任的存在，也就没有责任保险。从责任保险来看，一方面它以保险合同的存在为前提，因为所有的赔偿都是以保险合同为依据的；另一方面它又以侵权责任为前提，因为责任保险的标的就是侵权责任。可以说，侵权法上的民事责任是责任保险与侵权法联结的逻辑起点。

正如民法学者所归纳的：基于责任保险作为独立存在的保险业务，其产生需要一个必不可少的条件，即民事责任风险的客观存在和较为完备的法律制度。一方面，没有法律形式确认的某种行为产生的民事责任，对行为人来讲，便不存在任何责任风险，因而以这种风险为标的的责任保险就无从谈起；另一方面，只有存在着以法律形式，确认某种行为应对当事人负经济上的赔偿责任时，人们才会利用保险为赔偿责任寻求经济上的补偿。事实上，当今

---

[1] 参见崔欣、华锰："责任保险的发展及责任保险危机"，载《北方经贸》2003年第7期。

世界上责任保险最发达的地方，也正是各种民事责任法律制度最完备、最健全的地方。[1]

由于责任保险承保的是各种责任事故风险，处理各种责任事故的法律原则便对责任保险业务的发展起着至关重要的作用。从各个国家和地区对责任事故赔偿的法律处理来看，责任事故的法律处理原则大体上可以分为三个发展阶段：一是契约责任阶段，它强调在处理责任事故时以受害人与加害人存在着直接的契约关系为前提，并主要表现在雇主责任事故和早期的产品责任事故处理中；二是过错责任阶段，它强调在责任事故中只有当加害人对受害人的伤害负有故意或过错责任时，才承担起法律规定的经济赔偿义务；三是绝对或严格责任阶段，即只要受害人不是自己的故意行为所致的损害事实，均可以从实施行为的另一方面获得经济上的赔偿。[2]传统民事责任经历了一个由过错责任原则到过错推定、无过错原则的发展过程，从而使受害人的索赔空间大大扩张，但这却与受害人能否最终获得赔偿的现实产生了矛盾，这促使了责任保险的应用。

早期民事赔偿的基础为过错责任原则，即个人只对自己的行为负责，对他人的行为绝不负责，对自己行为的负责仅以其有故意或过错为限。过错责任原则是建立在以古典自然法学为代表的法哲学基础上。依照其代表性观点，个人处在某种自然状态中，平等地享有各种自然权利，人人有权参与自由竞争，以谋求个人的利益。与此相适应，个人应对自己负责，所造成的损害，他人自然不负责任。但是随着社会的发展，社会利益对个人权利的限制逐步加强，尤其是19世纪后半叶，随着资本主义国家工业化的发展，大量的工厂事故、交通事故、产品致人损害等事故也越来越多。这些灾害与事故共同的特点是：（1）造成事故的活动皆为合法而必要；（2）事故发生反复频繁；（3）导致的灾害异常巨大，受害者众多；（4）事故的反复多为工业技术的缺陷，难以防范，加害人是否具有过失，受害人难以证明。[3]这样，以传统的过错责任原则解决民事赔偿似乎已经不能满足受害人的要求。立法者和法院就开始适用过错推定，当过错推定也不能适应社会已经变化了的新情况时，

---

[1] 参见温世扬主编：《保险法》，法律出版社2003年版，第250页。

[2] 参见张洪涛、郑功成主编：《保险学》，中国人民大学出版社2000年版，第313页。

[3] 参见马俊驹、余延满：《民法原论》，法律出版社1998年版，第1015页。

无过错责任原则便出现了。

民事责任制度的逐步扩张，目的无不在于解决受害人的赔偿问题。但是，民事责任在解决赔偿问题方面，有着固有的缺陷：（1）加害人无力赔偿时，受害人无法取得赔偿；（2）加害人恶意拒绝赔偿而隐匿财产，受害人无法取得赔偿；（3）加害人能力有限，则难以承受巨额赔偿，受害人仍无法得到充分赔偿。[1]如此，尽管侵权责任已经有所扩张，但其还是不可能在所有场合都能满足受害人的赔偿要求，主要障碍在于侵权法不能确保受害人能够得到切实的赔偿金支付，因为加害人可能没有支付能力或其恶意拒绝支付赔偿，而且现代工业文明和发明的利用，所造成的损害数额极为巨大，加害人往往难以承受巨额赔偿。[2]对于民事责任可能无法落到实处的情况，责任保险产生并发挥了作用，在某种程度上弥补了民事赔偿机制的缺陷。社会已经发展到了一个保险被普遍地利用的阶段，保险作为一种恰当之手段，解决了以前期待扩充侵权责任所要解决的问题。[3]

值得注意的是，早期的责任保险，确实以填补被保险人向受害人给付赔偿金所发生的实际损失为目的。但是，随着社会的进步和责任保险制度的完善，责任保险开始扩大其承保范围，将被保险人的家庭成员及其受雇人视同被保险人予以承保，将受害人列为第三受益人，责任保险逐步确立起保护受害人的立场，责任保险所填补的损害为被保险人对第三人的赔偿责任，而非因赔偿责任的承担所受到的损失。[4]责任保险的制度功能得以不断发展。

自20世纪30年代以来，责任保险之发展呈以下态势：（1）责任保险的性质，在诸多领域由"自愿保险"向"强制保险"发展，例如汽车责任保险即如此；（2）在所承保被保险人行为方面，随着侵权法归责理论发展的需要，由承保被保险人"过错责任"逐步走向承保被保险人之"无过错责任"；（3）在承保的责任种类方面，由承保"侵权责任"，迈向承保"侵权责任"及"债

---

〔1〕 参见邹海林：《责任保险论》，法律出版社1999年版，第42~43页。

〔2〕 See Ivar Strahl, "Tort Liability and Insurance", *Scandinavian Studies in Law*, Vol. 3, 1959, p. 210.

〔3〕 See Ivar Strahl, "Tort Liability and Insurance", *Scandinavian Studies in Law*, Vol. 3, 1959, p. 213.

〔4〕 参见邹海林：《责任保险论》，法律出版社1999年版，第33页。

务不履行责任";（4）在责任保险的功能方面，逐渐由"填补被保险人因赔偿第三人所致之损害"迈向以"填补受害人之损害"为目的。

综上所述，侵权责任的扩张，只是从救济原则上的不足，转换到另一种不足，即侵权法的补偿功能难以实现。受害人得到过错责任、无过错责任的保护，仅仅是在救济原则上的，而在实际上却得不到切实的救济。有鉴于此，西方国家普遍借用保险制度弥补侵权法赔偿功能的缺憾，于是出现了责任保险。也正是因为法律的不断进步，特别是民事责任法律原则的演进以及对侵权法补偿功能的切实关注，促进了责任保险的迅速发展。

三、责任保险的危机

尽管如此，但责任保险的发展绝非一帆风顺，而是历经曲折。其主要表现为两个方面：一是理论危机，二是现实危机。下面分述之：

（一）责任保险的理论危机

应该说，无过错责任在民事责任领域取得长足发展的现实，促进了责任保险的发展。如前所述，民事责任传统上采取过错责任主义，其在 19 世纪达到鼎盛，但同时也遭受到了压力，此项压力主要来自于工业灾害和铁道交通事故。随着意外事故的急剧增加和损害填补必要的凸现，无过错责任也由原先的特别法领域渐次扩张，迄今为止，已成为与过错责任具有同等重要地位的损害赔偿归责原则。运用无过错责任虽然能够显著地保护受害人的利益，但是也应该看到，其结果势必加重加害人承担责任的负担，不利于个人资源、社会资源的有效利用，对于一些对社会有益但风险较大的行业，投资者会裹足不前，从而影响到整个社会的前进。[1]或者说，虽然无过错责任向受害人广开求偿之门，但是对于受害人能否从加害人处得到及时有效的赔偿还存有疑虑。而通过责任保险的开展，将损失分散于社会大众，使得损害赔偿社会化，实际上强化了加害人的赔偿责任能力。因此，责任保险介入到民事赔偿领域，可以有效地提高加害人填补受害人损失的赔偿能力，有助于受害人利益的满足，具有安定社会秩序的功能，符合社会公益的理念。正如学者们所认为的那样，无过错责任的发展与责任保险是联系在一起的，责任保险制度

---

〔1〕 参见崔欣、华锰："责任保险的发展及责任保险危机"，载《北方经贸》2003 年第 7 期。

成功地减轻并分散了加害人的负担，为无过错责任制度的发展提供了坚实的社会基础，并在一定程度上使得作为侵权法基本功能的补偿功能得以切实实现。[1]责任保险的存在，可以提高加害人填补受害人损失而承担赔偿责任的能力，有助于受害人的赔偿利益得到满足，具有安定社会秩序的功能，符合社会利益。[2]

但是责任保险在其创立伊始，也受到了舆论的指责。民众认为开办责任保险会助长道德沦丧，这与法律追求的公平正义相左，同时使得人们对注意义务有所懈怠，助长反社会行为，有悖社会公益。[3]归纳起来，大致有三个方面的质疑：

1. 责任保险代替加害人（被保险人）承担赔偿责任，有违社会公共道德

所谓公共道德，是旨在维护公共秩序的道德规范。公共道德源于人的社会属性，人们生存与发展离不开社会交往和公共活动。为了使社会交往和公共活动有秩序地进行，必须建构相应的公共道德准则。这往往也表现为法律上的义务和责任，它反映了社会公众的共同利益和社会生活的正常要求，必须得到充分的尊重和坚决的维护。因此，有违社会公共道德（表现为法律）的行为应受到法律之制裁，对其应克以必要的责任。正因为如此，有人认为，如果人们在社会交往和活动中只要花一点点费用（保费），其违反公德的行为就有人为其买单，则似乎是对社会公共道德准则的亵渎，公共道德也有可能由此而失落。而公共道德的失落又会导致社会凝聚力的涣散，市场效率降低、风险增大的现象发生。[4]按此逻辑，如果加害人（责任保险的被保险人）将其侵权行为的后果通过预先支付保险费的方式转嫁给保险公司，就逃避了法律上的责任；而保险公司约定给予加害人利益的责任保险合同，即属于违反公共道德（公序良俗）的合同，因而应为无效。

2. 责任保险纵容甚至鼓励人们犯罪

反对责任保险的意见认为，责任保险通过分摊机制使得被保险人仅仅花

---

〔1〕 参见王利明：《侵权行为法归责原则研究》，中国政法大学出版社2004年版，第29~37页。

〔2〕 See Jan Hellner, "Tort Liability and Liability Insurance", *Scandinavian Studies in Law*, Vol. 16, Almqvist & Wiksell, 1962, p.161.

〔3〕 参见张洪涛、王和主编：《责任保险理论、实务与案例》，中国人民大学出版社2005年版，第31页。

〔4〕 参见许飞琼编著：《责任保险》，中国金融出版社2007年版，第38页。

费一点点的保险费就将法律责任风险社会化了，也就意味着其实施某些被"保险"的违法或侵权之行为而不用为之承担不利益的法律后果，降低了违法犯罪之成本，减弱了必要的注意义务，就会纵容人们违法犯罪，因此是反社会的。这些担心在今天也仍然存在，如果对行为人应该承担的惩罚可以通过保险来化解，行为人就可以漠视法律的存在，使他们不再害怕法律，尤其是对于一些间接故意或者故意致害的现象如行为人违反交通运输法规、雇主提供危险的工作地点和不称职的管理人员导致的死伤现象进行保险，这其实就是鼓励社会上准备犯罪的人去犯罪，犯罪现象将会大量增加；如果为医师提供过失损害赔偿责任保险，医师会在诊疗过程中更加不负责任和草率、鲁莽行事，助长医疗过失的增加。

还有，2003 年初我国天安保险股份有限公司率先在遍布全国的 20 余家分公司同时推出一种名为"非常事故损失特约险"亦即被称作"酒后驾车险"的新险种。天安保险股份有限公司，作为"第一个吃螃蟹的人"在推出此险种后，突然面临来自全国数十家报纸、网站、电视犹如暴风骤雨般的议论。争论中，多有对此险种道德风险的担心。归纳言之，反对该险种者提出了如下几项理由：（1）酒后驾车属违章违法行为，为其保险等于为违章违法行为提出保障，因此该保险不合法；（2）助长酒后开车，保障道德风险，危害公共秩序；危及公众安全；（3）助纣为虐，无异于杀人放火险，是一个荒唐的险种；（4）唯利是图，使保险人弥足珍贵的公众形象受损；（5）导致了侵权法的危机，使侵权者应承担的责任转嫁给保险人，不利于对侵权者主观过错进行惩罚；（6）该险种将导致一个悖论：在保护受害人的利益的同时，可能鼓励酒后驾车这种违法行为的发生。出现商业行为保护违法行为，商业利益威胁社会利益的结果。[1]许多人认为这就是一款鼓励车辆驾驶员犯罪的险种。

3. 责任保险削弱了民事责任制度的惩罚和遏制功能

一般来讲，民事责任制度的功能，一方面是强制违法行为人向受害人支付一笔金钱，以弥补受害人所受到的损害；另一方面，也是对加害人的一种财产制裁，体现法律责任的惩罚功能，并能起到警示当事人和社会公众的作

---

[1] 参见郭国汀："关于所谓'酒后驾车险'的法律分析"，载《上海保险》2003 年第 9 期。

用。但责任保险产生之后，加害人应该承担的责任转给保险公司承担，就不利于对加害人进行惩罚，也因此起不到警示社会、遏制侵权行为的作用，构成了对法律的挑战。正如英国学者钱伯斯（Chambers）所认为的那样，责任保险削弱了通过使侵权行为根据损害赔偿判决而承担责任，遏制其他人犯类似侵权过错的目的。[1]我国法学学者也有共识，认为责任保险的出现，进一步削弱了无过错责任对侵权法所包含的道德评价和对不法行为具有的遏制作用，若加害人的赔偿责任由保险公司承担，行为结果对加害人而言，仅仅意味着增加一点保险费的支出。[2]在责任保险制度之下，民事责任仅系烟幕，损害赔偿实际由保险公司支付，这促使个人责任走向没落。

（二）责任保险的现实危机

总体上看，责任保险是在挫折中不断发展和完善的。在英美法系国家，责任保险更是经历了若干次的挫折，使责任保险在一些领域产生过或者正在产生着危机。

责任保险危机的表现是：加害人的民事责任不断膨胀，法院裁决的赔偿金额大幅增加，保险赔款惊人增长，以至于保险公司不得不大幅度地提高保险费率，有的保险公司索性退出责任保险市场，进而导致在责任保险市场上供需关系出现矛盾，投保人方面难以获得保险，或者需要付出高昂的代价才能获得保险，而保险公司却不愿意承保，或者紧缩责任保险业务。正如西方学者所描述的：一时之下，那些愿意支付高额保险费的投保人也难以寻觅到合适的责任保险，从而严重影响个人和企业的经营活动。[3]

20世纪80年代中期，英美法系国家进入了一个高度诉讼性的时代，其中以美国和澳大利亚为典型代表。进入21世纪，责任赔偿性诉讼更是有增无减。[4]例如，1950年至2000年，美国的责任体制成本增长比国内生产总值的增长快了50%，而从2000年开始，责任体制成本的年增长率已经超过了GDP年增长率的300%，民事责任费用催生了每人1500美元的"民事侵权赔偿责

---

〔1〕 参见樊启荣编著：《责任保险与索赔理赔》，人民法院出版社2002年版，第30页。

〔2〕 参见王家福主编：《中国民法学·民法债权》，法律出版社1991年版，第438页。

〔3〕 See Kenneth S. Abraham, "The Rise and Fall of Commercial Liability Insurance", *Virginia Law Review*, Vol. 87, 2001, p. 99.

〔4〕 参见许飞琼编著：《责任保险》，中国金融出版社2007年版，第43页。

任税"。[1]虽然责任保险并不是造成侵权法危机的原因，但是责任保险自身的危机却与侵权法密切相关，由于民事责任体制的变化，带来了不断攀升的赔偿责任，例如美国和澳大利亚。[2]不仅如此，在意大利、英国、加拿大、德国、日本、法国等保险业发达国家也日益面临着高诉讼性所带来的责任保险危机。如意大利 1970 年至 2002 年责任索赔额平均年增长率达到 15.9%，英国、德国和法国同期也达到 9%左右。[3]

在责任保险危机中，职业责任保险与产品责任保险的危机最为显著，而美国最具有代表性。美国于 20 世纪 70 年代中期和 80 年代中期分别经历了严重的责任保险危机，责任保险市场上出现了投保人支付不起保费（unaffordability）和保险人不愿承保危险（unavailability）的局面：一方面，几乎在所有形式的责任保险中，保费扶摇直上，其中某些行业的责任保险保费竟然上升了 5000%，以至于投保人纷纷抱怨支付不起；另一方面，面对如此高昂的保费——高昂的保费似乎总是意味着高额的利润，保险人似乎并不为利益所动，竟然出现了保险人不愿意承保的现象，纷纷撤销或者收缩责任保险业务，大幅缩小承保范围。这是单纯的市场理论所无法解释的，也是最令人担忧的。[4]美国的责任保险危机在产品责任保险、雇主责任保险、医疗责任保险以及公司董事和高级管理人员责任保险等方面表现得尤为突出。诸如，1987 年美国、加拿大等国公司董事和高级管理人员责任保险的保险费狂涨，上涨幅度达到 200%至 2000%。进入 21 世纪以后，由于美国的安然、世界通信等公司在证

---

〔1〕 梅礼、瑞士再保险公司："责任保险的可持续发展远景——澳大利亚与美国责任保险体制的演变"，载《前景和挑战——中国责任保险发展》研讨会交流论文集，2005 年 5 月 12 日。Rudolf Enz. & Dr. Thomas Holzheu："责任保险损失的经济学：如何承保日益增长的责任风险"，载《Sigma》2004 年第 4 期。

〔2〕 据 Rudolf Enz. & Dr. Thomas Holzheu："责任保险损失的经济学：如何承保日益增长的责任风险"（载《Sigma》2004 年第 4 期）提供的数据显示：2002 年，美国的责任体系的费用达到 2330 亿美元，比 2001 年增长 13%，侵权成本费用占 GDP 的 2.2%，而该指标在 1970 年为 1.4%；在 1950 年只有 0.6%。而由于民事责任额不断攀升，在责任索赔方面，2002 年美国达到了 1534 亿美元，占非寿险赔偿的 48.24%，占 GDP 的 1.47%。澳大利亚的情况也类似，2001 年其责任索赔额占非寿险索赔的 49.18%，占 GDP 的 0.83%。

〔3〕 参见许飞琼编著：《责任保险》，中国金融出版社 2007 年版，第 43 页。

〔4〕 See Richard N. Clarke, Frederick Warren-Boulton, David D. Smith, Marilyn J. Simon, "Sources of the Crisis in Liability Insurance: An Economic Analysis", *Yale Journal on Regulation*, Vol. 5, 1988, p. 367.

券市场上存在严重的虚假陈述和欺诈等行为，引发证券投资者对企业及其董事、高级职员的新一轮诉讼，使得董事和高级职员保险再一次陷入危机。[1]另外，在与石棉有关的高额赔偿面前，美国的保险公司也遭受了巨大的损失。1999 年至 2003 年，美国保险业为石棉索赔而支付的赔款达到 200 亿美元，在石棉生产商不断破产倒闭的同时，保险公司也因此导致经营困难而陷入危机。[2]美国的医疗责任保险甚至在当前仍面临着不小的危机。[3]

英国的情况也不乐观，根据英国公平交易局（Office of Fair Trading）于 2003 年 7 月发布的报告，英国正在遭受类似的困境：保费普遍大幅上涨，涨幅从 50% 到 700% 不等，有时竟然上涨到 1500%；保险人对诸多风险拒绝承保，并大幅削减承保范围，增加被保险人承担损失的幅度；[4]许多小企业因为无力支付保费或难以觅到适当的保险而被迫停业或者濒临关闭。[5]

四、责任保险危机之根源

从以上责任保险危机的表现来看，一方面是理论上的质疑，责任保险是否会背离社会公德，纵容违法和犯罪；一方面是现实上的危机问题，民事责任的巨大膨胀与法院裁决赔偿金额的迅速增长导致保险公司采取极端的措施：或是责任保险费成倍猛增，或是人们买不到保险。

（一）已有的讨论

对于责任保险危机的根源，几十年来一直是经济学家和法学家们探讨的话题。[6]针对责任保险在西方发达国家所遇到的现实危机问题，下列几种原

---

〔1〕 参见张洪涛、王和主编：《责任保险理论、实务与案例》，中国人民大学出版社 2005 年版，第 32 页。

〔2〕 参见张洪涛、王和主编：《责任保险理论、实务与案例》，中国人民大学出版社 2005 年版，第 33 页。

〔3〕 参见唐强、李飞："医疗责任保险在美国举步维艰"，载《中国保险报》2003 年 10 月 24 日，第 4 版。

〔4〕 See Parsons C, "An Analysis of current problems in the UK Liability insurance market", office of Fair Trading Report, London：OFT659a, 2003, p. 29.

〔5〕 See Parsons C, "An Analysis of current problems in the UK Liability insurance market", office of Fair Trading Report, London：OFT659a, 2003, p. 29.

〔6〕 See Kenneth S. Abraham, "The Rise and Fall of Commercial Liability Insurance", *Virginia Law Review*, Vol. 85, 2001, p. 99.

因是比较具有影响力的解释：[1]

第一，保险公司共谋。保险消费者的第一个反应就是保险公司勾结起来牟取超额利润，因而要求对保险公司的业务活动进行调查。但是共谋的论点不能解释责任险供给不足的问题，而且调查表明，保险公司在责任险业务上一直获利不多。何况即便真有这种"同盟"，由于参与者之间互相监督难度极大而不太可能存续。[2]

第二，保险公司为弥补前期经营失误而剜肉补疮。这种解释在竞争性市场中是不合理的，因为新的保险公司可以随时进入责任保险业务领域，从而取得竞争优势。何况，这种解释对于保险供给不足的现象也不能提供合理解释。[3]

第三，国家对于保险业的不当干预，包括对产品价格、清偿能力以及风险池的监管。这种解释缺乏实证支持，监管措施宽严变化跟责任保险市场中出现的供给——需求问题的发展和解决并没有密切关联。[4]

第四，责任保险的周期性变化。这种观点认为，在利率高时，保险人由于可以通过投资获得高额利润，因而大幅削减保费以获得投资资金。一旦利率下降，保险人便不得不提高保费。利率对保险的周期性影响无疑是促成危机的重要原因之一，但是单单这一个原因还不足以解释全部现象：利率降低幅度与保费上升幅度不成比例；保险危机只是发生在某些种类而非全部种类的责任保险中，其他财产保险和人寿保险的保费变动更是不大；对保险人拒绝提供保险的现象也难以给予合理解释。[5]

---

〔1〕 以下有关"解释"的资料参见李兵："论责任保险对于侵权法的影响"，中国政法大学2004年硕士学位论文。

〔2〕 See Richard N. Clarke, Frederick Warren-Boulton, David D. Smith, Marilyn J. Simon, "Sources of the Crisis in Liability Insurance: An Economic Analysis", *Yale Journal on Regulation*, Vol. 5, 1988, p. 377-384. Parsons C, "An Analysis of current problems in the Uk Liability insurance market", office of Fair Trading Report, London: OFT659a, 2003, p. 60.

〔3〕 See Richard N. Clarke, Frederick Warren-Boulton, David D. Smith, Marilyn J. Simon, "Sources of the Crisis in Liability Insurance: An Economic Analysis", *Yale Journal on Regulation*, Vol. 5, 1988, pp. 384-385.

〔4〕 See Richard N. Clarke, Frederick Warren-Boulton, David D. Smith, Marilyn J. Simon, "Sources of the Crisis in Liability Insurance: An Economic Analysis", *Yale Journal on Regulation*, Vol. 5, 1988, pp. 386-389.

〔5〕 See George Priest, "The Current Insurance Crisis and Modern Tort Law", *The Yale Law Journal*, Vol. 96, pp. 1530-1531.

第五，侵权责任的急剧变化和不确定性。无论是侵权责任的确立方式还是损害赔偿额的判决方式都发生了重大转变，这被认为是导致责任保险保费飙升和供给不足的根本原因。这些变化包括过错责任向无过错责任转变、放松连带责任要件、对非经济损失如精神损害判以巨额赔偿、惩罚性赔偿的适用等。它们都导致索赔额更高、应诉成本更多、侵权判决更难以预料，从而使得保费不断上涨。这种解释被认为是责任保险危机最有影响力的解释。[1]美国司法部1986年在对危机调查之后，也力主此种见解，并且认为只有对侵权法进行大规模改革才能渡过这场危机。[2]

国内的保险学学者和法学学者往往也是支持上述第五种解释，认为英美法系国家责任保险危机的发生，其深刻的内在原因在于：（1）西方诉讼文化的影响。由于对权利的重视，在西方形成了好讼的民众心理。而20世纪后半叶以来，西方社会中司法的社会功能不断扩大，更加刺激了诉讼活动，出现了所谓的"诉讼爆炸"。而高昂的诉讼成本也造成保险公司赔付成本过高，导致责任保险的危机。（2）民事责任无限扩大化。无过错责任制度的泛化和高额的惩罚性赔偿金制度是导致责任保险危机的根本原因。（3）诉讼体制不合理。英美法国家的诉讼体制容易助长诉讼的发生，滥诉的情况大量存在。由于无过错责任制度使得受害人胜诉的可能性较大，促使律师顺势而对侵权案件采用"无效果，无报酬"的所谓"胜诉酬金"方式收费，这种收费制度客观上引发了大量的诉讼。[3]（4）保险公司经营管理不善。[4]

也有学者对此有细致的论述，认为由于惩罚性损害赔偿与无过错责任制度的存在，法院往往会支持受害人高额的赔偿要求。在责任认定上，法官认定的是保险而不是责任，裁决被保险人承担责任实际上就是责成保险人承担

---

〔1〕 See Richard N. Clarke, Frederick Warren-Boulton, David D. Smith, Marilyn J. Simon, "Sources of the Crisis in Liability Insurance: An Economic Analysis", *Yale Journal on Regulation*, Vol. 5, 1988, p. 389-390.

〔2〕 See George Priest, "The Current Insurance Crisis and Modern Tort Law", *The Yale Law Journal*, Vol. 96, 1987, pp. 1530-1532.

〔3〕 美国学者奥尔森在其著名的《诉讼爆炸》一书中指出，律师和诉讼产业是"诉讼爆炸"的原因和抑制诉讼的关键。

〔4〕 参见张洪涛、王和主编：《责任保险理论、实务与案例》，中国人民大学出版社2005年版，第33~35页。

责任。法官成功地玩了一场"认定被保险人"的游戏，由此假借法官之手把原告的损失分散到社会中去。正如丹宁（Denning）勋爵在一个判定知识丰富的驾车人作为富有经验的驾驶人应当保持高水平的驾车技巧时阐述的那样：我们所涉及的，是一个正在背离"无过错无责任"原则的法律部门。我们正在开始适用这样一条原则：即确定"谁应当承担风险"。从道义上讲，这位知识丰富的驾车人是没有过错的；但是从法律上讲，他对此负有责任，因为他保了险，风险应当由他承担。[1]从一般保险理论上看，在责任保险中，责任是前提，有"责任"才有"保险"，保险金的给付是建立在对责任的认定上的。[2]然而，上述的法官们的逻辑是只认保险单而不认责任的，这样就颠倒了责任和保险的关系，成了有保险就有责任了，这为责任保险危机埋下了隐患。而无过错责任和惩罚性赔偿，直接引发了责任保险的危机。可见，除了律师，法官在裁判中的"不谨慎"也是责任保险危机的一个原因。

还有学者认为，美国、澳大利亚等英美法系国家因民事责任体系的变化而完全形成了"赔偿文化"环境，责任的巨大膨胀与裁决金额的迅速增长导致保险公司赔偿的加速上升，而保险公司采取猛提保险费率等极端措施又导致责任保险衰退等现象发生，最终出现责任保险危机。[3]但这并不意味着责任保险的真正衰退，而只是责任保险在发展过程中所走过的一段歧途。[4]

（二）本书的观点

应该说，上述国内外学者关于责任保险危机根源的讨论，很具现实意义。上述观点中对于保险公司的指责并不足道，对于律师的抨击也未抓住要害，唯独对于民事责任制度的影响之分析，颇为令人信服。可以说，侵权责任制度的巨变与法官裁决的不确定性是危机的关键所在，而法官裁决的不确定性在很大程度上也是源于侵权责任制度的变化。似乎侵权责任制度之发展是产生问题之关键，也是责任保险危机的终极根源。本书认为：

首先，"责任保险危机"是个法律层面的问题。

---

[1] 参见崔欣、华锰："责任保险的发展及责任保险危机"，载《北方经贸》2003年第7期。

[2] 参见赵正堂、徐高峰："从经济学视角看责任保险归责原则的变迁"，载《中国保险管理干部学院学报》2003年第5期。

[3] 参见许飞琼编著：《责任保险》，中国金融出版社2007年版，第46页。

[4] 参见许飞琼编著：《责任保险》，中国金融出版社2007年版，第47页。

对于责任保险，学者们过于关注现实的危机而忽视了理论上的危机，过于关注事物的表象而忽视了问题的实质。对于以美国为代表的英美法系国家在责任保险发展中多次遭遇的挫折，究其原因，毫无疑问，肯定是多方面、多层次的。我们从不同的视角，细微考察，总会抓到它的把柄。然而，作为一种世界各国普遍采用的制度，对其是否发生危机考评的标准并不在于它所遇到的这样的一些挫折，或者说，所谓责任保险的危机，应该是理念上的，而不是现实上的。因为，在哲学的视角，作为一种制度存在的责任保险，仅仅是手段而不是目的，完全可以适用"适者生存"的法则。因此，有的学者主张因为民事责任制度对责任保险发展造成冲击，故而就应该修正民事责任制度的观点，是大有商榷之余地的。当然，对于美国等西方发达国家屡次遭遇的"危机"，我们也并不希望蔓延开来——特别是在我国。作为前车之鉴，将这些"危机"作为一种现象来研究其中的经验教训也有现实意义。

作为一种现象的"美国责任保险危机"[1]，其实质仍然是法律层面的问题：因为责任保险的标的是法律责任，没有法律责任作为基础就不可能有责任保险；责任保险是以法律的形式——合同来运作的，没有法律的保障，责任保险就是无本之木；责任保险在一定程度上弥补了侵权法补偿损害功能的不足，间接实现了救济受害人的目的；而所谓"危机"的主要表现就是因为民事责任扩张之后，面对数额日益巨大的赔偿责任，责任保险有些"力不从心"，难以为继。需要注意的是，在二者的关系上，侵权法是"主角"，而责任保险只是个"帮手"。同时，也要关注到，这些"危机"只是涉及责任保险的部分领域，责任保险仍然"广阔天地，大有作为"。当然，责任保险与侵权法（但不限于侵权法）的关系亦需协调，但这主要应该从责任保险制度内部入手，解决如何适应外部法律环境的问题。

可见，责任保险对于法律具有高度的依赖性，这种依赖是与生俱来的、从"骨髓"到"皮囊"的一种依赖。因此，从"美国责任保险危机"现象得到的启示就是一切关于责任保险制度的根本性和基本性的问题，在实质意义上都是法律层面的问题，应该从法学和法律的角度来考量。

---

〔1〕 为便于论述和说明，对于书中表述的以美国为代表的西方发达国家遭遇的责任保险危机的现象，在以下简称为"美国责任保险危机"。

其次，"责任保险危机"反映了责任保险法理基础的贫困。

对于责任保险危机问题，应该从理念层面考察。上述国内外学者关于责任保险危机根源的讨论，忽视了这个问题。似乎在理论上对于责任保险的诸多质疑都已得到了解决，或者"存在即合理"。其实不然，透过"美国责任保险危机"现象，我们可以反思，难道责任保险制度停滞不前、发展缓慢不更是一种普遍的危机吗？责任保险的危机不限于在其发展过程中的一点"磕磕绊绊"，更在于其法理基础的贫困，法理基础能否确立是责任保险理论危机的本质。所谓责任保险制度的法理基础，就是责任保险制度的正当性的问题，唯具有正当性，才有存在的意义和发展的空间。这也正是责任保险存在和发展的根基和动力源泉。

我国台湾地区学者郑玉波先生对责任保险是这样评述的：至于此种保险的效用，乃因社会经济进步，不仅个人与个人之间，因交往之频繁，而每有对他人负损害赔偿责任之事发生（如医师误诊，致病人死亡，应负责任）；尤其交通机关及其他企业之发达，且因无过失责任主义之畅行，极易酿成损害赔偿之事件（如飞机失事，造成伤亡，航空公司纵无过失，亦应负责），因而为使此等危险分散，俾不致使集中于该个人或企业，藉以维护其事业起见，责任保险制度乃为必要。因此种保险乃透过保险业将危险转嫁于公众的最好方式，所以于今各国无不盛行。[1] 基于现象观察，责任保险之蓬勃发展乃大势所趋，在发展中遇到各种各样的问题，无论机遇还是挑战，都在所难免，然而，对于责任保险制度基础理论的研究，特别是其所赖以存在的法理基础问题的研究仍旧是非常重要的根本任务。

【结论】

随着社会文明之昌明，科学技术之飞速发展，保护人权、公益、环境等观念的兴盛，法治社会意识的增强，人们所面临的最大风险往往已经不是死亡，而是依法所要承担的责任。因此，人们对于责任保险的需求将最为强烈，责任保险是未来社会最有发展前景的保险。同时，出于对受害人利益偏重保护的观念，责任保险被赋予了超过一般保险的功能——保护受害第三人的

---

〔1〕 参见郑玉波：《保险法论》，三民书局 1981 年版，第 236 页。

权益。

责任保险在社会经济生活诸多方面发挥了重要作用，但其发展却面临危机：既有理论上的质疑，也有现实中的挫折，我们可以将其归纳为理论危机和现实危机。责任保险的产生是基于法律制度特别是民事责任法律制度的发展，因此其对法律有着高度依赖性，同时其发展也受到法律的诸多制约和影响。因此，阻碍责任保险发展的理论危机，实质就是其法理基础的贫困。所谓责任保险的法理基础，就是对责任保险制度正当性的说明。这是责任保险制度存在的基石和发展的内在动力。

对于责任保险制度，理论危机是价值层面的问题，是根本性的，是"骨髓"，解决其存在有无正当性的问题；而现实危机是技术层面的问题，是外在的，是"皮囊"，解决其顺畅有效运作的问题。相对而言，价值问题是前提，如果不具有正当性，技术问题解决与否就失去了意义；当然技术性问题也不能忽视，如果只有理论上的正当性，而无技术操作上的可能性，那么"正当性"的论证就只能是乌托邦。只有这两个问题都得以解决，责任保险才能够有章可循地发展，才能够更好地服务于人类社会。笔者认为，虽然技术问题得到广泛关注，但作为前提的理论问题更不容忽视。

责任保险的法哲学分析

在今天看来，非常普遍的责任保险产生于 19 世纪，壮大于 20 世纪初，并于 1970 年以后在欧美国家发展到鼎盛阶段。但在其产生之初，受到了舆论的指责，其正当性并没有立即获得法律上的承认。人们认为责任保险会加速道德沦丧，有悖社会公平正义。因为传统侵权法所追求的是个人责任和"损失移转"，并以此为基础实现侵权法的价值和功能。责任保险制度适用的结果却是将侵权损害赔偿责任从实际的侵权行为人转由保险公司承担，并通过保险公司这一媒介将损害赔偿责任转嫁给社会。这实际上是将损害后果在同种危险制造者之间进行社会性的分散，在一定意义上可以说是损害赔偿责任的社会化。这从根本上动摇了自罗马法以来"谁侵权谁承担责任"的古训，与侵权法的公平目的相违背，也与侵权法对侵权行为人的惩罚功能不相符。此外，侵权法通常被认为是抑制侵权行为的一种有效措施。责任保险将加害人从承担损害赔偿责任的枷锁中解放出来，这在某种程度上将挫败侵权法对于加害行为的抑制功能。有鉴于此，有论者以为，基于不法行为所生之损害，得借保险之方式予以转嫁，一则违反道德规范，二则足以导致行为人注意之疏懈，助长反社会行为，危害公益，实不宜容许其存在。[1]

直到 1844 年，法国一商事法院以责任保险违背公序良俗、助长行为人不注意为由将其判决为无效，但在第二年巴黎上诉法院却判决其为有效，从而确认了责任保险的合法性。[2]在美国，1886 年之前似乎并无责任保险的存在，但随着侵权责任的普遍化，保险公司开始承保基于过错的责任。[3]但是，

---

〔1〕 参见王泽鉴:《民法学说与判例研究》(第二册)，中国政法大学出版社 1998 年版，第 163 页。

〔2〕 参见刘士国:《现代侵权损害赔偿研究》，法律出版社 1998 年版，第 26 页。

〔3〕 See Gary T. Schwartz, "Ethics and the Economics of Tort Liability Insurance", *Cornell Law Review*, Vol. 75, 1989, p. 314.

这并不是说美国人一开始就认可了责任保险的正当性。人们认为责任保险解脱了侵权行为人本来应当负担的侵权责任，降低了社会对侵权行为人的道德责难程度，有违侵权行为法公平与威慑目标的实现，因而违背了社会公共政策，责任保险合同的效力问题也受到法院的拷问。[1]有关这个问题的争论一直到 1909 年密苏里州最高法院在布里登案（Breeden v. Frankford Marine Plate Accident & Glass Insurance Company）中作出"过错责任保险合同在法律上并无不当"的裁决才算告一段落。时至今日，多数人都认为布里登案的判决结果是恰当的，但也有许多人指责责任保险与侵权法的基本目标不相协调。[2]

但是，法律上的认可，并不意味着法理上就具有正当性，就责任保险而言，其保险标的就是法律责任，责任保险的直接效果是使得被保险人的法律责任风险得以社会化，这是否违背公序良俗？是否符合法律之正义？

一、法的价值与正义

（一）关于正义的学说

责任保险作为一项法律制度，其正当性的问题是一个价值层面的探讨。庞德指出：价值问题虽然是一个困难的问题，但它是法律科学所不能回避的。人们都使各种价值准则适应当时的法学任务，并使它们符合一定时间和地点的社会理想。[3]应该说，法的价值是与法的本质密切联系的一个问题。[4]但价值是一个抽象但并不空洞的概念，价值是从人们对待满足他们需要的外界物的关系中产生的。如此，推及一项法律或者制度的价值就是这一客体满足作为主体的人的需要的积极意义。由此看来，一项法律或者制度有无价值，价值大小，一方面取决于一定主体对它的需求，另一方面则取决于它所具有的性能。法的价值归纳起来，主要是正义和效率（利益及利益最大化）两大类。具体而言，现代法一般以秩序、自由、公平、效率和人权等为其基本价

---

〔1〕 参见 ［美］理查德·A. 爱泼斯坦：《侵权法：案例与资料》，中信出版社 2003 年版，第 928 页。

〔2〕 See Gary T. Schwartz, "Ethics and the Economics of Tort Liability Insurance", *Cornell Law Review*, Vol. 75, 1989, p. 314.

〔3〕 参见 ［美］罗斯科·庞德：《通过法律的社会控制：法律的任务》，沈宗灵、董世忠译，商务印书馆 1984 年版，第 55 页。

〔4〕 参见沈宗灵主编：《法理学》，北京大学出版社 1999 年版，第 80 页。

值追求，这些价值在具体的部门法中各有侧重。而正义通常是这些价值的高位概念，是我们探讨价值问题时，首先要面对的一个问题。因为法是正义的体现，正义是始终与法或者制度相伴随的基本价值，是衡量法或者制度好坏的标准。从古至今，人类社会尽管对正义有无数不同的理解，但普遍认为这是一个崇高的价值、理想和目标。

法与正义的关系问题始终是古今中外法学中一个永恒的主题。[1]正如法学家所认为的，正义是在所有的法律问题中被一同考虑的法律的意义问题。只有意义问题最终决定其理由。如果根据对正义问题的哲学观点证明一个法律结果有意义，则该法律结果就获得了哲学上的最终根据。[2]在查士丁尼《民法大全》中，正义是这样表述的：正义乃是使每个人获得其应得的东西的永恒不变的意志。这个定义强调了正义的主观方面。而瑞士一位当代的神学家埃米尔·布伦纳（Emil Brunner）将其与制度相结合指出，一种态度、一种制度、一部法律、一种关系，只要能使每个人获得其应得的东西，那么它就是正义的。[3]博登海默这样描述：如果用最为广泛和最为一般的术语来谈论正义，人们就可能会说，正义所关注的是如何使一个群体的秩序或社会的制度适合于实现其基本目的的任务……满足个人的合理需要和要求，并与此同时促进生产进步和社会内聚性的程度——这是维持文明社会生活方式所必需的——就是正义的目标。[4]

综观上述关于正义的各种学说，在撇开正义的道德意义的前提下，我们不难概括出正义的基本法律含义：首先，正义是一种分配方式，无论利益或不利益，如果其分配的方式是正当的，能使分配的参与者各得其所，它就是正义的；其次，正义是通过正当的分配达到的一种理想的社会秩序状态。因此，正义具有手段和目的的二重性，正义的分配是达到理想社会秩序的手段，而理想的社会秩序恰是正义所欲达到的目标。法律是正义的体现，司法程序

---

〔1〕 参见沈宗灵主编：《法理学》，北京大学出版社 1999 年版，第 61 页。

〔2〕 参见［德］N. 霍恩：《法律科学与法哲学导论》，罗莉译，法律出版社 2005 年版，第 272~273 页。

〔3〕 参见［美］E. 博登海默：《法理学——法哲学及其方法》，邓正来、姬敬武译，华夏出版社 1987 年版，第 254 页。

〔4〕 参见［美］E. 博登海默：《法理学——法哲学及其方法》，邓正来、姬敬武译，华夏出版社 1987 年版，第 238 页。

是正当地分配利益或不利益的过程，正义是法律的首要价值。正因如此，无论在中国或西方语言中，法律都是正义的同义语。立法与司法的目的即在于促进正义的实现，不能实现正义的法律是背离了其本质的恶法。[1]

（二）正义的分类

在思想史上，对正义有很多分类法，如从经济、政治、道德、法律等角度的分类，正如美国法学家庞德所言，在伦理上，我们可以把它看成是一种个人美德或是对人类的需要或者要求的一种合理、公平的满足。在经济和政治上，我们可以把社会正义说成是一种与社会理想相符合，足以保证人们的利益与愿望的制度。在法学上，我们所讲的执行正义（执行法律）是指在政治上有组织的社会中，通过这一社会的法院来调整人与人之间关系及安排人们的行为。现代法哲学的著作家们也一直把它解释为人与人之间的理想关系。[2]

另一种划分法是古希腊思想家亚里士多德（Aristotle）提出的矫正正义和分配正义。按照亚里士多德的学说，正义意味着某种平等，而这种"平等"的正义可分为两类：矫正正义和分配正义。矫正正义，即对任何人都同等对待，仅计算双方利益与损害的平等。这类正义既适用于双方权利、义务的自愿的平等交换关系，也适用于法官对民事、刑事案件的审理，如损害与赔偿的平等，罪过与惩罚的平等。而分配正义，是指根据每个人的功绩、价值来分配财富、官职、荣誉，如甲的功绩大于乙的三倍，则甲所分配的也应大于乙的三倍。[3]有学者认为，分配正义适用于立法或公法，矫正正义适用于司法或私法。[4]

美国当代著名法哲学家罗尔斯（John Rawls）则论述了社会正义和个人正义之分。罗尔斯认为，正义是社会制度的首要价值，正像真理是思想体系的首要价值一样。[5]罗尔斯强调"正义的至上性"，他认为"正义"是社会制

---

〔1〕 参见徐国栋：《民法基本原则解释——以诚实信用原则的法理分析为中心》（增删本），中国政法大学出版社 2004 年版，第 351 页。

〔2〕 参见［美］罗斯科·庞德：《通过法律的社会控制：法律的任务》，沈宗灵、董世忠译，商务印书馆 1984 年版，第 73 页。

〔3〕 参见沈宗灵主编：《法理学》，北京大学出版社 1999 年版，第 62 页。

〔4〕 参见沈宗灵主编：《法理学》，北京大学出版社 1999 年版，第 62 页。

〔5〕 参见［美］约翰·罗尔斯：《正义论》，何怀宏等译，中国社会科学出版社 1988 年版，第 1 页。

度的首要价值，任何一种理论、法律或者制度，不管怎样有用和巧妙，但只要它是不正义的，就一定要被抛弃和消灭。罗尔斯指出，"正义"是一个内容很广泛的概念。从一定角度看，可以分为社会的正义和个人的正义。他论述了正义在社会中的作用，认为它们一方面规定了在社会基本制度中划分权利和义务的方式；另一方面又规定了社会合作的利益和负担的分配。他还认为，在实际生活中，良好的社会是罕见的，因为每个人对正义的理解不尽相同。[1]他认为社会正义原则是指社会制度的正义，主要问题是"社会的基本结构，是一种合作体系中的主要的社会制度安排"，这种原则不能同个人正义原则，即"用于个人及其在特殊环境中行动的原则"混淆起来。而且他还认为，只有首先确定社会正义原则才能进一步确定个人正义的原则。因为个人正义的原则首先是个人在一定条件下应对制度所负责任的原则。[2]罗尔斯的正义论是社会正义论。罗尔斯之所以把社会体制的正义作为首要的正义，乃是因为：第一，社会体制对个人生活前途起着深远的、自始至终的影响。第二，社会体制构成了个人和团体的行动发生的环境条件。第三，关于人的行为的公正与否的判断往往是根据社会体制的正义标准作出的。例如，当我们说一个法官的判决公正或不公正时，我们使用的标准通常或在绝大多数场合是现行法律制度的规定。[3]

罗尔斯还将社会正义区分为实质正义与形式正义。罗尔斯所认为的实质正义，是指制度本身的正义；形式正义则是指对法律和制度的公正及一贯的执行，而不论其实质原则为何。所以，形式正义也可称为"作为规则的正义（justice as regularity）"。[4]在昂格尔看来，形式正义要求普遍性规则的统一适用，实质正义调整分配性决定或交易的结果，即形式正义强调规则的统一适

---

〔1〕 正如博登海默说：正义有着一张普洛透斯似的脸（a protean face），变幻无常、随时可呈不同形状并具有极不相同的面貌。当我们仔细查看这张脸并试图解开隐藏其表面背后的秘密时，我们往往会深感迷惑。参见［美］E. 博登海默：《法理学：法律哲学与法律方法》，邓正来译，中国政法大学出版社 1999 年版，第 252 页。

〔2〕 参见［美］约翰·罗尔斯：《正义论》，何怀宏等译，中国社会科学出版社 1988 年版，第 50 页、第 105~106 页。

〔3〕 参见张文显：《二十世纪西方法哲学思潮研究》，法律出版社 2006 年版，第 498 页。

〔4〕 参见［美］约翰·罗尔斯：《正义论》，何怀宏等译，中国社会科学出版社 1988 年版，第 50 页、第 225 页。

用，实质正义强调调整结果的内在公正。[1]一般认为，形式正义意味着对所有人平等地执行法律和制度，但这种法律和制度本身却可能是不正义的，所以形式正义不能保证实现实质正义，但形式正义可以消除某些不正义。例如，一种法律和制度本身是不正义的，但如果它一贯适用的话，一般来说，至少能使服从这种法律和制度的人知道对他有什么要求，从而使他可以保护自己。相反地，如果一个已经处于不利地位的人还受到专横待遇，那就成了更大的不正义。[2]

如前所述，责任保险既是一种经济制度，也是一种法律制度。其与一般保险相对而言，其特殊性在于保险标的，也就是法律责任。某一潜在的可能承担法律责任的社会主体，借助于保险这样一种形式通过预先缴纳少量的保险费而将其将来可能要承担的法律责任转给保险公司承担，也就是我们所说的"法律责任社会化"，是其本质特征。该制度的基本功能就是分散了被保险人的责任风险，其在当今社会所附加的、也是客观的重要功能是使得被保险人的法律责任相对人的赔偿利益得到了更好的保障。问题是责任保险中的正义是什么呢？

二、责任保险与分配正义

（一）从矫正正义到分配正义

因为责任保险最初的保险标的就是侵权责任，因此我们探讨责任保险的正义时须与侵权法结合起来讨论。自亚里士多德以来，人们一直认为法律制度的功能是为了矫正正义，即纠正违法行为。[3]传统侵权法主要关注的是使受害人恢复到侵权行为发生以前的状态。在这种观念之下，保险制度与侵权责任是毫不相关、没有任何因果联系。在处理侵权案件时，法官和陪审团并不考虑保险因素。侵权法注重对违法行为的矫正，是由民法的属性所决定

---

〔1〕 参见［美］昂格尔：《现代社会中的法律》，吴玉章、周汉华译，中国政法大学出版社1994年版，第180~186页。
〔2〕 参见沈宗灵主编：《法理学》，北京大学出版社1999年版，第63页。
〔3〕 参见［美］理查德·A. 波斯纳：《法律的经济分析》（上），蒋兆康译，中国大百科全书出版社1997年版，第346页。

的。[1]

自 19 世纪至今，个人主义逐步走向衰落，社会化思潮兴起。与此相适应，全社会的正义观也有所改变。按亚里士多德关于正义的分类，人类由注重矫正正义发展到注重分配正义。[2]在社会发展的不同阶段和不同类型的社会中无疑同时存在两种正义，但人们对两种正义的注重程度不同。个人自由主义时代更注重个人过错和矫正正义，因此，传统侵权行为法的目的是纠正违法行为，法律制度的功能是为了矫正正义，加害人应当用自己的财产去补偿受害人的损失，同时，过错是这种补偿的正当性根据。当这种矫正正义不能实现实质正义的时候，正如波斯纳所说，我们必须考虑的是，经济原则赋予其生命的法律制度是否能被认为是用于矫正正义的。如果矫正正义被解释成法律制度必须设法对所有的损害进行赔偿，那么答案是否定的。[3]

责任保险的保险标的是法律责任，矫正正义强调法律责任的惩罚功能。西方法学家对法律责任的解释有许多种，在研究法律责任本质的过程中形成了三种比较流行的学说，即道义责任论、社会责任论和规范责任论。道义责任论源自古典自由法学派，认为自然法是正当行为的道德命令，法律规范是道德命令的复写，因此法律责任是以道义责任为前提的，对违法者的道义责难就是法律责任的本质所在。它主张责任是同过错连在一起的，而过错应受到非难或责难。正如黑格尔（G. W. F. Hegel）宣称：行为只有作为意志的过错才能归责于我。[4]而社会责任论认为社会是一个包括个人利益、集体利益、公共利益和社会利益在内的利益互动系统。各种利益的法律表现就是权利及保障权利的有关措施，而法律责任是由于发生侵害权利的行为而出现的纠错机制。所以法律责任本质上是以对受侵害权利的补救来否定侵权行为，以对受到危害的利益的加强来限制侵权者的任性，是对合法的社会利益系统的维护。从对受侵害权益的补救和保护这一法律责任的目的和功能出发，社会责

---

[1] 参见王伟："责任保险法理学三论"，载《南京大学法律评论》2005 年第 2 期。

[2] 参见［美］E. 博登海默：《法理学：法律哲学与法律方法》，邓正来译，中国政法大学出版社 1999 年版，第 264~271 页。

[3] 参见［美］理查德·A. 波斯纳：《法律的经济分析》（上），蒋兆康译，中国大百科全书出版社 1997 年版，第 346 页。

[4] 参见［德］黑格尔：《法哲学原理》，商务印书馆 1982 年版，第 119 页。

任论认为自然法学派的道义责任论是个人主义时代的观念，以主观道德和法律一元论为基础的过错责任原则已经成为不合时宜的历史陈迹，从而强调要用公平责任、无过错责任来补充或取代过错责任原则。[1]规范责任论从对行为的规范评价出发论述法律责任的本质，指出法律体现了社会的价值观念，是指引和评价人们行为的规范。而法律责任是法律对行为评价的结果，因此对行为的否定性规范评价就是法律责任的本质。按照奥地利法学家凯尔森（Hans Kelsen）的观点，法律责任是与义务相关的概念。一个人在法律上要对自己的行为负责，意思就是，他做相反行为时，他应受到制裁。[2]因此，法律责任是一种不利的法律后果，它与道义责任或者其他社会责任相比具有两个特点：一是承担法律责任的最终依据是法律，二是法律责任具有国家强制性。在民商法范畴，产生法律责任的原因有三类，即违法行为、违约行为和法律规定。法律责任是"法律必须被遵守"的保障，它有三个功能，即惩罚、救济和预防。法律责任包括刑事责任、行政责任、民事责任和违宪责任。在一般逻辑下，作为责任保险标的的法律责任是民事责任，其中主要是侵权责任。而通过保险将民事责任社会化，必然会削弱侵权责任的惩罚功能和预防功能。但惩罚主义也受到质疑，18世纪英国功利法学派代表人物边沁（Jeremy Bentham）认为：任何惩罚都是损害、都是恶，惩罚被允许的唯一理由在于它可能排除某种更大的恶。在以下四种情况下，惩罚不应该实施：（1）惩罚无理由，即不存在要防止的损害，行为总的说来无害；（2）惩罚必定无效，即不可能起到防止损害的作用；（3）惩罚无益或者说代价过高，即惩罚会造成损害将大于它所防止的损害；（4）惩罚无必要，即损害不需要惩罚便可加以防止或自己停止，也就是说可以较小的代价便可使损害停止。[3]

　　惩罚主义和救济主义的冲突反映了矫正正义理念和分配正义理念的冲突。在法律责任当中，刑事责任的主要功能是惩罚，突出反映了矫正正义的理念；而民事责任的主要功能是救济，突出反映了分配正义的理念。在民商法领域，

---

　　〔1〕　参见张文显：《二十世纪西方方法哲学思潮研究》，法律出版社2006年版，第394~395页。

　　〔2〕　参见［奥］凯尔森：《法与国家的一般理论》，沈宗灵译，中国大百科全书出版社1996年版，第65页。

　　〔3〕　参见［英］边沁：《道德与立法原理导论》，时殷弘译，商务印书馆2000年版，第216~223页。

权衡法律责任功能冲突的时候，我们更应该侧重救济。事实上，二者并非完全对立，在矫正正义领域会有分配正义，而在分配正义领域也会有矫正正义。作为民事法的侵权法，其补偿功能尤其应该放在首要地位。并且，分配正义理念意味着当事人承担法律责任的方式不能局限于自己责任，而要实现风险的社会分担。而这恰好是责任保险最基本的优势所在。在责任保险和侵权法领域，分配正义理念认为侵权法的最重要的功能是救济，但并未因此完全舍弃矫正正义，一个非常典型的例子是侵权法虽然借用了责任保险制度，并以补偿性为其主导功能，但其惩罚功能和预防功能并没有因此而丧失。我们并不能因为责任保险的存在就断定加害人对其加害行为完全不需要付出代价。人们将侵权关系和合同关系融合在了一起，但责任保险是以侵权责任之存在为前提的。加害人只有首先为责任保险支付了相当数额的保险费后才能在出现保险事故后由保险人代为赔付。同时，代位求偿或追偿制度在责任保险中的设立将会进一步明确责任的最终承担者。

（二）民事责任的可分担性和惩罚功能的可替代性

民事责任本身的性质也决定了其具有可分担性。按照民事法律的一般原理，民事责任为民事义务的特别附加，为行为人违反民事义务而应当承受的法定负担。其负担可以是行为人的心理负担，诸如赔礼道歉、具结悔过；可以是行为人的人身负担，诸如为一定的行为消除影响、恢复原状；可以是行为人的财产或经济上的负担，诸如支付违约金、赔偿损失等；也可以是上述诸种负担的结合。[1]行为人违反民事义务应当承担民事责任，在效果上并不具有绝对的意义。民事责任可以依照立法例为当事人的利益所设计的途径，在当事人之间以及当事人之外进行合理的分担。[2]而民事责任由第三人加以分担的主要形式包括债务承担、担保和保险。因此，责任保险本身就是民事责任分担的一种方式。

法律责任的惩罚功能具有可替代性。责任保险所分担的财产性责任并非法律责任的全部，在财产罚之外还有人身罚、行为罚等多种形式的法律责任，财产罚的主要功能是使受害人得到经济补偿，而其对加害人本身的惩罚功能

---

〔1〕 参见邹海林：《责任保险论》，法律出版社 1999 年版，第 20 页。
〔2〕 参见邹海林：《责任保险论》，法律出版社 1999 年版，第 26~27 页。

和警示他人的预防遏制功能则可由其他制裁措施替代，在客观上这并不会削弱惩罚之效果。因此，责任保险分散被保险人的财产性法律责任风险，并不必然导致道德风险的增加。

应该说，现代社会人们更注重整个社会的利益平衡即分配正义。因此，在分配正义的理念下，责任负担分配的正当理由，不是完全基于矫正正义的过错，而是加害人和受害人分散损失能力的比较。[1]有了保险，事故成本对过失加害人而言就不再是受害人的损失了，而是加害人因过失而可能经受的任何保险费增长的现值。[2]这就弥补了矫正正义的不足。

当然，分配正义与矫正正义并非对立，二者是一个问题的两个方面，在分配正义理念主导的社会中，分配正义是常态，而矫正正义是非常态下规范秩序的工具。在法律现代化进程中，社会对于财产价值和人的价值的衡量标准在不断的变迁，以前是财产的高价值和人的低价值，现在是人的高价值和财产的低价值。[3]就侵权法而言，如果赔偿是过失制度的唯一目的，那它就是一种贫困的制度，因为它不但成本很高而且很不完善。[4]因此，在现代社会的发展过程中，法律制度的发展出现了"损失承担社会化"的趋势，而这正好与分配正义理念相契合。在法律价值的具体层面，分配正义理念体现了现代法的公平价值。[5]公平，是指被社会实践检验和证明的、利益分配合理

---

〔1〕 参见王伟："责任保险法理学三论"，载《南京大学法律评论》2005年第2期。

〔2〕 参见［美］理查德·A. 波斯纳：《法律的经济分析》（上），蒋兆康译，中国大百科全书出版社1997年版，第259页。

〔3〕 参见沈宗灵：《现代西方法律哲学》，法律出版社1983年版，第91页。

〔4〕 参见［美］理查德·A. 波斯纳：《法律的经济分析》（上），蒋兆康译，中国大百科全书出版社1997年版，第258页。

〔5〕 在某种意义上，正义就是公平。在民商法范畴，公平往往就是正义的同义语。在［英］彼得·斯坦、约翰·香德：《西方社会的法律价值》（王献平译，中国法制出版社2004年版）和谢鹏程：《基本法律价值》（山东人民出版社2000年版）等著作中，本书所讲的"正义"，均被"公平"所替代。如亚里士多德把公平分为分配公平（distributive justice）和矫正公平（corrective justice）。当我们在若干个人或群体之间对某种东西进行分配的时候，我们就要考虑分配原则和分配方法的公平性。这种公平就是分配公平，分配公平的核心是在两个或两个以上的个人或群体之间合理地分配利益或负担。纠正公平是指在社会成员之间重建原先已经建立起来、并不时遭到破坏的均势和平衡。参见谢鹏程：《基本法律价值》，山东人民出版社2000年版，第88页。"在亚里士多德看来，公平就是相互承认对方人身尊严的自由人之间的某种比例或关系，公平应当在产品或劳务交换中建立均衡。"参见［英］彼得·斯坦、约翰·香德：《西方社会的法律价值》，王献平译，中国法制出版社2004年版，第86页。

的、社会关系的规定性。[1]人们往往也把公平看作是法律的同义词，因为公平是法律始终奉行的一种价值观。[2]公平与其他法律原则相比，具有高度的概括性和含义的不确定性，[3]它体现了民商法的价值追求和宗旨，是民商法的灵魂。徐国栋教授在《民法基本原则解释——成文法局限性之克服》一书中讲到：公平是民商法的精神，尽管民商法的各种规定千头万绪，复杂万端，如果要对其一言以蔽之的说明，必须用得着"公平"二字。舍却公平，民商法将不成其为民商法。[4]责任保险特别是强制责任保险，在一定的领域内，具有类似于二次分配的功能。财富的所有人通过出资购买责任保险，将一部分财富转移到保险公司，保险公司在收取众多投保人的保费后，建立保险基金，对受害人的损失予以赔偿，使受害人获得一定的经济补偿。这样，责任保险就使社会财富和社会资源分配向弱者倾斜，使弱者在残酷的经济世界中有所依靠。[5]就具体的责任保险关系而言，不论受害人实际上贫穷还是富有，在该事件中都是弱者，公平对于他就是使它得到救济；而对于加害人来讲，其加害行为可能并无重大过错甚或是不可避免，让他承担全部的不利后果则是不公平。责任保险作为一种高度社会化的保障工具，建立了风险承受的共同体，实现了财富在不同人们之间的分配。应当说，现代社会的分配正义理念的确立是责任保险存在并具有正当性的理论基石。

---

〔1〕 参见谢鹏程：《基本法律价值》，山东人民出版社 2000 年版，第 114 页。

〔2〕 参见［英］彼得·斯坦·约翰·香德：《西方社会的法律价值》，王献平译，中国法制出版社 2004 年版，第 86 页。

〔3〕 有人认为公平就是正义（参见孙国华主编：《市场经济是法制经济》，天津人民出版社 1995 年版，第 163 页）；有人认为公平就是分配正义（［美］E. 博登海默：《法理学——法哲学及其方法》，邓正来、姬敬武译，华夏出版社 1987 年版，第 255 页）；也有人认为公平就是平等（参见何怀宏：《契约伦理与社会正义：罗尔斯正义论的历史与理性》，中国人民大学出版社 1993 年版，第 120 页）。公平原则并不是一个含义非常明确的概念，在不同的时期，不同的人对它的理解和感受会存在着很大的不同。依据不同的标准，会有不同的公平形式。例如，兄弟两人分蛋糕，根据不同的标准，至少可以列出八种公平的分配方法。①按照人头标准，一人一半，均分；②按照年龄大小，哥哥多分，弟弟少分；③按照需求，弟弟正长身体，故应多分；④按劳分配，看谁挣来的，谁就多分；⑤按照地位，谁是家长谁多分；⑥先来后到，谁先看见谁多分；⑦按照机遇，抽签决定谁多分；⑧按照付出代价多少，谁肯多掏钱谁就多分。参见赵万一：《商法基本问题研究》，法律出版社 2002 年版，第 19~20 页。

〔4〕 参见徐国栋：《民法基本原则解释——成文法局限性之克服》，中国政法大学出版社 1992 年版，第 66 页。

〔5〕 参见王伟："责任保险法理学三论"，载《南京大学法律评论》2005 年第 2 期。

三、责任保险与社会正义

(一) 社会正义论

当责任保险制度介入侵权法后，与事故无关的保险公司承担了补偿受害人的责任。在这里，侵权行为法所倡导的矫正正义受到了很大的冲击，责任保险似乎破坏了侵权法所创造的法律秩序。[1]

那么，责任保险是正义的吗？正如马克思所揭示的，法的关系既不能从它本身来理解，也不能从人类精神的一般发展来理解，相反，它根植于物质的生活条件，但社会不是以法律为基础的。那是法学家们的幻想。相反地，法律应该以社会为基础。法律应该是社会共同的、由一定物质生产方式所产生的利益和需要的表现，而不是个人的恣意横行。[2]一种社会政治和经济制度，如何安排才算是正义的呢？罗尔斯的社会正义论给予了回答。罗尔斯的正义观念是由两个原则构成的：第一个原则是"自由的平等原则"，它强调每一个人都平等地享受政治自由等各种权利；第二个原则是"差别原则"，它强调社会经济的不平等，必须能够促使社会中处境最不利的成员获得最大的利益。也就是说，它允许有不平等（即贫富差距），但又必须限制不平等，使处境最不利的成员获得最大的利益，即所谓的"补偿原则"。罗尔斯的观点旨在强调或兼顾不同层次的正义观。责任保险在诞生时就面临着侵权纠纷的次数增多，数额增大，情况愈发严重的现状，而这种将损失分担社会化的方法正成为损害赔偿的需求，这种需求与罗尔斯的社会正义理念不谋而合。按照罗尔斯的想法，由于社会合作，存在着一种利益的一致，它使所有人有可能过一种比他们仅靠自己的努力独自生存所过的生活更好的生活；另一方面，由于这些人对他们协力产生的较大利益怎样分配并不是无动于衷的，这样就产生了一种利益的冲突，就需要一系列原则来指导在各种不同的决定利益分配的社会安排之间进行选择，达到一种有恰当的分配份额的契约。这些所需要的原则就是社会正义的原则，它们提供了一种在社会的基本制度中分配权利

---

〔1〕 参见王伟："责任保险法理学三论"，载《南京大学法律评论》2005 年第 2 期。
〔2〕 参见 [德] 马克思、恩格斯：《马克思恩格斯全集》（第 6 卷），中共中央马克思恩格斯列宁斯大林著作编译局编译，人民出版社 1961 年版，第 291~292 页。

和义务的办法，确定了社会合作的利益和负担的适当分配。[1]

（二）责任保险的社会价值

民事责任制度向有利于受害人的方向发展，其结果必然加重加害人承担责任的负担，作为加害人在主观上有分散责任危险的需求，而责任保险在客观上提供了这一功能。侵权法中无过错责任的发展是与责任保险的发展联系在一起的，责任保险制度成功地减轻并分散了加害人的负担，为无过错责任制度的发展提供了现实基础。[2]诚如王泽鉴先生所言，对于责任保险，批评者虽众，并未能阻止责任保险之发达。推究其故，其主要的原因有三点：第一，19世纪以来，意外灾害事故频繁，加害者个人负担沉重，受害人也难获赔偿，责任保险制度有助于填补受害人之损失，符合社会公益；第二，责任保险制度并未助长反社会之行径，行为人并未因投有责任保险而降低其注意义务，事故一旦发生，加害者自己不但常难逃灾祸，而且在刑事上或行政上尚须受到一定之制裁；第三，加害人借责任保险逃避民事责任之企图，在某种程度上，亦可加以克制。例如，对某种范围之被保险人可以提高保险费率，依法规或契约之规定，更可使保险公司对于故意（或重大过失）肇致损失者，有求偿权。[3]

无过错原则的确立有着深厚的法哲学基础。19世纪末20世纪初，随着资本主义社会完成了由自由资本主义向垄断资本主义的过渡，以孔德（Comte Auguste）为代表的实证主义哲学开始取代理性主义哲学，以实证哲学为基础的社会学法学开始流行，其中以狄骥（Leon Duguit）为代表的法国社会连带主义法学具有极强的代表性。

正如学者们所论述的，在现代社会中，损害赔偿不再是一个单纯的私人纠纷问题，同时也是一个社会问题。这样，就必须兼采其他法律部门中适宜的法律手段，组成一套综合的调整机制，于是，就有了责任保险及其他损失保险的发展以及相应的法律规范的完善。[4]事实上，责任保险具有重要的社

---

〔1〕 参见［美］约翰·罗尔斯：《正义论》，何怀宏等译，中国社会科学出版社1988年版，第2页。

〔2〕 参见王利明：《侵权行为法归责原则研究》，中国政法大学出版社2004年版，192页。

〔3〕 参见王泽鉴：《民法学说与判例研究》，中国政法大学出版社1998年版，第163页。

〔4〕 参见王卫国：《过错责任原则·第三次勃兴》，中国法制出版社2000年版，第97页。

会价值，它为被保险人提供了分散损害的条件，为受害人提供了可靠的经济补偿手段。对责任保险的非难，只是一种误解和无知。[1]责任保险对社会的价值不仅体现在对受害人的补偿方面，还能对个人资源的有效利用和社会资源的增长产生重大影响。在没有责任保险的时候，人们会因为潜在的风险而畏首畏尾地生产经营，阻碍了新技术、新工艺、新方法的采用。但是在责任保险的支持下，投保人在一定程度上减轻了风险发生时的赔付责任，有利于其进行创造性的活动。例如：在医疗等高风险业务领域，如果惧怕新的治疗方法所带来的临床风险而一味保守退缩的话，那么医疗水平就难以提高，社会公众也会因此无法享受科技进步带来的利益。由于这些风险活动对整个社会是有益的，因而，让整个社会至少是让这种活动的全体受益者来承担这种潜在风险的成本，比让从事这种活动的个人遭受责任的打击显得更符合社会正义的要求。在这个意义上，责任保险消除了潜在加害人积极从事社会活动的责任风险负担，在结果上也实现了法的自由价值。

可见，责任保险是市场经济发展到一定阶段的必然产物，它的产生和发展与国家法律制度、国民法律意识息息相关。[2]它满足了加害人分散法律责任的需要，将社会发展过程中的必要风险由个体承担转由社会分担，同时也更加切实有效地保障了受害人的利益，体现了现代社会的人文精神，从而有力地协调了社会经济发展中的各种利益冲突，在促进社会进步的同时，也体现了社会正义。

四、责任保险与实质正义

（一）从形式正义到实质正义

作为私法的近代民法所关注的是形式上的正义。正如梁慧星先生所分析的那样，近代民法有两个基本判断：这两个基本判断，是近代民法制度、理论的基石。第一个基本判断，叫平等性。在当时不发达的市场经济条件下，民事法律关系主体主要是农民、手工业者、小业主、小作坊主……而所有这些主体，在经济实力上谈不上有多大区别……尤其在当时不发达的市场经济

---

〔1〕 参见郭明瑞等：《民事责任论》，中国社会科学出版社 1991 年版，第 347 页。

〔2〕 参见张洪涛、王和主编：《责任保险理论、实务与案例》，中国人民大学出版社 2005 年版，第 29 页。

条件下，还没有发生像今天这样的生产与消费的分离和生产者与消费者的对立。因此，法学家和立法者对当时的社会生活作出一个基本判断，一切民事主体都是平等的，叫作平等性。第二个基本判断，叫作互换性，所谓互换性，是指民事主体在市场交易中、在民事活动中频繁地互换其位置，在这个交易中作为出卖人与相对人发生交换关系，在另一个交易中则作为买受人与相对人建立交易关系……于是，主体之间存在的并不显著的经济实力的差距或优势，因为主体不断地互换其地位而被抵消。在平等性上的不足，因互换性的存在而得到弥补。[1]这两个基本判断与形式正义——每个人都应当被同等地对待不谋而合，而在这两个判断的基础上，法学家和立法者理所当然地认为，既然主体之间是平等的，他们都有能力平等地保护自己的利益。因此国家可以采取放任的态度，让他们根据自己的意思，通过相互平等的协商，决定他们之间的权利义务关系，他们所订立的契约被视为具有相当于法律的效力，不仅作为他们行使权利和履行义务的基础，而且作为法院裁判的基准。这就是所谓的私法自治和契约自由原则。这就是民事法律行为制度……可见，正是因为有互换性这一基本判断，使自己责任或过错责任原则获得了公正性和合理性。[2]在侵权行为法领域，加害人与受害人的平等关系不因事故的发生而发生任何改变，任何社会地位、宗教信仰、支付能力等因素都不是实现正义的必要因素。[3]法律旨在通过制裁加害人、补偿受害人的方式来实现正义。而法官的职责就是判决侵害人对受害人的赔偿，至于侵害人是否能够给予有效的赔偿，则不是侵权法的关注范围。

哈耶克（F. A. von Hayek）说，正义既然是人的行为属性，那么当我们说一个人的某种行为是否正义时，就意味着他是否应该有某种行为。"应该"本身就预设了对某种普遍规则的"承认"。这种普遍规则，在哈耶克看来，就是用"同样的规则"对待不同的人，就是"法律面前人人平等"。因此，衡量"正义"的普遍规则必须在"法治秩序"中求得，即法律应当平等地对待每

---

〔1〕 参见梁慧星："从近代民法到现代民法法学思潮——20世纪民法回顾"，载梁慧星主编：《从近代民法到现代民法》，中国法制出版社2000年版，第169~170页。

〔2〕 参见梁慧星："从近代民法到现代民法法学思潮——20世纪民法回顾"，载梁慧星主编：《从近代民法到现代民法》，中国法制出版社2000年版，第170~171页。

〔3〕 参见王伟："责任保险法理学三论"，载《南京大学法律评论》2005年第2期。

一个人，而不管这个人的物质财富如何，生活条件如何。正是由于人们实际上是不相同的，因此我们才能够平等地对待他们。如果所有的人在才能和嗜好上都是完全相同的，那么我们就不得不区别对待他们以便形成一种社会组织。所幸的是，人们并不相同，而且正是由于这一点，人们在职责上的差异才不需要用某种组织的意志来武断地决定，而是待到适用于所有人的规则确定了形式上的平等之后，我们就能够使每个人各得其所。[1]哈耶克始终坚持的"平等"，只是在自由和法治秩序之下的"机会平等"，并认为这才是真正的平等，才是能够保持自由的唯一一种平等。[2]哈耶克所追求的仍然是形式正义，其正义观与实质正义观是对立的。

近代民法满足于形式正义，是基于对19世纪社会经济生活所作出的两个判断，即平等性和互换性，但是进入20世纪以后，社会经济生活发生了变化，作为近代民法前提条件的平等性和互换性已经不复存在，社会上出现了两极分化和对立。一方面是企业主与劳动者的对立，一方面是生产者和消费者的对立，而劳动者和消费者在社会生活中处于弱势地位。生产者不再是手工业者、小业主、小作坊主，而是现代化的大企业、大公司，他们拥有强大的经济实力，在商品交换中处于显著优越的地位。他们只是无穷无尽地生产和销售，并不和消费者互换位置。而劳动者因为与企业主经济实力对比悬殊，也不可能有实质的平等。这就导致民法理念由形式正义转向实质正义。[3]换言之，发生了深刻变化的社会经济生活条件，迫使20世纪的法官、立法者正视当事人之间经济地位不平等的现实，抛弃形式正义观念而追求实现实质正义。诸如在侵权案件中，基于无过错责任，受害人一方面得到法律的保护，一方面却又无法实现现实的判决。无论法院的判决如何措辞激烈地谴责加害人，如果最终不能实际补偿受害人的损失，都没有任何实际意义。事实上，

〔1〕 参见［英］A. 哈耶克编著：《个人主义与经济秩序》，贾谌、文跃然等译，北京经济学院出版社1989年版，第16页。

〔2〕 一般性法律规则和一般性行为规则的平等，乃是有助于自由的唯一一种平等，也是我们能够在不摧毁自由的同时所确保的唯一一种平等。自由不仅与任何其他种类的平等毫无关系，而且还必定会在许多方面产生不平等。参见［英］弗里德利希·冯·哈耶克：《自由秩序原理》（上），邓正来译，三联书店1997年版，第102页。

〔3〕 参见梁慧星："从近代民法到现代民法法学思潮——20世纪民法回顾"，载梁慧星主编：《从近代民法到现代民法》，中国法制出版社2000年版，第179页。

侵权行为法所奉行的矫正正义并不能为受害人得到有效补偿提供保障。受害人在侵权诉讼中胜诉，却常常因加害人无足够的资历而不能获得足额补偿。也就是说矫正正义在这里只满足了形式正义的要求，并未使受害人得到实质正义。因此，社会对实质正义有了更多的渴望和追求，而责任保险制度却适时产生了，在一定程度上帮助受害人实现了实质正义。

（二）责任保险与受害人救济

无论侵权法的归责原则如何发展，它本身都难以确保受害人获得充分的赔偿，受害人获得赔偿的程度在某种意义上受制于加害人的赔偿能力，而从过错责任到过错推定再到无过错责任的扩张使得这一问题更加突出。法律上可得到的损害赔偿，在现实中却无法实现。这说明仅靠民事责任制度内在的变革，已经无法满足受害人对救济的期待，因此，必须寻求体制外的因素，找到妥当的途径来适应侵权责任制度所发生的历史性变化。[1]正是在这种背景下，责任保险制度由于其自身功能之优越性，解决了损害赔偿中存在的矛盾，满足了对受害人巨额赔偿救济的需求；同时，责任保险也因此找到了其自身存在的理由和发展的空间。

责任保险将集中于一个人或一个企业的责任分散给社会，客观上增强了加害人损害赔偿的能力，可以避免受害人不能获得实际赔偿而造成的民事责任制度上的尴尬，强化了民事法律对受害人的救济功能。应该说，责任保险与民事赔偿责任之间具有互动作用，责任保险为无过错责任制度提供了物质基础，而无过错责任适用范围的扩大，更促进了责任保险制度的发达。没有责任保险的发展，已经发展的民事责任制度因为欠缺分散损害赔偿责任的途径，将失去经济上的动力以及增加适用上的阻力。[2]在这个意义上，责任保险在一定程度上解决了"判决不能被执行"的问题，在效果上实现了法的秩序价值。所谓法的秩序价值，就是法能够以其特定方式建立并维护某种社会秩序，以满足社会之需要。法在预防和制止无序状态方面起着道德、习俗等其他社会调整手段不能取代的作用。法既是社会秩序的象征，又是社会秩序的手段。法院判决不能被执行，是法作为维护社会秩序手段意义上的"不秩

---

〔1〕 参见樊启荣编著：《责任保险与索赔理赔》，人民法院出版社 2002 年版，第 27 页。

〔2〕 参见邹海林：《责任保险论》，法律出版社 1999 年版，第 51 页。

序"。因此，责任保险的出现，反映了民事立法侧重救济的功能，在相当程度上，将形式正义推进到实质正义，体现了现代法治之人文主义精神。

【结论】

在法哲学意义上，责任保险体现了分配正义、社会正义和实质正义的理念，也体现了现代法的公平、自由、秩序和人权的价值，具有其正当性基础。责任保险的保险标的是民事责任，主要是侵权责任。因为侵权责任的主要功能是补偿，其次要的遏制和惩罚功能具有可替代性，而民事责任又具有可分担性，所以，责任保险在分担被保险人赔偿责任的同时，弥补了侵权责任补偿功能的不足，符合现代社会的分配正义理念。在现代社会中，损害赔偿不再是单纯的私人纠纷，同时也是社会问题。责任保险满足了加害人分散法律责任的需要，将社会发展过程中的必要风险由个体承担转由社会分担，更加切实有效地保障了受害人的利益，有力地协调了社会经济发展中的各种利益冲突，在促进社会进步的同时，也体现了社会正义。同时，责任保险客观上增强了加害人损害赔偿的能力，强化了民事法律对受害人的救济功能，将形式正义推进到实质正义，显现了现代法治的人文主义精神。

责任保险的法经济学分析

责任保险既是一种经济制度，也是一种法律制度。责任保险的保险标的是民事责任，其本质是法律责任的社会化分担。然而，问题在于到底法律责任可否社会化分担？其正当性基础是什么？

波斯纳说：效率背后也有正义。本书尝试运用法经济学的原理和方法对责任保险制度进行经济分析，探讨责任保险是否是一种有效率的制度？是否会导致道德风险？以及民事责任制度对责任保险的影响。法经济学分析对于法律制度价值的判断虽然不能代替道德哲学的证明，但可以是重要的补充。

一、法经济学分析的意义和范式

（一）法经济学分析的意义

法经济学（the Economics of the Law），也称为经济分析法学，是 20 世纪 70 年代以后在西方经济学界也是法学界发展最快的，是从法与经济学互动的视角研究社会的重要学科和学术流派，其重要理论基础是美国的新自由主义经济学或新制度经济学。新自由主义经济学的基本观点是：当代社会的弊端主要是国家干预过多造成的。要想使社会恢复活力，需要实行"新的自由放任政策"，充分利用"市场机制"。新制度经济学是以交易费用或交易成本为核心范畴，分析和论证制度的性质、制度存在的必要性以及合理制度的标志的经济学派。其与以往的经济理论不同，其考察的重点不是经济运行过程本身，而是经济运行背后的产权关系，即经济运行的制度基础。通过考察和分析产权关系，来合理地界定经济运行效率，改善资源配置。在一定意义上，可以说法经济学与新制度经济学是同一硬币的两面。[1]

---

〔1〕 参见张文显：《二十世纪西方法哲学思潮研究》，法律出版社 2006 年版，第 167~168 页。

法经济学的核心思想是"效率",认为以价值得以最大化的方式分配和使用资源,或者说使财富最大化是法的宗旨,主张运用经济学的观点,特别是微观经济学的观点,分析和评价法律制度及其功能和效果,朝着实现经济效率的目标改革法律制度。法经济学的主要发现可以归为四点:(1)法律程序的参加者都是"理性人",即有理性地使自我利益最大化者。(2)法律制度本身——法律规则、程序和制度受到促进经济效率目的性的强烈制约。(3)对法律制度进行经济分析有助于设计法律制度的改革方案。(4)对法律制度进行定量研究是富有成效的。[1]法经济分析,既是分析性的又是规范性的,既要解释法律制度,又要评判和改革法律制度。它试图说明法律规则都是基于效率的考虑而制定的,法律与其说是为了正义,不如说是为了效率。

法经济学最有影响的代表人物是科斯(R. H. Coase)和波斯纳(R. A. Posner)。[2]科斯1960年在《法律与经济学杂志》上发表的论文"社会成本问题",被认为是法经济学研究的里程碑。在该文的开篇,科斯提出:传统的分析方法总是使得所作决定的性质变得模糊不清。当A给B造成了损害之后,在需要作出判断时,惯常的思维方式会这样考虑:我们应当如何抑制A?但这样的想法是不正确的,因为我们所面临的问题具有相互性:消除了对B的损害即意味着对A造成了损害。因此,我们应当作出的判断应该是:是否应允许A损害B,或者说是否应允许B损害A?问题的关键在于避免更为严重的损害。[3]这就是法经济学的思维方式,即以是否具有效率作为判断法律问题的标准,而非仅仅是以公平和正义作为标准。著名的科斯定理也是由该论文所推出的:只要财产权是明确的,并且其交易成本为零或者很小,则无论财产权的初始状态为何,市场均衡的最终结果都是有效率的。然而现实之中任何交易的成本都不可能为零,并且交易成本往往都很巨大,人们无法将其忽略。由于实际的交易成本必然为正,对科斯定理反推可得出这样的结论:最有效率的市场均衡结果必然产生于交易成本最小的情况。因此,最佳的资源配置状态就是使交易成本最小的配置状态。[4]波斯纳的《法律的经济分

---

〔1〕　参见张文显:《二十世纪西方法哲学思潮研究》,法律出版社2006年版,第168~169页。

〔2〕　其他的还有克莱布里斯(G. Calabresi)、贝克尔(G. Becker)、波兰斯基(M. Polinsky)等。

〔3〕　See R. H. Coase, *The Problem of Social Cost*, 3 Journal of Law and Economics 1, 1960, p. 2.

〔4〕　参见周博:"责任保险制度的经济分析",载《新西部》(下半月)2007年第12期。

析》是法经济学的代表著作，其出版标志着法经济学派的真正形成。但他反复强调科斯定理是《法律的经济分析》的主旋律。科斯定理是把握法经济学的关键所在。

我国学者对法经济学的定义是：法经济学是分析作为经济增长内升变量的法律制度的变迁对经济运行的重要影响，并在此基础上坚持公平、自主、效率有机结合、交替循环上升的法律价值观，结合本土具体的、动态的社会规范，主要运用经济学的原理和方法来研究法律规则和法律制度的形成、结构、成本——收益，从而真正实现正义的三个基本成分——安全、自由、平等的合理平衡，正义和秩序有效协调，风险和收益相平衡的一门交叉性学科。

这个定义表达了这样一种观点：效率属于法的重要价值，是取舍法律制度和评判法律制度优劣的重要标准。正如波斯纳所言：正义的第二种含义——也许是最普通的含义——是效率……只要稍作反思，我们就会毫不惊奇地发现在一个资源稀缺的世界里，浪费是一种不道德的行为……读者必须牢记：经济学后面还有正义。法律的经济分析的解释力和改进力都可能具有广泛的限制。然而，经济学总是可以通过向社会表明为取得非经济的正义理想所应作的让步而阐明各种价值。对正义的要求决不能独立于这种要求所应付出的代价。[1] 所以，善法要遵循效率标准。效率属于理性范畴，正义属于合理范畴，而理性和合理之间不完全一致。理性行为适用有效率的手段追逐一贯的目的，但目的之性质如何，不妨碍理性的选择，因为纵然目的是反社会的，并且手段是不道德的，但行为可以是理性的。[2] 而在法律上，通常人们把追逐反社会的目的或者采取不正当的手段看成是不合理的。也就是说，理性的不一定是合理的，而合理的必须是理性的。[3] 这就是说，善法应坚持遵循效率和正义二者有机结合的价值标准，二者不可偏废。法经济学是遵循效率和正义二者相结合的价值观。

---

〔1〕 参见 [美] 理查德·A. 波斯纳：《法律的经济分析》（上），蒋兆康译，中国大百科全书出版社 1997 年版，第 31~32 页。

〔2〕 参见 [美] 罗伯特·考特、托马斯·尤伦：《法和经济学》，张军等译，上海三联书店 1994 年版，第 14 页。

〔3〕 参见包锡妹：《反垄断法的经济分析》，中国社会科学出版社 2003 年版，第 24 页。

一般讲，法的价值归纳起来，主要是正义和利益两大类。与正义不同，利益的概念比较简单。通俗的说法，利益就是好处，或者说就是某种需要或愿望的满足。[1]当代美国社会法学派代表人物庞德在论述法的作用和任务时曾经这样界定利益：它是人类个别地或在集团社会中谋求得到满足的一种欲望或需求。[2]利益也有不同的分类。庞德将社会利益与个人利益和公共利益相对应，提出了著名的社会利益学说。法律作为一种行为规范，不仅是社会现象的产物，也是经济现象的产物。马克思在《哲学的贫困》一书中写道：无论是政治的立法或市民的立法，都只是表明和记载经济关系的要求而已。[3]由此看来，在法律现象的背后隐藏着的是经济利益关系，经济利益关系是法律存在的基础，法律是经济利益关系的上层建筑，在这个意义上，法律实质上是一种利益调节的工具，是利益分配的一种手段。而利益调解和利益分配在本质上也属于效率问题，因此，法经济学与法律制度及法哲学在内容上具有相关性，在目的上具有一致性。法经济学方法，作为一种实证主义的分析方法，也是说明法律制度具有合理性的一种重要途径。

在法经济学与道德哲学之间的关系上，应该说，经济学分析只是一种对道德论进行补充，而不是取代道德论的实证主义分析形式。罗尔斯在他的正义原则下建立了两个优先规则，其一就是：正义对效率和福利的优先。[4]一种社会制度失去这些前提，就很难让人认同它是正义的。蛋糕大了就幸福了吗？恰如法国历史学家基佐的提问：归根到底，人类难道仅是一座蚁冢，仅是一个只需要秩序和物质幸福而不需要其他的社会？[5]美国现代福利经济学家萨缪尔森（Paul Samuelson）也认为：经济分析学者们对各种价值判断的结果进行检验，无论理论家们是否赞同这么做，我都认为这是一种合理的实践。福利经济学中包含了人们之间的利益的比较，这个部分对于经济分析来说具

---

〔1〕 参见沈宗灵主编：《法理学》，北京大学出版社 1999 年版，第 64 页。

〔2〕 参见 ［美］罗斯科·庞德：《通过法律的社会控制：法律的任务》，沈宗灵、董世忠译，商务印书馆 1984 年版，第 81 页。

〔3〕 参见《马恩列斯论法》，法律出版社 1986 年版，第 17 页。

〔4〕 参见 ［美］约翰·罗尔斯：《正义论》，何怀宏等译，中国社会科学出版社 1988 年版，第 293 页。

〔5〕 参见 ［法］基佐：《欧洲文明史：自罗马帝国败落起到法国革命》，程洪逵、沅芷译，商务印书馆 1998 年版，第 9 页。

有实在的内容和价值，尽管科学家们并不把它考虑为推论和核实（除了在人类学的层面上）各种价值判断的一部分。[1]

（二）法经济学分析的范式

在法经济学对法律的经济分析中，主要运用了经济学的最基本的假定："理性人"，即"有理性的追求自身利益或效用最大化的人"来分析法律现象，但同时不完全忽视社会规范对人的行为的影响。社会规范的存在可以作为对人类行为解释的一个基础，这是对理性方法的一个补充和完善。在许多个案中，个人常常因为社会规范来选择行为，而不是完全通过建立在成本——收益基础上的理性分析。埃利克森（Ellickson）关于美国加利福尼亚州农场主和畜牧主之间解决产权纠纷的研究表明，产权边界之间的划定并不总是为效率原则所驱使，它还受到文化观念和社会期待的制约。埃利克森证明个体行动者并不总是以作为谈判起点的、清楚界定的产权为基础来获得一个有效率的解，而只是简单地遵循那些经常——尽管不总是——有助于获得有效解的社会规范。[2]从此之后，社会规范日益受到法律的经济分析学派的重视。可以说，社会规范的存在是除理性选择之外，对人类行为进行解释的另一个基础。伊尔斯特（Elster）在研究中发现，在某些情况下，人们选择某一行为只是因为社会规范要求如此，而不是出自行为人对成本和收益计算后加以权衡的结果。有学者因此认为：法律在多大程度上有效，取决于社会规范在多大程度上支持它。如果法律偏离了社会规范，执行成本就会提高很多，甚至根本得不到执行。法不责众在多数情况下是由于法律与人们普遍认可的社会规范相冲突造成的。法律的有效性，即法律能不能得到执行，很大程度上依赖于社会规范。[3]

法经济学的分析范式有三个方面：（1）哲学层次的形而上学范式——理性选择理论；（2）社会学范式——交易成本理论；（3）构造范式（分析工

---

〔1〕参见［美］格瑞尔德·J.波斯特马主编：《哲学与侵权行为法》，陈敏、云建芳译，北京大学出版社2005年版，第340页。

〔2〕Heico Kerkmeester："Methodology：General，in Boudewijn Bouckaert & Gerrit De Geest eds."，*Encyclopedia of Law and Economics*，Vol. I，Edward Elgar，2000，p. 383. 转引自曲振涛、杨恺钧：《法经济学教程》，高等教育出版社2006年版，第11页。

〔3〕参见张维迎："法律与社会规范"，载《文汇报》2004年4月25日。

具、规范术语、沟通渠道）主要由谈判、博弈理论构成。其研究方法包括法律的规范性经济分析、法律的实证性经济分析和法律的博弈经济分析。规范性经济分析涉及道德评价和价值判断，以效率为核心价值判断标准。科斯强调：在决定法律权利的赋予时要考虑整体的社会效果，要权衡利弊，以较少的损失换取较多的收入。法经济学家通常使用的是"效率"的概念[1]，所谓效率，指的是一种状态下总收益和总成本之间的关系。[2]如果在交易中以较小的成本取得同等的收益，我们就说这种交易是有效率的。波斯纳在《法律的经济分析》一书中指出：效率意味着"资源达到价值的最大值的实现"，这是衡量一切法律乃至公共政策适当是否的根本标准。为了揭示经济效率的真正含义，波斯纳比较了帕累托（Pareto）和卡尔多-希克斯（Kaldor-Hicks）的效率观。经济学通常使用的效率定义是"帕累托最优"（Pareto Improvement）[3]，即一项交易至少使世界上的一人境况更好而无人因此境况更糟。因为这一标准意味着满足条件的交易必须得到所有相关人一致同意，故十分苛刻，对现实世界的适用性很小。在有些情况下，一个人的境况改善，就意味着对另一人的损害。正如科斯指出的：损害是相互的，关键在于避免较严重的损害。因此，我们应当适用的是卡尔多-希克斯效率（Kaldor-Hicks Efficiency）标准：盈利者可以对受损者进行补偿，即盈利者的收益大于受损者的损失，此时给予受损者大于损失的补偿，依然是有效率的。[4]从本质上说，没有人可以任何理由反对帕累托改进。如果较之于其本身，已没有任何其他成为帕累托改进之情形，或者换言之，如果对之进行任何可能的变

---

　　[1]　国内法学界常混淆"效益"和"效率"概念。准确讲，法经济学的核心概念是"效率"，效率强调资源有效配置，强调过程价值，而效益强调结果价值。或者说，效率和效益从不同角度来描述"均衡"，效率描述的是均衡的过程，效益描述的是均衡的结果。法经济学应注重法律效率和法律效益的统一，所谓法律的帕累托均衡，就是指一项法律制度的安排普遍使人们的境况变好而没有人因此而境况更糟的状态，旨在实现"最大多数人的最大福利"。本书中未对这两个概念作严格区分。

　　[2]　参见［美］理查德·A. 波斯纳：《法律的经济分析》（上），蒋兆康译，中国大百科全书出版社1997年版，第18页。

　　[3]　意大利经济学家帕累托提出：如果不存在另一种生产上的可行配置能够使该经济中所有个人都感觉同原初的配置相比至少同样好，和至少更好些，那么，这一种资源配置就是最优的，尽管帕累托应用的词是"最优"，但实际上他给效率下了定义。参见顾海良等主编译：《简明帕氏新经济学辞典》，中国经济出版社1991年版，第167页。

　　[4]　参见曲振涛、杨恺钧：《法经济学教程》，高等教育出版社2006年版，第14~31页。

动，都至少得使一人受损，那么，这种情形即称为帕累托最优。[1]但帕累托最优是不容易获得的，因此在法经济学中，经济效率通常是指卡尔多-希克斯效率（改进）。在卡尔多-希克斯效率意义上，如果赢者的收益超过了输者的损失，或者更确切地说，如果在赢者向输者进行一个假设的转让后，所产生的情形较之于现状是一个帕累托最优，那么，这一种情形就要优于另一种情形。更简单地说，赢者所获得的利益足以使其能够贿赂输者同意顺应这种变动。在某种一般化意义上，卡尔多-希克斯效率告诉我们，尽管某些人可能获利而某些人可能受亏，但某一变动的总收益还是超过总成本的。因此，卡尔多-希克斯效率（改进）将超越成本/收益分析（cost/benefit analysis）。[2]

法经济学的基本公式：

民主（多数人的意志）×公平（法律科学）×风险系数=效率

由此推及，法经济学的风险利益平衡公式：

宏观：效率=公平×民主×风险系数

微观：效率=公平（自由交易）×自主（自愿选择）×风险系数

这个公式的意义在于，应该正确处理公平和效率的关系，不以牺牲公平来实现效率，也不应以牺牲效率来保证公平。

下面，我们将运用法经济学的理论和工具探讨责任保险的效率问题、道德风险问题以及民事责任制度对责任保险的影响问题。

二、责任保险与效用最大化

责任保险制度是否有效率，是我们首先需要解决的一个问题。具体而言，人们对于责任保险有无需求？如果没有责任保险会怎样？责任保险在当事人（加害人、受害第三人以及保险公司）之间能否实现帕累托最优或者卡尔多-

〔1〕 参见丹尼尔·A.法贝尔："经济效率与事前视角"，载［美］乔迪·S.克劳斯、史蒂文·D.沃特主编：《公司法和商法的法理基础》，金海军译，北京大学出版社2005年版，第77页。

〔2〕 参见丹尼尔·A.法贝尔："经济效率与事前视角"，载［美］乔迪·S.克劳斯、史蒂文·D.沃特主编：《公司法和商法的法理基础》，金海军译，北京大学出版社2005年版，第77~78页。该论文虽然对波斯纳的理论进行了多方面的批评，但其结论是简言之，商法的核心部分特别适合于效率原则的应用。而当我们离商业的核心越远，我们在选择将效率作为裁判的基础之前，就应当越加小心了。参见该书第106页。

希克斯改进？

（一）风险与预期效用最大化理论

从伦理学角度讲，对效率的关注是人类活动的基本动机之一。而这种动机源于人类的自利思想。在交易领域，人的自利性尤为明显，为追求利益最大化，提高效率成为交易主体的渴求。责任保险的本质是责任风险的社会化分担，而责任风险如何处理也是一个效率的问题。所谓风险，就是损失的不确定性。按照经济学家的观点，所谓不确定性（uncertainty），是指可能有不止一个事件出现，但我们不知道出现哪一件事的状态。[1]

在人们面对不确定性时，会如何决策呢？在理性人的假定下，人们会追求预期效用最大化。效用也称为功用，是指一个人在主观上的满足或有用性。经济学家用它来解释一个理性人如何将有限的资源，分配在能给他带来满足的事项上。举个例子来说，一个农民有一批玉米需要出售，假设存在两种情况，一种情况是：如果现在就出售，玉米的价格确定，每千斤 400 元；另一种情况是：再过一段时间出售，玉米的价格不确定，或者每千斤 500 元，或者每千斤 300 元。再假设后一种情况价格为 500 元和 300 元的概率均为 50%，平均价格也是 400 元，也就是说，从概率上来说，前一种情况所卖玉米的总价格与后一种相当。那么，农民将会选择现在就出售还是将来出售呢？在这两种情况下，哪种情况对农民的效用较高，农民将会选择哪种行为。从经济学的角度看，农民将会选择确定的价格出售，不会选择不确定的价格，确定价格的效用高于不确定价格的效用。[2]瑞士数学家丹尼尔·伯努利（Daniel Bernoulli）在 18 世纪首先提出，在不确定性情况下作决策的人们不会设法使预期的货币价值达到最大，相反，他们力求使预期的效用达到最大。[3]根据经济学原理，当一个人处于不确定状态下之时，其从不确定状态取得的效用小于确定状态下取得的效用。那么，不确定状况下的效用为什么小于确定状况下的效用？

---

〔1〕 参见［英］迈克尔·帕金：《微观经济学》，梁小民译，人民邮电出版社 2003 年版，第 406 页。

〔2〕 参见梁鹏：《保险人抗辩限制研究》，中国人民公安大学出版社 2008 年版，第 205 页。

〔3〕 参见［美］罗伯特·D. 考特、托马斯·S. 尤伦：《法和经济学》，施少华、姜建强等译，上海财经大学出版社 2002 年版，第 40 页。

微观经济学的一个解释是边际效用递减理论。该理论认为，随着个人消费越来越多的某种物品，他从中得到的新增的或边际的效用量是下降的。我们仍以上述农民出售玉米的例子来说明边际效用递减对不确定性效用的影响。在或者以 500 元，或者以 300 元的不确定价格出售玉米的情况下，农民如果以 500 元价格出售，相对于确定价格的 400 元来说，多出 100 元收入，但是如果将来价格只有 300 元，农民将会少收入 100 元。根据边际效用递减规律，多收入的 100 元的效用是从 400 元到 500 元之间的 100 元，其效用小于从 300 元到 400 元的 100 元的效用。这也就是说，损失 100 元的效用要大于获得 100 元的效用。经济学家对这种效用降低的浅显解释是，少收入 100 元，农民就会不得不消减一些重要消费，比如屋顶维修费，而多收入 100 元可能并不重要，很可能只是用来添置一些首饰。[1]

微观经济学的另一个更有力的解释是预期效用理论。该理论根据人们对待风险的态度，将社会主体分为风险厌恶者、风险中性者和风险偏好者三种，并假定大多数人对待风险都采取规避态度，即属于风险厌恶主体，认为绝大多数人会有意避开"不确定性"这种将来存在的风险，对这种人来说，不确定状态的效用自然小于确定状态的效用。因此，一般地说，人们都不愿冒风险，在其他条件相同的情况下，相对不确定的消费水平来说，更喜欢做有把握的事情。也就是说，同样的平均值下人们愿意要不确定性小的结果。由于这个原因，降低消费不确定性的活动会导致经济福利的改善。[2]

经济学家通常采用效用函数对风险厌恶、风险中性和风险偏好主体进行描述，即假定其他情况不变，那么效用是货币收入的函数 $U=U（I）$。丹尼尔·伯努利认为货币收入与效用函数之间的一般关系是，当收入增加时，效用也增加，但是以一个递减的比率增加。这类函数呈现出收入边际效用递减的特征。例如，如果一个人的收入水平是 10 000 美元，其增加 100 美元的额外收入的效用将比同一个人在 40 000 美元收入水平上增加 100 美元所带来的效

---

〔1〕 参见梁鹏：《保险人抗辩限制研究》，中国人民公安大学出版社 2008 年版，第 205 页

〔2〕 参见 [美] 保罗·萨缪尔森、威廉·诺德豪斯：《微观经济学》，萧琛等译，华夏出版社 1999 年版，第 158 页。

用要多。[1]

（1）风险厌恶者。如果一个人的货币收入函数呈现出递减的边际效用就被认为是风险厌恶者。或者说，如果一个人认为一个未来确定的货币收入所带来的效用大于未来不确定的但具有同等预期货币价值所带来的预期效用，他就被称为风险厌恶者（其效用函数呈凸形，如下图所示）。例如，一个风险厌恶者在决策时宁愿选择一个确定的 10 000 美元的收益，而不会选择一个可能的（即预期货币收益，EMV）10 000 美元的收益。

【图 1】 风险厌恶主体的效用函数：

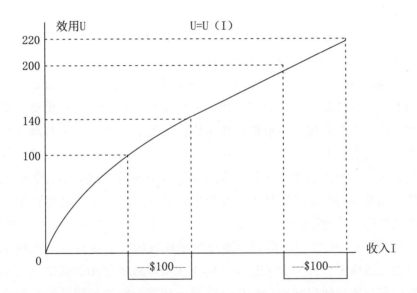

（2）风险中性者。风险中性者是指对风险持有中性态度，或者说他们收入的边际效用是固定的，因而在未来—确定性收入和未来—不确定但具有同样预期货币收入之间是没有差异的。（其效用函数呈直线形）对待风险中性者来说，收入的边际效用是不变的。经济学家和金融学家很少将个人看成风险中性者，但是，他们却一般地认为商业机构都是风险中性的。[2]

---

[1] 参见 [美] 罗伯特·D. 考特、托马斯·S. 尤伦：《法和经济学》，施少华、姜建强等译，上海财经大学出版社 2002 年版，第 40 页。该书中将"风险厌恶者"称为"风险规避者"，意义相同。

[2] 参见 [美] 罗伯特·D. 考特、托马斯·S. 尤伦：《法和经济学》，施少华、姜建强等译，上海财经大学出版社 2002 年版，第 42 页。

（3）风险偏好者。风险偏好者具有递增的收入边际效用，他们更偏爱未来不确定的收入。（其效用函数呈凹形）例如赌徒、赛车手、攀岩者等。

与风险中性主体不同，风险厌恶者不仅仅关心损失的预期价值，而且关心损失的可能规模。例如，风险厌恶的主体会认为一种有5%的可能性造成20 000美元损失的情况要比有10%的可能性造成10 000美元损失的情况糟糕，反过来，他们会认为这种情况比一种确定要损失1000美元的情况要糟糕，即使每种情况所涉及的预期损失都是一样的，即1000美元。而风险中性的主体不会认为其中一种情况比其他情况更糟糕。换言之，风险厌恶的主体本质上不喜欢损失大小的不确定性。[1]

关于某一主体是风险厌恶的假设结果就变成了一个简单的关于某一主体对于他自己财产效用的假设。具体来说，假设尽管随着某一主体财产水平的增加，他的效用也在增加，但是却是以一个递减的速度增加。也就是说，假设在图1中与主体对于他的财产效用相关的图形是一个凸出的形状，对于一个其财产的效用符合这一图形的主体来讲，说他们在本质上不喜欢承担较大的损失风险是合理的，因为这些损失与对于他所产生的效用是不成比例的。

我们假设，主体是通过具有风险的前景对于他的预期效用的影响来评价前景的。预期效用是通过用每一个可能的结果（财产水平的效用）乘以它的概率来获得的。计算结果表明，对于一个其效用图形与图1类似的主体来讲，具有5%的概率损失20 000美元的情况的预期效用小于具有10%的概率损失10 000美元的情况，因为20 000美元的损失所导致的效用的减损超过10 000美元损失所导致的效用减损的两倍。这就表明了，财产效用图形是凸出的主体的确是风险厌恶型的。根据不同程度的损失对于主体意义的不同，对应着不同程度的风险厌恶类型。从形式上来讲，风险厌恶的程度取决于财产效用图形的凸出程度：凸出的幅度越大，风险厌恶的程度也就越大。

（二）责任保险与社会福利

风险厌恶主体的存在意味着风险的分配或者分担本身就能改变社会福利。简单讲，假设社会福利等于主体的预期效用之和，风险类型从风险厌恶到风

---

〔1〕 参见［美］斯蒂文·萨维尔：《事故法的经济分析》，翟继光译，北京大学出版社2004年版，第216页。

险中性的转换，或者说，从风险厌恶程度高者到风险厌恶程度低者的转换会提高社会福利。这是因为，由风险厌恶程度高者承担风险相对于由风险厌恶程度低者或者风险中性者承担风险来讲，会导致整体预期效用的降低。也因此，让风险厌恶程度高者支付一定价款给风险厌恶程度低者或者风险中性者以使其承担风险是可能的，按照预期效用的观点，这对双方都有好处。

社会福利不仅可以通过风险从风险厌恶程度高者到风险厌恶程度低者或者风险中性者转移得以增加，而且还可以通过风险在风险厌恶主体之间的转移来实现。风险转移降低了他们中的任何一个有可能遭受的潜在损失。[1]

一般来说，绝大多数社会主体都是风险厌恶者，保险公司一般被视为风险中性者。在责任保险关系中，必须假设社会福利等于各方主体的预期效用之和，然后通过分析责任保险制度对于各方主体的效用情况，再来判断责任保险制度的社会效用。当某一主体的预期效用增加时，社会福利也相应增加。在理想的解决事故问题的社会方案下，各方主体将以最佳的方式作出关于从事行为以及关于他们施加注意的决定。而且，风险厌恶性的主体——作为受害人或者加害人将不承担责任，也就是说，他们的风险将圆满地通过保险安排而分散或者将转移给风险中性的主体来承担。例如：如果加害人从事一项活动，在注意方面花费 60 美元，他们将能够把一个可能造成 10 000 美元损失的事故发生的概率从 8% 降低到 6%；如果他们在注意方面再花费 90 美元，则可以进一步将风险发生的概率降低到 5%。那么，对于加害人来讲，更好的选择是从事这一行为并且花费 150 美元（60+90）在注意上，因为再花费 90 美元带来的收益是将事故发生概率从 6% 降到 5% 即 100 美元（10 000×1%），所以，这仍是更好的选择。同时，如果他们从这一活动中所获得的收益超过 650 美元（注意成本 150 美元加上预期事故损失 500 美元）的话，那么他们就应该从事这一行为。[2]

下面我们具体看一下责任保险各方的效用状况：

1. 被保险人。一般讲，风险厌恶者都倾向于风险规避，也就是说，人们

---

〔1〕 参见 [美] 斯蒂文·萨维尔：《事故法的经济分析》，翟继光译，北京大学出版社 2004 年版，第 220~222 页。

〔2〕 参见 [美] 斯蒂文·萨维尔：《事故法的经济分析》，翟继光译，北京大学出版社 2004 年版，第 240 页。

会支付货币以避免面对不确定的结果。相对于一个较高的不确定性损失，风险厌恶者也许更喜欢一个较低的确定性损失。[1]风险厌恶者可能有三种方法来将一个不确定的损失转化为确定性的损失：一是回避风险。例如，驾驶机动车有撞人的风险，则放弃驾车行为。放弃某种活动也是有成本的。二是承受风险，采取措施降低风险发生概率。例如，化工企业添置各种环保设备，以减少环境污染发生的概率。这同样也需要成本。三是转移风险，通过购买保险将风险转给保险公司承担。这需要以支付保险费为代价。作为风险厌恶者的被保险人通过事先缴纳一定数量的保险费，将责任风险转移给风险中性的保险公司承担，在性质上，是把将来的不确定的损失变成了确定的损失，按照经济学的原理，这是有效率的。责任保险可以提高被保险人的社会福利：一方面它直接降低了被保险人所承担的责任风险；另一方面，更为重要的是，它起到了间接鼓励被保险人参与具有社会价值的冒险活动的作用。另外，保护风险厌恶者免遭风险本身就具有社会价值。其价值在于事先的保险安排会减轻被保险人的风险负担，可以使之达到更好的状态；而保险事故一旦发生，不言而喻，投保者的状况就会明显好于未投保者。

2. 保险人。在原保险关系中[2]，保险人属于风险中性者，并不厌恶风险。因为保险费率是通过概率计算出来的，即便不考虑附加保险费，纯保费收入之和也应该等于保险金支出之和。所以，在理论上保险人的预期货币收益是不变的，在保险关系中保险公司的状况并没有变坏。

3. 受害人。保护风险厌恶型的加害人免遭风险与保护风险厌恶型的受害人免遭风险对于社会福利同等重要。受害人一般也是风险厌恶者，在责任保险关系中，因为无法左右事故发生的可能性，其福利会因事故的发生而受到不利影响，且无法与保险人或者加害人缔结契约以规避风险。因此，在假定其谨慎程度不变的情况下[3]，其预期效用往往取决于加害人的谨慎程度以

---

〔1〕 参见［美］罗伯特·D. 考特、托马斯·S. 尤伦：《法和经济学》，施少华、姜建强等译，上海财经大学出版社 2002 年版，第 43 页。

〔2〕 在保险人与保险人之间还有再保险的存在，再保险也称为"分保"或者"保险的保险"，一般认为，其性质也属于责任保险。在再保险关系中，可以将原保险人视为风险厌恶者。

〔3〕 因为受害人一般无法事先得知加害人的保险情况，也无法选择加害人，所以认为其谨慎程度不受加害人是否投保责任保险的影响。

及是否投保责任保险。在加害人投保责任保险的情况下，受害人得到赔偿的保障度提高，同时，有可能因为加害人投保后谨慎程度降低而使发生损害的可能性增加。后者即为道德风险，我们将在后面专门讨论，这里只考虑加害人投保责任保险对其赔偿的影响，笔者选用下面的例子来说明这个问题。[1]

例如：设 A 为加害人，B 为无过错的受害人，A 的行为使 B 遭受了 1000 元的损失。在没有责任保险的情况下，根据侵权法，A 应当对 B 的全部损失承担赔偿责任。此时会出现以下三种可能的情况：（1）A 有能力承担 1000 元的赔偿数额。（2）A 只能承担部分赔偿数额或完全不能承担任何数额，但 B 却有能力自己承担全部损失或 A 无法承担的那部分损失。（3）A 只能承担部分赔偿数额或完全不能承担任何数额，同时 B 也无力自己承担全部损失或 A 无法承担的那部分损失。

在前两种情况下，A 需要全部或部分承担 B 的损失，由于这个损失是由 A 和/或 B 自己完全承担的，所以就没有外部成本产生。此时的社会成本也就相当于 A 和 B 之间的私人成本，即只有 1000 元。而在第三种情况下，由于 A 和/或 B 无法承担全部的损失，B 所遭受的损失无法得到全部补偿。这就意味着需要由 A 和 B 之外的人来承担无法被补偿的那部分损失，即 A 和 B 之间的活动在私人成本之外还产生了外部成本。而此时的社会成本就是上述私人成本和外部成本的总和。对 B 而言，其所面临的问题就是该如何使自己的损失得到完全的补偿，B 获得补偿的途径的不同就意味着所产生的外部成本的不同，并最终导致社会成本的不同。可以从以下两个方面来考察这个问题：

（1）没有责任保险制度。如果存在政府设立的某种社会救助制度，B 就可以依靠该制度获得补偿。但是，这种制度往往都存在于经济较为发达的社会之中，并且该制度的设立毫无疑问也需要耗费巨额的成本。此时的社会成本一定会超过 1000 元。如果不存在政府设立的社会救助制度，那么就只能由 B 自己来想办法补偿自己的损失。或者 B 无奈接受现实，严重影响生存；或者 B 通过犯罪来满足自己对财产的需求。任何一种情形发生，其所产生的外

---

〔1〕 参见周博："责任保险制度的经济分析"，载《新西部》（下半月）2007 年第 12 期。

部成本都是巨大的，而最终的社会成本也必然是巨大的。

（2）存在责任保险制度。如果 A 事先向保险公司投保了责任保险，那么保险公司就会代替其向 B 支付赔偿金。此时 A 和 B 之间的私人成本是 1000 元，而外部成本为零，因此社会成本是 1000 元。虽然在 A 和 B 之间出现了保险公司这一第三者，但是保险公司仅仅是代替 A 支付了对 B 的赔偿金而已，其和 B 之间并没有任何的其他关系。A 和保险公司之间的保险合同关系则是另外一个经济活动，当然，这项经济活动同样需要成本。但是，这种成本肯定要比由政府建立社会救助制度的成本小得多。

也就是说，因为加害人投保责任保险，提高了受害人的预期效用，且减少了外部性。

上述论证基本符合"风险池"理论。阿罗（Kenneth J. Arrow）和普拉特（John W. Pratt）率先提出了"风险池"理论，用以解释保险存在的经济理论基础。该理论假设：（1）预期效用最大化，投保人厌恶风险，对于财富有着正的但是边际递减的效用偏好；（2）自然给定风险的性质同时给出损失分布状况；（3）没有交易成本。在上述条件下，保险对于风险厌恶的投保人和风险中性保险公司是"双赢"选择，能够实现双方的效用最大化。投保人转移了风险，保险公司则凭借集聚风险形成一个"风险池"，不仅成功分散了风险而且获得了保费与赔付之间的收益。[1]虽然，有学者指出"风险池"理论存在的一些缺陷，如不能解释保证保险，也不能解释强制保险等，但笔者认为其对于责任保险仍具有说明力。

尽管如此，我们也注意到，上述的分析论证，虽然能够说明责任保险制度的效用最大化，却是基于若干假设之上的，在责任保险关系中，最具主动性的是被保险人，尚有诸多因素会对其产生影响：如果被保险人谨慎（自己采取预防风险措施）的支出低于其投保的支出，则其投保意愿会下降；被保险人因为投保责任保险而不用承担责任，是否会影响其谨慎程度，进而造成道德风险增加？民事责任制度对责任保险又会产生哪些影响？

---

〔1〕 参见魏建、余晓莉："机动车交通事故强制责任保险的法经济学分析"，载《学术研究》2006 年第 10 期。

三、责任保险与道德风险

（一）责任保险的博弈分析

责任保险是否会抑制侵权法的遏制功能，从而引发道德风险？

一般认为，因为有了责任保险，保险人会承担被保险人的侵权责任，也即被保险人在投保后无需对自己责任负责。按照理性人标准，他会对事故的发生漠不关心，不会采取任何预防措施，从而导致更多事故的发生。运用博弈论支付矩阵[1]可以简单反映这种情况。

在考虑双方博弈的同时，一个个体、企业或者国家在行为时必然以一个理性人的判断来考虑风险收益和平衡问题。假设存在一个行动方案，如成功收益为 U1，如失败损失为 U2，风险系数为 P，那么它的效用 E 情况可以表示为：

$$E (U1, U2, P) = (1-P) U1-PU2$$

假设：加害人和受害人谨慎（自己采取预防风险措施）的成本均为 1，不谨慎的成本均为 0，加害人投保责任保险的保费成本与加害人谨慎成本一致为 1。事故发生的成本为 4，任何一方不谨慎时事故发生概率为 50%，即成本为 4×50%＝2。双方同时不谨慎时事故发生概率为 100%，双方均保持谨慎将不会发生事故。[2]

那么，在过错责任原则下，如果加害人未投保责任保险，加害人将为自己的过错承担责任，理性的选择是偏好谨慎；受害人因为知道将为自己的过错承担损失，且不知道加害人是否具有足够的赔偿能力以及是否投保责任保险，故其理性的选择也将偏好谨慎。双方偏好的支付矩阵如表 1 所示表中阴影部分，加害人谨慎与受害人谨慎所对应的项（B1+A1），博弈结果是：社会成本为 B1+A1＝2，是双方谨慎的成本的和，意外事故不会发生，达到社会成

---

[1] 为描述一个博弈的特征，须有三个规定：①参与人；②每个参与人的战略；③参与人对应于每个战略的支付。支付矩阵又被称为博弈论的战略式。另外一个表示方式叫作扩展式，是用决策树的形式来表示一个参与人的选择。

[2] 此模型假设参考了李兵："论责任保险对于侵权法的影响"（中国政法大学 2004 年硕士学位论文）中的经济分析模型和［美］罗伯特·D. 考特、托马斯·S. 尤伦：《法和经济学》（施少华、姜建强等译，上海财经大学出版社 2002 年版，第 30~33 页）中的"博弈论"部分。

本最小化的目标，优于其他三种情况。

【表1】：

		加害人 A			
		不谨慎		谨慎	
受害人 B	不谨慎	B2＝0+2	A2＝0+2	B2＝0+2	A1＝1+0
	谨慎	B1＝1+0	A2＝0+2	B1＝1+0	A1＝1+0

如果加害人投保了责任保险，将因此偏好不谨慎，而受害人偏好仍是谨慎。双方偏好的支付矩阵如表 2 所示表中阴影部分，加害人不谨慎与受害人谨慎所对应的项（B1+A3），博弈结果是：社会成本为 B1+A3＝4。而如果双方均谨慎时的理想状态是 B1+A2＝3，故社会成本未达到最优。

【表2】：

		加害人 A			
		不谨慎		谨慎	
受害人 B	不谨慎	B2＝0+2	A3＝0+2+1	B2＝0+2	A2＝1+0+1
	谨慎	B1＝1+0	A3＝0+2+1	B1＝1+0	A2＝1+0+1

那么，在无过错责任原则下，基于上述假设，双方博弈的结果如何？

如果加害人未投保责任保险，加害人将偏好谨慎；受害人因为不必为自己的过错承担损失，故可能偏好不谨慎，但也可能偏好谨慎。双方偏好的支付矩阵如表 3 所示表中阴影部分的两种情形：其一，加害人谨慎与受害人不谨慎所对应的项（B2+A1），博弈结果是：社会成本为 B2+A1＝3，未达到社会成本最小化；其二，加害人谨慎与受害人谨慎所对应的项（B1+A1），博弈结果是：社会成本为 B1+A1＝2，社会成本达到最优。

【表3】：

		加害人 A			
		不谨慎		谨慎	
受害人 B	不谨慎	B2=0+2	A2=0+2	B2=0+2	A1=1+0
	谨慎	B1=1+0	A2=0+2	B1=1+0	A1=1+0

如果加害人投保了责任保险，将因此偏好不谨慎；而受害人因为不知道加害人是否投保责任保险，故其可能偏好不谨慎，也可能偏好谨慎。双方偏好的支付矩阵如表4所示表中阴影部分的两种情形：一是加害人不谨慎与受害人不谨慎所对应的项（B2+A3），博弈结果是：社会成本为 B2+A3=5，事故100%发生，社会成本最高；二是加害人不谨慎与受害人谨慎所对应的项（B1+A3），博弈结果是：社会成本为 B1+A3=4，与最优状态——双方均保持谨慎（B1+A2=3）相比仍不是最优解。

【表4】：

		加害人 A			
		不谨慎		谨慎	
受害人 B	不谨慎	B2=0+2	A3=0+2+1	B2=0+2	A2=1+0+1
	谨慎	B1=1+0	A3=0+2+1	B1=1+0	A2=1+0+1

结论：从以上四种博弈情况看，在过错责任原则下且加害人未投保责任保险时，加害人和受害人均会偏好谨慎，社会成本达到最优。而无过错责任原则有可能使得受害人不谨慎，社会成本达不到最优。但更为重要的是，无论在过错责任原则还是无过错责任原则的情况下，责任保险均会造成加害人偏好不谨慎，使得侵权法遏制事故发生的功能受到减损，也使侵权法最小化意外事故社会成本的目的落空。这也是许多学者在对责任保险进行分析后认为，被保险人在制造保险事故后并没有负担全部的成本，其实际承担的成本小于应当承担的成本，发生了外部性，被保险人会倾向于从事社会成本非最优的行为，引发过多的事故的原因。

（二）控制道德风险的决定因素

但上述假设存在重大缺陷，即忽视了保险人的力量和受害人的理性。保险人也是理性人，因为事故发生意味着保费的支出，所以保险人会采取各种措施抑制被保险人（加害人）的不谨慎，即控制道德风险。如果保险人控制措施有效，结果可能就完全不是上述的情形，被保险人仍会偏好谨慎。同时，对于受害人来说，因为责任保险是损害填补性保险，受害人在事故补偿中不会获得额外利益，因此，即便是在无过错责任原则下，理性的受害人也不会偏好不谨慎。所以，上述分析的结果是，责任保险是否会削弱侵权法的遏制功能，关键在于保险人控制道德风险的能力。而无过错责任相比过错责任对双方谨慎偏好的影响，应该是在无责任保险的情况下，提高加害人的谨慎程度。

问题是，保险人如何控制道德风险？经常被学者们所忽视的是责任保险在其领域内所具有的惩罚和遏制功能，即防范道德风险。道德风险是保险制度最大的敌人，各国保险立法在相当大的程度上是在防范道德风险，甚至不惜借助刑法的力量，设置保险欺诈罪。同时，保险公司出于商业利益的考虑，也会通过保险条款及各种机制的设计来抑制保险事故的发生，使保险发挥预防风险的功能。我们有充分的理由相信保险公司有足够的动力绞尽脑汁地防范风险，他们在防范责任保险道德风险方面的努力所取得的成果主要体现在以下方面：

1. 限额责任条款。所谓限额责任，也称最高责任限额，包括单次事故赔偿限额和保险期间内累计赔偿限额，对于超过约定的限额部分，保险公司不予赔偿，由被保险人自行承担。

2. 免赔额条款。所谓免赔额，也称扣除额，是指保险人只对被保险人对第三人的赔偿责任中超过一定数额的部分负有给付保险赔偿金的义务，而对该数额以下部分的赔偿责任由被保险人自行承担。例如，在汽车第三者责任保险条款中规定免赔额为2000元，则发生2000元以内的第三者责任，由被保险人自己承担；超过2000元，保险公司也只是负责超过的部分。免赔额条款往往与限额责任条款同时使用。外国学者丹松（Patricia Danzon）研究早就显示：免赔额条款对于产品责任保险和律师、会计师、公司董事等职业责任保险是普遍使用的条款。[1]

3. 比例责任条款。所谓比例责任，也称共同保险或共同支付保险，是指当被保险人对第三人的赔偿责任发生后，保险人只按责任金额的一定比例给付保险金，而剩余部分由被保险人自行承担。即规定保险公司承担责任的比例（如80%），比例之外的部分视为被保险人自保，也就是将保险人与被保险人的利益捆在一起，如果发生保险事故，双方都有损失。

上述三种条款目的相同，就是让被保险人（加害人）自行承担一部分损失风险，促使其保持适当的谨慎，以消除或降低被保险人的道德风险。

4. 浮动费率。也称经验费率，保险人共同体信息共享或者利用公共信息，以判断被保险人以往的事故水平，并以此作为新保单中保险费率的基础。例如我国《交强险条款》即实行浮动费率，规定在保险期间没有出险的被保险人，次年投保时可以享有优惠保险费率；而出险的被保险人的保险费则要增加，[2]以此"奖优罚劣"。但有国外学者的研究表明，在现有条件下在医生职业责任保险中采用经验费率，可能会产生医生面临同样风险却有不同保费的不公平现象。这反映出对一些职业责任保险进行经验评估可能会造成错误的结果。

5. 回溯性费率，即在保单终止时根据保险期间内被保险人的事故情况再最终确定适用该被保险人的保险费率标准，将缴纳保险费与实际保险事故的情况挂钩，效果类似比例责任条款。

上述两种机制目的在于将赔偿责任大小与被保险人的当期或将来的成本（保险费）联系起来，以防范道德风险。

6. 免责条款。规定若干免赔事由，以抗辩索赔。例如，侵权损害行为是

［1］ See P. M. Danzon, "Liability and liability insurance for medical malpractice", *Journal of Health Economics*, Vol. 4, No. 4., 1985, pp. 309-331.

［2］ 我国《交强险条例》第8条规定，被保险机动车没有发生道路交通安全违法行为和道路交通事故的，保险公司应当在下一年度降低其保险费率。在此后的年度内，被保险机动车仍然没有发生道路交通安全违法行为和道路交通事故的，保险公司应当继续降低其保险费率，直至最低标准。被保险机动车发生道路交通安全违法行为或者道路交通事故的，保险公司应当在下一年度提高其保险费率。多次发生道路交通安全违法行为、道路交通事故，或者发生重大道路交通事故的，保险公司应当加大提高其保险费率的幅度。在道路交通事故中被保险人没有过错的，不提高其保险费率。降低或者提高保险费率的标准，由国务院保险监督管理机构会同国务院公安部门制定。

被保险人故意而为，则通常构成保险公司抗辩的理由，加害人难以获得保险赔偿。

7. 保证条款。保险公司将所需排除承保责任范围或者假定一定存在或不存在的情况约定为保证条款，被保险人一旦违反，即成为保险公司的绝对抗辩理由。

8. 追偿制度。在某些强制责任保险第三人优先获赔的情况下，保险公司依法或者依合同也会享有对加害人的追偿权，可在赔偿受害人后向加害人追偿。

9. 监控条款。必要时，保险人可在保险合同中规定有权对被保险人（主要是企业）的业务活动进行直接监控，这主要运用在产品责任险、公众责任险、环境责任险领域。

10. 理性拒保。保险公司是以营利为目的商人，也具有理性，对于哪些责任可为责任保险标的会有较为科学的考量和筛选，难于计算概率、难以控制的风险一般不会成为保险单中的"可保风险"。换言之，并非所有的责任风险都可以通过责任保险来分散。[1]

可见，保险人控制道德风险的手段不乏，在这样一些机制或其联合的作用下，被保险人实现道德风险的成本极高，不会是理性被保险人的选择。仅以上述手段中控制道德风险能力最弱的保险费控制机制（如浮动费率或回溯性费率）为例，假定保险人可以判断不同被保险人的风险水平，并据此收取不同的保险费，只要保险费增加数额高于被保险人谨慎的成本，被保险人就会偏好谨慎，就不会产生道德风险，对侵权法的遏制功能也不会产生削弱作用。

四、责任保险与民事责任制度

国外学者对责任保险的经济分析已经非常深入，特别在责任保险与民事责任制度的关系上，吸引了保险学界和法学界（特别是侵权法学界）的一致关注，在美国，以至于影响了许多州的侵权责任制度的改革。

自早期的文献，如科斯（Coase）、克莱布里斯（Calabresi）、波斯纳

---

〔1〕 在"可保风险"之外的领域，侵权法的惩罚和遏制功能不会受到责任保险的任何影响。

（Posner）的论著发表以来，法学和经济学领域应用了标准化工具来分析普通法的结构，包括民事侵权责任。这些分析显示，在一定严格的假定下，通过责任法律的规定可以达到资源配置的帕累托最优并且降低风险，而由于不完全信息和交易成本的存在，市场力量很难独自实现此目标。[1]

在许多情况下会发生涉及第三人的事故，如机动车事故、医疗事故、产品事故、公共场所事故等。在这些事故中，损失的概率和程度可能完全取决于加害人的行为标准和每单位行为的谨慎程度，也可能与受害人的行为标准和每单位行为的谨慎程度有关。在双边事故中，加害人与受害人同样存在对行为标准和谨慎程度的选择，社会最优被定义为加害人和受害人从事活动的总体效用扣除其谨慎成本和预期事故损失后净值的最大化解。

按照科斯定理，如果市场主体双方对于风险信息是对称的且无交易成本，无论是否存在法律责任，降低风险程度的成本支出可以达到最优值。一个重要的推论是：如果风险是明显的，且双方的交易正在进行，如雇主与雇员或者生产者与消费者，市场价格将反映潜在的受害索赔并促使形成最优的安全标准。交易会在分配风险和发生损失后的赔偿标准方面形成最优配置。[2]

在涉及陌生人的事故中，交易成本会成为妨碍自愿订立合同实现最优的因素，即使是在交易成本非常低的买卖合同中也是如此。斯宾塞（Michael Spence）的研究表明[3]，如果客户误解了风险，则生产者不存在最优的谨慎动机，消费者不存在最优状态。在私人市场的自愿合同失灵的情况下，责任法律是实现有效率的损失控制和风险分配的诸多政策工具之一。规章制度的建立、税收和补贴、罚款和行政命令是其他可选择的工具。在可适用的其他政策工具中，责任法律不同于规章制度，因为它不针对具体事件作出规定，而是规定分担事故成本和决定赔偿数额的一般标准。[4]

---

〔1〕 参见［美］乔治·迪翁主编：《保险经济学前沿问题研究》，朱铭来等译校，中国金融出版社 2007 年版，第 223 页。

〔2〕 See Steven Shavell, "Liability for Harm versus Regulation of Safety", *Journal of Legal Studies*, Vol. 13, No. 2. , 1984, pp. 357–374.

〔3〕 See Michael Spence, "Consumer Misperceptions, Product Failure and Producer Liability", *The Review of Economic Studies*, Vol. 64, No. 3. , 1977, pp. 561–572.

〔4〕 参见［美］乔治·迪翁主编：《保险经济学前沿问题研究》，朱铭来等译校，中国金融出版社 2007 年版，第 224 页。

（一） 责任保险与民事责任归责原则

侵权责任归责原则对于风险控制和遏制损害方面的作用如何？

按照过错责任原则，只有在没有尽到"应有的谨慎"义务且这一过错是导致损害事故发生的原因时，加害人才承担相应的法律责任。在无过错责任原则下，无论当事人主观上是否足够谨慎，只要其行为客观上给另一方造成了损害，加害人就应当承担责任。在美国，除了部分州为最大限度地降低民事侵权责任而明确规定汽车保险适用无过错责任外，过错责任原则普遍适用于个人责任、职业责任和汽车损害责任事故中。劳工赔偿则是适用无过错责任原则的一个典型例证。《劳工赔偿法令》规定，对于因工作所致损害，无论雇主或雇员是否存在过错，雇主对损害承担绝对的民事赔偿责任。对于产品责任，生产者可以根据情况请求适用过错或无过错责任原则，但因产品缺陷所致的损害，生产者负无过错责任。总体上看，侵权法的重要变化主要包括：混合过错和相对过错，即事故双方根据其过错程度分担损害责任。[1]

布朗（John Brown）第一个对可选择责任规则施行的影响进行了模型分析，他的分析模型假定的前提是：谨慎程度是风险的唯一决定因素；事故双方采取不合作态度；双方均为风险中性；无管理成本；完全信息，即法官知道当事人真实的谨慎程度，当事人双方均了解安全使用产品的程序和应有的谨慎。在这些假设条件具备的情况下，过错责任、不存在混合过错抗辩的无过错责任以及存在混合过错抗辩的无过错责任三种归责原则都有效率。完全的无过错责任只有在受害人的谨慎程度与事故无关的单边事故中才有可能有效率。[2]考特（Robert Cooter）和尤伦（Thomas Ulen）以及鲁宾菲尔德（Daniel L. Rubinfeld）的研究均表明，相对过错责任也可能有效率。[3]

萨维尔（Steven Shavell）对布朗的模型进行了扩展，将行为程度和谨慎程度同样作为风险的决定因素进行考察，发现这些法律是否有效率完全取决

---

〔1〕 参见［美］乔治·迪翁主编：《保险经济学前沿问题研究》，朱铭来等译校，中国金融出版社 2007 年版，第 224 页。

〔2〕 See John Prather Brown, "Toward an Economic Theory of Liability", *Journal of Legal Studies*, Vol. 2, No. 2., 1973, pp. 323-350.

〔3〕 See Robert D. Cooter, Thomas S. Ulen, "An Economic Case for Comparative Negligence", *New York University Law Review*, Vol. 61, 1986, pp. 1067-1111. Daniel L. Rubinfeld, "The Efficiency of Comparative Negligence", *Journal of Legal Studies*, Vol. 16, No. 2., 1987, pp. 375-394.

于潜在受害人对事故风险信息的了解状态。如果风险被误解，任何责任归责形式都无法实现完全有效率；如果受害人知道基本风险，假设应有的谨慎标准包含谨慎程度和风险活动两部分内容，则过错责任原则可能是有效率的。[1]换言之，应有谨慎标准必须包括所有相关的谨慎，才会达到最大效用。

民事侵权法律责任试图同时实现对加害人的惩罚和对受害人的补偿。但只有在严格假定的环境下，惩戒和补偿两个方面的功能才能实现最优。这些假设包括受害人遭受的仅仅是金钱损失（不损失效用）；加害人是风险中性的或者投保了足额责任保险；保险机制可对加害人进行有效制约；补偿与损失相等。如果受害人遭受的是非金钱损失（决定效用变化），最优的赔偿等于在受害与未受害两种状态下财富的边际效用，但是，达到最优必需的补偿标准取决于受害人是否提高或者降低其财富的边际效用。[2]因此，最优补偿难以与最优惩罚同时实现。丹松的研究表明：对受害人的最优补偿与加害人的责任保险限额有关。[3]

因为早期有关归责原则对行为或谨慎程度影响的模型，忽略了责任在风险分配过程中的重要作用和审判证据问题。因而萨维尔（Shavell）研究了责任保险需求，在仅有金钱损失的单边模型中加入了受害人与加害人的逆向选择以及责任保险因素。在这些假设和模型参数下，最优解要求：（1）适当的谨慎，因为谨慎本身也有成本；（2）风险的配置对双方都是最优的。结论是责任保险需求及其对社会福利的影响取决于法庭和保险人可得信息的状况。[4]

具体而言，在信息完全的市场，如果过错责任原则所确定的谨慎标准是最优的且能被完全贯彻执行，则不存在责任保险需求。因为在这种情况下，对于加害人而言，无过错责任的成本与过错责任并采取保险转嫁责任风险的

〔1〕 See Steven Shavell, "Strict Liability Versus Negligence", *Journal of Legal Studies*, Vol. 9, No. 1., 1980, pp. 1-25. Polinsky A. Mitchell, "Strict Liability vs. Negligence in a Market Setting", *American Economic Review*, Vol. 70, 1980, pp. 363-370.

〔2〕 See Philip J. Cook, Daniel A. Graham, "The Demand for Insurance and Protection: The Case of Irreplaceable Commodities", *The Quarterly Journal of Economics*, Vol. 91, 1977, pp. 143-156.

〔3〕 See P. M. Danzon, "Liability and liability insurance for medical malpractice", *Journal of Health Economics*, Vol. 4, No. 4., 1985, pp. 309-331.

〔4〕 See Steven Shavell, "On Liability and Insurance", *The Bell Journal of Economics*, Vol. 13, 1982, pp. 120-132.

成本相比会更低。如果加害人没有过错，便不用承担损失。这时的最优结果是由受害人购买第一人保险。在无过错责任条件下，如果加害人为风险厌恶者且无责任保险，只要最优的风险扩散要求损害补偿低于足额赔偿，就不能达到最优结果，不仅加害人需加倍小心并在从事风险活动时选择次优方案，而且受害人也同样需要承担风险。在加害人投保责任保险的情况下，如果保险人可通过措施保持对加害人最佳的谨慎激励，即可为加害人提供足额的责任保险，受害人也会得到充分的保障。在这个意义上，责任保险可以明显提高社会福利，并能实现谨慎程度控制和风险分担的最优解。[1]

丹松的研究认为，在不完全信息的市场，过错责任下的责任保险的需求会受到受害人、法庭和保险人信息获得状况的影响。如果受害人不能找到加害证据并获得赔偿，则对于投保责任保险的加害人而言，其成本低于无过错责任。相反，如果法庭出现错判使加害人面临类似无过错责任的风险，将会促使其产生责任保险需求。[2]即使谨慎程度被严格定义为平均水平，错误产生的随机性也会引发责任保险需求。如果保险人可观察到投保人的谨慎程度，则其最优选择是不承保加害人的过错责任，但实践上这难以做到。温特（Ralph A. Winter）研究认为，即便在无过错责任下，如果保险人不能观察到加害人的谨慎程度，一般也不会为加害人提供足额的责任保险，这仍不是谨慎程度和风险分配的最优均衡。[3]

参照第一人保险的最优理论，如果损失发生的概率和规模仅仅取决于加害人的谨慎程度，则在单期交易情况下，保险人最优的联合支付选择是免赔额和比例责任；在多期交易的情况下，最优选择是经验费率。丹松认为，如果保险人无法观测到加害人的谨慎程度，则被保险人就会选择让保险人加大信息成本的保单。即便法庭公正无偏，也难以把握加害人是否存有过错，因为绝大多数的索赔在法庭外解决了。当法庭缺少关于加害人谨慎程度、受害

---

〔1〕 参见［美］乔治·迪翁：《保险经济学》，朱铭来、田玲、魏华林等译校，中国金融出版社2007年版，第226页。

〔2〕 See P. M. Danzon, "Liability and liability insurance for medical malpractice", *Journal of Health Economics*, Vol. 4, No. 4., 1985, pp. 309–331.

〔3〕 See Ralph A. Winter, *Moral Hazard and Insurance Contracts*, in Georges Dionne ed, *Contributions to Insurance Economics*, Huebner International Series on Risk, Insurance and Economic Security, Springer, Dordrecht, 1992.

人真实损失等完整的信息时，审判结果就可能因受一方当事人的影响而不公正。如果保险人和被保险人通过努力有可能对审判产生影响，则责任保险就不能提供最佳的激励边际。[1]当索赔结果取决于寻求法律保护的努力时，加害人可能极少会选择共同支付保单，结果就是太多的资源用于应付索赔而太少的资源用于预防风险事故发生。除非潜在的受害人与加害人之间存在契约关系并准确地预见到加害人所投保保险的性质及其可能对索赔结果的影响，否则个人和社会最优就会存在偏离。[2]

（二）责任保险与有限责任制度

责任保险与财产保险的一个基本的不同在于：责任保险中受害人所遭受的损失可能超过根据有限责任和破产法规定加害人可能支付的最大赔偿。因此，潜在的加害人一般不会寻求对其责任的足额保障。对于潜在法律责任的有限保障可能影响风险行为和谨慎程度，在行为和谨慎均为外生因素的情况下，考虑责任保险的限额非常必要。

辛恩（Sinn）分析了当总体损失超过社会保障的最低财富标准时的责任保险需求。他采用了一个简单的两状态分析框架：发生损失和不发生损失。购买足额保险的动机与风险厌恶程度、不发生损失的财富规模呈正相关关系，而与外生风险概率、损失严重性、发生损失后净财富最低限制呈负相关关系。产生不足额保险需求的原因也是同理。假定保险价格必须反映支付损失的成本，否则损失将会产生外部性，限额责任被证明是最优的。[3]

用一个简单的例子来说明：假设当事人拥有价值 1 万美元的财产，以 0.01 的概率面临给他人造成 10 万美元损失的责任风险，当事方没有参加保险面临的预期损失为 100 美元（ =0.01×10 000），足额的责任保险的精算公平保费为 1000 美元。在这一例子中，没有人愿意购买保险是必然的。[4]

---

〔1〕 See P. M. Danzon, "Liability and liability insurance for medical malpractice", *Journal of Health Economics*, Vol. 4, No. 4., 1985, pp. 309-331.

〔2〕 参见 ［美］乔治·迪翁主编：《保险经济学前沿问题研究》，朱铭来等译校，中国金融出版社 2007 年版，第 227 页。

〔3〕 参见 ［美］乔治·迪翁主编：《保险经济学前沿问题研究》，朱铭来等译校，中国金融出版社 2007 年版，第 228~229 页。

〔4〕 See Steven Shavell, "The Judgement Proof Problem", *International Review of Law and Economics*, Vol. 6, No. 1., 1986, pp. 45-58.

休伯曼（Huberman）、梅厄斯（Mayers）和史密斯（Smith）研究了在持续损失发生时破产保护下的责任保险需求。同辛恩的研究结果类似，他们的研究表明破产保护将导致当事人要求责任保险设置上限，在指数效应假设下，他们证明了对上限限制的需求。[1]关键结论是：受约束的效用函数凸起部分产生了责任保险需求，但因净财富的最低限制而减少。[2]有限责任制度和破产法造成的有限财产和财富下限降低了公司预防风险和购买责任保险的动机。

【结论】

本书运用法经济学的原理和方法对责任保险制度的经济效率问题、道德风险问题以及与民事责任制度的关系进行了分析。在法经济学意义上，责任保险是有效率的一种制度，其存在具有合理性。责任保险可以将不确定的责任风险通过风险分配机制转化为可预期的保费支出，可以激励被保险人参与具有社会价值的、具有一定风险的活动。风险厌恶主体的存在意味着风险的分担本身就能够提高社会福利。社会福利不仅可以通过风险从更多风险厌恶主体到较少风险厌恶主体或风险中性主体转移得以增加，而且可以通过风险在风险厌恶主体之间的转移来实现。通过博弈论分析证明，责任保险并未造成外部性，其本身也不会削弱侵权责任的遏制和惩罚功能，不会增加道德风险。相反，责任保险可以提高惩戒和风险控制的效率。道德风险作为保险制度的最大敌人是客观存在的，而遏制道德风险的关键因素是保险人的措施。民事责任制度的变化会对责任保险的效率产生影响，甚至造成责任保险危机，适当限制民事责任可以提升效率。

---

[1] See Gur Huberman, David Mayers, Clifford W. Smith Jr., "Optimal Insurance Policy Indemnity Schedules", *Bell Journal of Economics*, Vol. 14, 1983, pp. 415-426.

[2] See David Mayers, Clifford W. Smith Jr., *On the corporate demand for insurance*. Foundations of insurance economics, Springer, Dordrecht, 1982, pp. 281-296.

责任保险与侵权法的互动及其法理阐释

一、引言："责任保险危机" 与 "侵权法危机"

责任保险发展至今，已经得到各个国家和地区法律所承认，其合理性原则上已被大众接受，但抨击之声也不绝于耳，主要源于侵权法学界，甚至将其视为造成"侵权行为法危机"的元凶。[1]毋庸置疑，责任保险对侵权法造成了诸多的影响，以至于不考虑责任保险就不可能真正理解现代侵权法之实际运行。[2]同样，侵权法对责任保险制度之产生和发展也有着深刻的影响，以至于不认真审视侵权法就不可能正确把握责任保险制度的功能、价值以及发展趋势。

关于"侵权行为法危机"的问题，似乎真的是"带入新时代的旧问题"。[3]我国台湾地区学者王泽鉴先生在"侵权行为法之危机及其发展趋势"一文中开篇便提到"侵权行为法危机"，认为"传统侵权行为法之任务及适用范围，在最近数年间曾受到空前严厉之检讨"。[4]20世纪以来，侵权法危机的说法频繁地出现在民法学者的著作中。[5]学者们发出上述感叹的主要原因

---

〔1〕 参见麻昌华：《侵权行为法地位研究》，中国政法大学出版社2004年版，第8页、第10页、第14页、第16页。

〔2〕 See Peter Cane, *Tort Law and Economic Interests*, Clarendon Press, Oxford University Press, 1996, p. 413.

〔3〕 参见姚辉："侵权法的危机：带入新时代的旧问题"，载《人大法律评论》2000年第2期。

〔4〕 参见王泽鉴：《民法学说与判例研究》（第二册），中国政法大学出版社1998年版，第143页。

〔5〕 例如：美国加州大学著名的侵权法教授弗莱明指出："侵权法正处在十字路口，其生存正遭受着威胁。" See John G. Fleming, "Contemporary Roles of the Law of Torts", *The American Journal of Comparative Law*, Vol. 18, No. 1., 1970, p. 1. 英国剑桥大学比较法教授约瑟维兹宣称：侵权法正面临着危机。See Winfield and Jolowicz, The Law of Tort . ed. 9, London, 1971. V. 瑞典阿孚士大学教授约根森更是

在于，进入 20 世纪后，各发达国家在侵权法领域，传统的过失责任原则逐渐为无过失责任或严格责任所取代。特别是在因缺陷产品造成人身损害的损害赔偿方面。[1]同时，责任保险在各个国家和地区的发展和扩张，动摇了自己责任原则，对侵权法的传统功能造成了一定的影响。以至于在这个"危机四伏，充满损害"的社会中，成型于马车时代的侵权行为法显得心力交瘁。交通事故、医疗过失、产品缺陷等问题的大量涌现，使得侵权责任的道德基础——预防与补偿——越来越丧失其说明力了。[2]

责任保险是指被保险人对第三人依法应负的赔偿责任为保险标的的保险。其实质是把被保险人依法应对第三人承担的赔偿责任通过参加保险而转移给保险人，继而转移给所有投保人即社会承担。这种责任风险分配机制，显然构成了对传统侵权法理论与原则的冲击和挑战。所以，自 20 世纪 50 年代开始，"民事责任没落论"在有关保险和民事损害赔偿领域开始占有重要的地位，该学说宣称，责任保险的发展缩小了民事责任的效力范围，并且损害其传统的社会功能，责任保险的进一步发展将最终导致民事责任的消失，责任保险将代替民事责任，特别是在侵权行为关系领域的民事责任。[3]那么，责任保险究竟是对传统侵权责任制度的有益补充，还是宣告传统侵权责任制度衰落的"号角"，抑或根本就是后工业时代带来的侵权法的替代物呢？

当民法学者广泛关注责任保险对侵权法的影响甚至对责任保险制度加以质疑和指责时，保险学学者和保险法学者的回应却显得有些"低调"。保险学学者多有保险业的忠诚素质及本位理念，其回答主要以谴责"民事责任膨胀"

（接上页）断言：侵权法已经没落。See Stig Jorgensen, "The Decline and Fall of the Law of Torts", *The American Journal of Comparative Law*, Vol. 18, No. 1. , 1970. 我国大陆民法学者对此也多有论述，例如梁慧星教授、王利明教授、王卫国教授等，具体可参见：梁慧星："从近代民法到现代民法学思潮——20 世纪民法回顾"，载梁慧星主编：《从近代民法到现代民法》，中国法制出版社 2000 年版，第 164~191 页；王卫国：《过错责任原则：第三次勃兴》（第六章），中国法制出版社 2000 年版；王利明：《侵权行为法归责原则研究》（第一章），中国政法大学出版社 2004 年版；王家福主编：《中国民法学·民法债权》（第十四章），法律出版社 1991 年版；麻昌华：《侵权行为法地位研究》（导论），中国政法大学出版社 2004 年版等。

〔1〕 参见梁慧星："从近代民法到现代民法学思潮——20 世纪民法回顾"，载梁慧星主编：《从近代民法到现代民法》，中国法制出版社 2000 年版，第 166 页。

〔2〕 参见麻昌华：《侵权行为法地位研究》，中国政法大学出版社 2004 年版，自序部分。

〔3〕 参见樊启荣编著：《责任保险与索赔理赔》，人民法院出版社 2002 年版，第 30 页。

和"诉讼爆炸"为主。例如：之所以在责任保险辉煌的同时出现责任保险危机，更主要的原因是民众诉讼意识的快速增长和诉讼成本过高，而后者又是由于民事责任制度从过失责任到严格责任的长期转变及惩罚性赔偿金制度扩张的结果……值得指出的是，目前美国等国家已经意识到民事责任无限扩大所带来的危害，近几年来便陆续在一些领域进行改革。[1]再如：英美法国家责任保险危机的发生，有其深刻的内在原因。主要有：民事责任无限扩大化，无过失责任制度的泛化和高额的惩罚性赔偿金制度是导致责任保险危机发生的根本原因……诉讼体制不合理。[2]同时认为危机只是局部和暂时的挫折，责任保险前景乐观。保险法学者多有民法之背景，其回答一般可归为基于民事责任制度与责任保险关系而发出的"不是我"的辩解和"不信任"的感叹。例如：对责任保险所存在的上述忧虑，实际为对责任保险的不信任，似乎责任保险可能助长被保险人淡化对社会的责任感，以致引发更多的危险和损害。[3]应该说，这些观点基于不同视角，各有其说服力。此外，也有美英经济学家、法经济学家对此基于各种经济学模型的细致的实证分析。

王泽鉴先生认为，责任保险与侵权法的发展，具有互相推展的作用。侵权责任的加重，促进了责任保险的发达，而责任保险制度的建立也使侵权法采取较严格的责任原则。商品责任或汽车责任的无过失化可以说是建立在责任保险的前提下。[4]无论如何，正如弗莱明教授所云：责任保险与侵权法的关系属一个隐藏的说服者。[5]责任保险与侵权法，"责任保险危机"与"侵权法危机"，到底何为因何为果，似乎是个纠缠不清的问题，需要我们在二者的互动中考察。

---

〔1〕 参见许飞琼编著：《责任保险》，中国金融出版社 2007 年版，第 46 页。

〔2〕 参见张洪涛、王和主编：《责任保险理论、实务与案例》，中国人民大学出版社 2005 年版，第 33~34 页。

〔3〕 参见邹海林：《责任保险论》，法律出版社 1999 年版，第 39 页。

〔4〕 参见王泽鉴：《侵权行为法》（第一册），中国政法大学出版社 2001 年版，第 8~9 页。

〔5〕 See John G. Fleming, *The Law of Torts*, 8th ed., Law Book Company, 1992, p. 9.

二、责任保险与侵权法的互动

（一）责任保险对侵权法的影响

1. 责任保险对自己责任原则的影响

所谓自己责任原则，就是指行为人承担其行为所产生一切后果的原则。它是侵权法最早的责任分配原则。早期侵权法认为侵权行为是一种犯罪或不法（罗马法中的"私犯"）[1]，应当受到惩罚，自己责任便是同这种观念相联系的。令加害人以自己的财产填补给他人造成的损害，可以对加害人起到惩罚作用，同时，也可以填补受害人因此而受到的损失。按照私法自治原则，自由平等的个人可以根据自己的意思，通过民事法律行为去追求自己的最大利益。如果因此发生损害，也应由个人对自己的行为所造成的损害承担责任，叫作自己责任。也即个人对自己的行为负责，而不由他人负责。并且，只对因自己具有故意过失的行为造成的损害负责，虽然造成损害，如果不具有故意过失，则依法不承担责任。因此，自己责任又称为过失责任。[2]

以此为基础，侵权行为法通常被认为是通过在侵权人与受害人之间分配损失来实现正义，这是侵权法的传统功能，即将受害人所受的损害转由加害人承担，让加害人承担损害赔偿责任。该种责任承担方式着眼于加害人与受害人的关系，以加害人行为的可非难性为归责原则，标榜个人责任，因此也被称为损害移转（loss shifting）。[3]但是，自己责任原则对于解决现代社会的风险已经不再妥当。我们所面临的是近代法所未曾预料的大规模受害和对这种受害的救济问题。如大量的公害、药害，切尔诺贝利核电站泄漏事件、计算机信息网络因停电事故所导致的大规模损害。现代社会被称为风险社会。现代技

---

〔1〕 在我国历史上，侵权行为与犯罪行为实际上是不加以区分的。许多在今天看来属于民事侵权的行为，在过去都被视为犯罪，须受刑事性质的处罚。这种情况在其他古代法系也同样存在。因为这些古代法系都属于以自然经济和专制政体为基础的团体本位和义务本位的法文化群。不过，作为例外，奉行理性主义和私权本位主义的罗马法曾对"不法行为"作出过"公犯"和"私犯"的区分。这种区分在中世纪后期的法律近代化过程中得到了肯定。参见王家福主编：《中国民法学·民法债权》，法律出版社1991年版，第412~413页。

〔2〕 参见梁慧星："从近代民法到现代民法法学思潮——20世纪民法回顾"，载梁慧星主编：《从近代民法到现代民法》，中国法制出版社2000年版，第174页。

〔3〕 参见王泽鉴：《侵权行为法》（第一册），中国政法大学出版社2001年版，第8页。

术所带来的风险，不可预料、无所不在且具有国际性，随时可能造成严重损害。信息化时代，计算机系统越普及，发生各种连锁性灾害的可能性也越高。[1]

随着民事责任制度的发展变化，无过错责任日益扩大其范围，过错推定责任得到比以往更广泛的普及，损害赔偿的程度也有了大幅度的提高。这使责任人陷入极其不利的地位，因为一旦发生事故，赔偿数额巨大，责任人往往难以承受。这就使人们在可能承担责任的地方采取消极行动，如医生对患者进行治疗时的"畏缩现象"，新药开发的停滞，学校不再允许学生进行课外活动，等等。[2]上述问题仅靠民事责任制度内的变革，已无法满足保障受害人利益发展的需要，必须寻求体制外的因素。这时，损害分散的思想已逐步成为侵权行为法的思考方式：不特别着眼于加害人的过失，而是在寻找一个深口袋（deep pocket），即有能力分散损害之人，并认识到这是一个福祸与共的社会，凸现损害赔偿集体化的趋势。这样就有了责任保险。

实行责任保险以后，投保人只要事先向保险公司投保，一旦出现责任事故，其应负的赔偿责任就由保险公司来承担。其思路是：损害可先加以内部化，由创造风险活动的企业分担，再经由责任保险加以分散，由多数人承担。这样一来，侵权责任就不是由侵权者自己承担，而是通过保险公司这一媒介将承担损害赔偿责任的损失在同种风险制造者之间进行分散，从而转嫁给社会大众，在一定意义上可以说是损害赔偿责任的社会化，即损害分散（loss spreading）。但这从根本上动摇了自罗马法以来"谁侵权谁承担责任"的古训。对自己责任原则的冲击，使人们对侵权法存在的必要性产生了质疑。因为被保险人（加害人）一旦获得了责任保险的保障，就可能会以一种对社会整体不利的方式行事，变得不谨慎，疏于防范事故的发生。这种道德风险的存在使得社会各界质疑责任保险的合法性，并试图以公共政策为由阻止责任保险的发展。[3]

---

〔1〕 参见梁慧星："从近代民法到现代民法法学思潮——20世纪民法回顾"，载梁慧星主编：《从近代民法到现代民法》，中国法制出版社 2000 年版，第 190~191 页。

〔2〕 参见渠涛："从损害赔偿走向社会保障性的救济——加藤雅信教授对侵权行为法的构想"，载梁慧星主编：《民商法论丛》（第 2 卷），法律出版社 1994 年版，第 15 页。

〔3〕 See Christopher Parsons, "Moral Hazard in Liability Insurance", *The Geneva Papers on Risk and Insurance-Issues and Practice*, Vol. 28, No. 3. , 2003, p. 453.

而对于侵权法，因为其自有一套标准来判定什么情况之下让加害人承担责任，让受害人获得补偿。这套标准是建立在自己责任的基础上的，即只有当加害人自己承担自己应负的责任时，方使加害人与受害人之间的利益平衡。当加害人不是自己承担责任时，利益平衡关系就被打破了。在案件的审判中，某一方投保了责任保险的事实还可能直接影响最后的审理结果。因为侵权法传统的规则逐渐被"损失由社会来承担"的倾向所取代，凡是可以使用严格责任的场合，法官和陪审员只要知道哪一方投保的事实，就会相应地影响到他们的判决。[1]

2. 责任保险对侵权法功能的影响

侵权法经过习惯法、古代成文法和现代法三个阶段已经形成了固定的损害赔偿模式，在过去的历史中，它的作用不可磨灭——它的出现改变了同态复仇的原始规则，使整个人类社会的法律向文明迈进了一大步。侵权损害赔偿可以针对侵权类型的不同而采取不同的方式，从而达到对侵权行为进行准确的民事制裁，追究侵权赔偿责任，消除侵权行为造成的后果，弥补损失，使受害人的人身权利和财产权利得到充分保护的目的，并教育群众遵守法律，预防侵权行为发生。[2]过错责任原则是侵权法的基本原则[3]，依据过错责任原则，损害赔偿的成立首先要求以行为人主观上有过错为前提，以对受害人补偿损失从而恢复到受侵害前的状态为基础。通过对侵权行为人的惩罚，从而保障公民的人身权、财产权，使之免遭不法行为的侵害，以实现法律公平、正义、维护社会法律秩序。从侵权责任制度发展的历史脉络我们可以看出，通过对责任人的惩罚从而使受害人获得补偿损失并恢复到受侵害前的状态始终是侵权责任制度发展的主线。

---

〔1〕 参见上海社会科学院法学研究所编译：《国外法学知识译丛·民法》，知识出版社 1981 年版，第 232 页。

〔2〕 参见杨立新：《侵权损害赔偿》，法律出版社 2008 年版，第 337 页。

〔3〕 从侵权行为法的起源来看，罗马法以前的古代法都采取结果责任主义，适用加害责任原则，在损害领域实行"同态复仇"，遇到损害就进行报复，而不论行为人主观上是故意还是过失。由于私人复仇制度不利于社会的安定和发展，于是出现了一种用损害赔偿代替私人复仇的办法，赔偿数额的多少不是由法律规定，而是任凭当事者双方协商确定。最初的损害赔偿，与其说是填补受害人的损失，不如说是对受害人放弃复仇权利的报偿。参见梁慧星：《中国民法经济法诸问题》，法律出版社 1991 年版，第 56 页。

罗马法中私犯（侵害私人的财产或人身）的受害者可以根据情况提起"损失诉"或"罚金诉"，有时还可以提起损失和罚金诉的"混合诉"。其中，罚金诉是严格的对人诉，只能由受害人本人对加害人提起，诉权不能转移给双方的继承人。加害人是数人时，受害人可以共同或分别地提起罚金诉，每个加害人都有支付全部罚金的义务，但一人支付并不能免除其他加害人的罪过，因为罚金的性质是赎罪。而损失诉的性质是赔偿损失，所以只要有一个加害人做了全额赔偿，就可以免除其他加害人的责任。[1]这里罚金诉和损失诉后来就演变为侵权法的两大基本功能，即惩戒功能和补偿功能。也即填补损害和预防损害，这已经成为学界的通说。填补损害是基于公平正义的理念，主要目的在于使受害人的损害能获得实质、完整迅速的填补。[2]而损害的预防较损害的填补更加重要，一旦行为人违反了对他人权利的注意义务，侵权法对赔偿责任的规定除了补偿受害人的目的之外，还能警示加害人，从而降低以后危害发生的可能性。可见，侵权法规范通常可以有效地抑制侵权行为的再次发生。

惩戒功能通过对不法行为或反社会行为的惩罚从而遏制这些行为继续发生，以达到保障社会安定的目的；而补偿功能是通过对受害人损失的补偿，来实现社会公平。因此，传统的侵权损害赔偿，一方面是对受害者经济上的补偿，即具补偿功能；另一方面也是对侵权人的惩罚，即具惩罚功能。在实行了责任保险的情况下，侵权责任最终不是由侵权者承担，而是由保险公司承担，从而在很大程度上保证了受害人能获得赔偿，增强了侵权法补偿功能，但同时，在一定程度上削弱了侵权法的社会作用，使法院在决定某些侵权行为责任的根据时，常常考虑的不是行为人的主观过错，而是行为人有无承担责任的经济能力、是否有责任保险，从而侵权责任所具有的惩罚加害人的功能受到了威胁。被保险人（加害人）是否要承担赔偿责任并不完全取决于其是否有过错，而且，即使要承担责任这种责任也可由保险公司来承担。这样，就有可能淡化被保险人对社会的责任感，而不去采取预防事故发生的措施，甚或引发道德风险。

---

〔1〕 参见周枏：《罗马法原论》，商务印书馆 2014 年版，第 845~846 页。
〔2〕 参见王泽鉴：《侵权行为法》（第一册），中国政法大学出版社 2001 年版，第 8 页。

此外，侵权法通常被认为是遏制侵权行为的一种有效措施。但是，责任保险将加害人从承担损害赔偿责任的枷锁中解放出来，这在某种程度上将导致侵权法对于加害行为的遏制功能大打折扣。许多学者认为，责任保险的盛行对侵权法遏制功能造成了致命的打击。

3. 责任保险对侵权法归责原则的影响

传统侵权法以过错责任原则为基础。自从《阿奎利亚法》（公元前 287 年）确立了过错责任原则以来，因其能促使个人在活动时不必顾及赔偿问题而处处谨小慎微，从而有利于社会经济的发展，因此，过错责任被认为是调和"个人自由"和"社会安全"的最佳选择。盖个人若已尽其注意，即得免负侵权责任，则自由不受束缚，聪明才智可予发挥。人人尽其注意，一般损害亦可避免，社会安全亦足维护也。[1]于是，它便作为罗马法中最有价值的遗产被传统的侵权法继承下来。正如法官多马（Domat）在《民法的自然秩序》一书中根据罗马法精神提出应把过错作为赔偿责任的标准。他指出，如果某些损害是由一些正当行为的不可预见的结果所致，而不应归咎于行为人，则行为人不应对此损失负责。[2]一切损失和损害可能因任何人的不谨慎、不注意、不顾及理应知道的情况或其他类似的过失行为所引起，此种过失尽管轻微，行为人仍应恢复不谨慎和其他过失所致损害。[3]多马的观点对法国《民法典》第 1382、1383 条的制定产生了影响。1804 年法国《民法典》第 1382 条正式确立了过错责任原则，将侵权法完全建立在过错责任的基础之上，开创了侵权法的新时代。此后，瑞士《债务法典》、德国《民法典》、日本《民法典》等相继采用此项原则，并对大陆法系的其他国家的民事立法产生了深远的影响。

英美法系国家没有对侵权行为进行高度抽象化的理论概括的法学传统，而仅仅从具体侵权行为的样态出发对其进行分类。自 17、18 世纪，英国法院已经注意到了过错责任。在 1932 年的多诺霍诉史蒂文森（Donoghue v. Stevenson）

---

〔1〕 参见王泽鉴：《民法学说与判例研究》（第二册），中国政法大学出版社 1998 年版，第 145 页。

〔2〕 See André Tunc, *International Encyclopedia of Comparative Law*, Vol. 11, Torts, Introduction, J. C. B. Mohr（Paul Siebeck），1974, p. 71.

〔3〕 See André Tunc, *International Encyclopedia of Comparative Law*, Vol. 11, Torts, Introduction, J. C. B. Mohr（Paul Siebeck），1974, p. 72.

一案后，普通法中的过失不仅成了一种特殊的侵权行为，而且正式形成了过失的概念。该案法官阿尔金（Alkin）在该案的判决中宣称：过失是一种被告违反其对原告所应给予注意的义务。[1]现代普通法的过失概念，正如温菲尔德（Winfield）所说：作为一种侵权行为的过失，指违反法定的对原告的损害后果应予注意的义务，而这种损害对被告来说是不情愿的。[2]可见，普通法的过失侵权行为（negligence）须具备三项构成要件：一为注意义务（duty of care）；二为义务之违反（breach of the duty）；三为过失之行为（careless conduct）。由于其具有普遍概括性，目前已经成为英国侵权法最重要之制度。[3]美国法制建立于英国普通法体系之上，故在侵权法方面继受英国法的一般理论，虽然在司法权分立的体制下尚未就过失侵权行为的含义取得一致见解，但过失责任亦为侵权法之基本原则。

到19世纪末20世纪初，作为确认与追究侵权行为人的民事责任的根据或标准的过错责任原则取得了统治地位，成为侵权法的核心。因此，传统的侵权法认为侵权责任的承担以行为人有过错为要件，正如19世纪德国法学家耶林所说的那样：使人负损害赔偿的，不是因为有损害，而是因为有过失，其道理就如同化学上之原则，使蜡烛燃烧的，不是光，而是氧。[4]过错责任最终取代结果责任是法律文明的标志。在现代社会，尽管各国因社会制度、历史习惯、经济发展状况等存在着重大差别，但各国侵权法皆以过错责任为原则，足以表明过错责任在社会生活中的极端重要性。[5]只要有侵权法，就要有过错责任原则。[6]正如王泽鉴教授所归纳：自19世纪以来，侵权行为法

---

〔1〕 See André Tunc, *International Encyclopedia of Comparative Law*, Vol. 11, Torts, Introduction, J. C. B. Mohr（Paul Siebeck），1974, p. 38.

〔2〕 See Winfield and Jolowicz , The law of Torts, London, 1971, p. 3. 转引自王泽鉴：《民法学说与判例研究》（第二册），中国政法大学出版社1998年版，第149页。

〔3〕 See Winfield and Jolowicz, The law of Torts, London, 1971, pp. 45-83. 转引自王泽鉴：《民法学说与判例研究》（第二册），中国政法大学出版社1998年版，第149页。

〔4〕 参见王泽鉴：《民法学说与判例研究》（第二册），中国政法大学出版社1998年版，第144~145页。

〔5〕 参见王利明：《侵权行为法归责原则研究》，中国政法大学出版社2004年版，第67~68页。

〔6〕 有学者认为，过错应当"死亡"，取而代之的应该是行为的概念，应当以"不当行为"作为确立责任的依据。参见胡雪梅：《"过错"的死亡——中英侵权法宏观比较研究及思考》，中国政法大学出版社2004年版，第246页。笔者不认同该观点。

多建立在过失主义责任之上。此项原则，固然是个人自由主义的产物，但在规律人类社会经济活动上，具有二项卓越贡献：一是扩大侵权行为法之适用范围。早期侵权行为法系采取结果责任主义，侵权行为趋于类型化。过失责任主义之广泛适用性，打破了此种限制。二是促进社会进化。在结果责任主义之下，若有损害即应赔偿，行为人动辄得咎，行为之际，瞻前顾后，畏缩不进，创造活动甚受限制。反之，依过失责任主义，行为人若已尽适当注意，即可不必负责，有助于促进社会经济活动。现代文明之发达与过失责任主义实具有密切关系。[1]

以过失责任主义为基本原则之侵权行为，于 19 世纪达到鼎盛时期，但在这个时期业已开始遭受压力。此项压力主要来自工业灾害及铁路交通事故。[2]然而，由于意外事故急剧增加，为适应社会需要，无过失责任渐次扩张，迄至今日，已成为与过失责任具有同等地位之损害赔偿归责原则。其原因，可归纳为两点：一为意外灾害之严重性，一为损害填补之必要性。无过失责任在其产生初期，只是过错责任的例外规定，仅以法定的个别情形为限。如1838 年的《普鲁士铁路法》（Das Preussische Eisenbahngesetz vom 3. 11. 1838）、1897 年英国的《劳工补偿法》（Workman's Compensation Act）等。到了 20 世纪 60 年代，美国由法院判例创立了严格产品责任。按照严格责任，只要产品存在对人身和财产的不合理危险，就构成缺陷，因缺陷产品造成消费者的人身或财产损害，就要由生产者承担损害赔偿责任。由于不考虑生产者对缺陷之发生是否有过失，因此有利于保护受害的消费者。在这个意义上，严格责任、无过错责任的确立，使得民事责任归责原则客观化。按照无过错原则，不但受害人无须证明加害人之过错，而且加害人即使能够证明自己主观上没有过错也不能免除责任。1985 年欧共体通过关于产品责任的 85/374 号指令，要求成员国按照指令规定的原则修改国内法，对缺陷产品致损实行无过失责任。[3]

---

〔1〕 参见王泽鉴：《民法学说与判例研究》（第二册），中国政法大学出版社 1998 年版，第 150~151 页。

〔2〕 参见王泽鉴：《民法学说与判例研究》（第二册），中国政法大学出版社 1998 年版，第 151 页。

〔3〕 参见梁慧星："从近代民法到现代民法法学思潮——20 世纪民法回顾"，载梁慧星主编：《从近代民法到现代民法》，中国法制出版社 2000 年版，第 166~167 页。

现在可以说，世界大部分国家的产品责任法都实行了无过失责任原则。更有甚者，是 1972 年新西兰颁布《意外事故补偿法》（The Accident Compensation Act），被称为人类立法史上空前的创举。按照该法，在新西兰领域之内的任何人，无论因交通事故、缺陷产品致损、医疗事故或者其他意外事故遭受损害，都可以从国家设立的意外事故补偿委员会获得一笔补偿金。无须向法院起诉，也无须适用侵权法，当然更谈不到过失责任原则。[1]无过失责任对于弥补过错责任原则的不足，保护受害人的切身利益及稳定社会起到了积极作用。

但是，无过失责任在一段时间内主要适用于工业事故之中。随着现代化程度的提高，威胁人们生命健康和财产的危险也越来越多。为了维护受害人的利益，一些学者提出扩大无过失责任的范围，但无过失责任自身的困境使其范围的扩大受到限制。而责任保险作为一种风险分散手段，成功地分散了加害人的负担，为无过错责任制度的发展提供了坚实的社会基础，从而扩大了无过错责任的适用范围，使无过失责任从原来主要在工业事故中适用，扩大到交通事故、医疗事故、航天工业、核工业等众多领域的损害赔偿。责任保险和无过失责任可谓殊途同归，其目的都是为了更加切实地保护受害人的利益。责任保险制度使得无过错责任不再作为过错责任的例外规定而存在，而成为与过错责任并列的归责原则。这样就动摇了过错责任原则在侵权法中的统治地位，形成了侵权法中过错责任和无过错责任二元并驱的格局。

综上所述，无过错责任将归责原则客观化，责任保险将损失承担社会化，给侵权法带来了两个方面的重大影响：

（1）侵权法调整范围的缩小。严格责任刺激了对责任保险的需求，从而使大量的事故赔偿案件转移到保险法领域。至少在非故意人身损害的法律补

---

[1] 应该说，还有更甚者。日本名古屋大学民法教授加藤雅信在 20 世纪 80 年代发表了一篇题为"关于综合救济系统的建议"的论文，提出他关于侵权行为制度和社会保障制度改革的新构想。他由新西兰的崭新立法受到启发，考虑到日本侵权行为法制和各种社会保险制度的现状，认为人类社会要解决各种原因发生的损害赔偿问题，应当建立一种类似于新西兰的统一的综合救济制度。该论文发表后，在日本产生了很大的轰动。参见渠涛："从损害赔偿走向社会保障性的救济——加藤雅信教授对侵权行为法的构想"，载梁慧星主编：《民商法论丛》（第 2 卷），法律出版社 1994 年版，第 15 页。

救方面，侵权法已退居次要地位。在许多国家，各种非工业事故的损害赔偿由侵权法领域转入到保险法和社会保障法领域。

（2）侵权法社会作用的削弱。侵权责任所包含的道德评价以及它对不法行为的遏制功能，一直为实证法学派、历史法学派和社会法学派所否认。无过错责任的兴起，更加动摇了人们对传统归责原则的信心。责任保险的出现，又进一步加剧了这种状况。如果一个加害人的赔偿责任是由保险公司承担，那么，行为结果对他来说，便仅仅意味着增加一点保险费的支出。如果侵权法的社会作用只剩下损失补偿，那么，鉴于有社会保障这一更为简便可靠的补偿来源，侵权法对受害人的利益来说，便不那么迫切需要了。于是有人预言：人们可以设想有这么一个时代，在人身损害领域，侵权责任将会被保险制度所取代。[1]

（二）侵权法对责任保险的影响

关于责任保险与侵权法的关系，学界观点大致可归纳为两种：一种是"寄生说"，一种是"并存说"。"寄生说"的观点认为：责任保险寄生于侵权法，以侵权赔偿责任为前提，责任保险只是侵权赔偿责任的承担方式之一。英国法学家霍斯顿和钱伯斯持此观点：责任保险为投保人所损害的人提供补偿是以他能够证明投保人的责任为条件的。因此，这种保险在本质上是寄生的，在投保人侵权行为法律责任得到证明之前，任何赔偿均不得支付。[2]"并存说"的观点认为：责任保险和侵权法是两种不同的损害赔偿制度，它们各自在不同的领域发挥不同的作用，可能相互影响，或者在同一个侵权纠纷中，二者并存或竞合，但终究是不能互相代替。我国台湾地区学者王泽鉴先生持此观点。[3]现在，持"并存说"的学者居多。但其实所谓的两种学说，无非视角差异及关注点不同而已，并无本质区别。二者虽归属两个领域，但内在联系是存在的，并互相发生影响。

正如王泽鉴先生所言，责任保险与侵权法的发展，具有相互推动的作用。

---

〔1〕 参见王卫国：《过错责任原则：第三次勃兴》，中国法制出版社2000年版，第230页。

〔2〕 参见尹田主编：《中国保险市场的法律调控》，社会科学文献出版社2000年版，第404页。

〔3〕 参见王泽鉴：《侵权行为法》（第一册），中国政法大学出版社2001年版，第30页。在王泽鉴先生的"多种赔偿或补偿体系"中，既包括侵权法，也包括责任保险，还有其他保险和各种社会保障制度等。

侵权责任的加重，萌发并促进了责任保险的发展，而责任保险制度的建立也促使侵权法采取了比较严格的归责原则。但是，需要注意的是，民事责任制度是基础，责任保险依附其上。责任保险的保险人承担保险给付责任是建立在被保险人的侵权责任基础之上的，必须满足两个基本条件：一是第三人受到财产或人身损害，二是被保险人对第三人的损害应当承担赔偿责任。也就是说，责任保险以民事责任的承认与适用为先决条件。保险公司是否赔偿，赔偿多少在一定程度上取决于被保险人的行为是否构成侵权，以及侵权责任的大小，如果不构成侵权，就不会有保险公司的赔偿，而要判断保险人的行为性质和责任大小，其根本依据就是侵权法。可以想象，如果没有明确的环境污染防治法，造成污染的人就不会对受害人承担什么赔偿责任；没有食品卫生法和消费者权益保护法，损害消费者权益的企业也不会有什么法律上的经济赔偿责任。因此，只有先存在某种行为须在法律上应负赔偿责任时，相关的人才会想到通过保险来转嫁这种责任风险，责任保险才有用武之地。恰如保险学学者所观察到的，事实上，当今世界上责任保险最发达的国家或地区，必定同时是各种民事法律制度最完备、最健全的国家。[1]可见，相对于侵权法而言，责任保险无论在保险标的上还是保险责任发生上，均须依赖于侵权法，在这点上具有"寄生性"的特征，因此，侵权法的发展必然对责任保险产生重大的影响。

从"责任保险危机"现象来看，侵权责任的扩张确实在实践上造成了责任保险市场的危机。诸如惩罚性赔偿、精神损害赔偿使得某些侵权民事责任成了"无底洞"，而法官又把保险公司当成了"深口袋"，直接导致保费暴涨，而投保人投保意愿和保险人承保动机下降，进而造成责任保险市场严重萎缩，效率降低和效益减少。因此，站在责任保险发展的立场，适当限制民事责任的膨胀，对于社会总体利益来讲是有效率的。

虽然各界学者对于责任保险和侵权法的互动有各种各样的分析和论证，但笔者尚未见有学者对此给出法理学层面的答案，因此，本书拟尝试在学者们已有观点的基础上做进一步的法理学解读。

---

[1] 参见郑功成、孙蓉主编：《财产保险》，中国金融出版社1999年版，第339页。

三、责任保险与侵权法互动的法理阐释

（一）责任保险制度与侵权法关系的法理定位

笔者认为，责任保险与侵权法的关系定位是认识问题的前提。从法的部门划分上看，侵权法属于民法范畴，是作为基本法的民法的重要组成部分，体现民法的基本价值理念和精神。而责任保险制度属于商法范畴，是为满足某种经济需要的一种具体的商事法律制度。民法的调整对象是平等民事主体之间的人身关系和财产关系，商法则是以市场经济为背景，以企业为中心，以效益为目标，其调整对象主要是商事关系。在法理上，商法与民法的关系是特别法和一般法的关系。一般法是指对一般人、一般事项、一般地域、一般时间生效的法律。特别法是指针对特定的人、特定的事、特定的地域、特定的时间生效的法律。[1]在法的适用效力上，商法中有规定，则优先适用商法；商法中无规定，则可适用民法。在法的制定上，特别法应服从一般法原则，不可背离，否则就会引起法律的冲突。责任保险归属于保险法，基于民商分立与民商合一之争，虽然保险法的部门归属为民事特别法还是商法在理论上尚存争议，但不论最终归为民法特别法还是商法，相对于民法一般原则而言，都应定位为民事特别法。因此，基于一般法和特别法关系之法理，如果在根本原则上二者发生冲突，责任保险应让位于侵权法。换言之，民事责任制度，相对于责任保险制度处于基础性地位。侵权法调整的是普遍意义上的平等主体之间的关系，而责任保险制度只是调整个别意义上的平等主体之间的关系。因此从社会利益的角度，也没有理由要求普遍意义的法律服从个别意义的法律。所以，诸如保险学学者将责任保险危机归罪于侵权法的发展（侵权责任膨胀以及惩罚性赔偿等），进而以此为由要求侵权法改进以适应责任保险发展的说法，是违反法理的。相反，如果责任保险制度威胁了侵权法的存在和价值，则要反思责任保险的存在意义。在这个意义上，如果侵权法的危机确由责任保险造成，则应向责任保险"开刀"。这是对待责任保险与侵权法关系的基本立足点和方法论。

---

〔1〕 参见沈宗灵主编：《法理学》，北京大学出版社1999年版，第350页。

（二）责任保险与"侵权法危机"的因果关系分析

1. 责任保险与侵权归责原则客观化

无过错责任的推行或者侵权归责原则客观化被认为是侵权法危机的起因，或者说，是侵权法为了保护受害人利益所做的制度改进将侵权法带进了危机。但责任保险并非推动侵权法改进的原动力，其仅仅为侵权法推进无过错责任方面创造了一些积极条件，帮了一点小忙而已。其实，即便没有责任保险制度，也会有其他制度助阵的，如社会保障制度等。侵权法的演进，其根本原因在其自身，在于社会经济发展的需要。民事责任制度之所以在 20 世纪以来发生巨大变化，特别是引进和适用无过错责任，原因并不在于责任保险，而是在于立法者和法院对承担民事责任的基础理念发生变化，将保护受害人的赔偿利益作为民事责任制度的基本目标，社会有运用无过错责任的需要。[1]因此，王泽鉴先生认为，损害赔偿归责原则的改进，固然应当考虑有无责任保险可供利用，但这并不表示必须以责任保险的存在为前提；即使尚无责任保险，加害人还有分散损害的其他方法可以利用，同时，责任保险也会应运而生。[2]所以，责任保险的任何变化，以民事责任制度本身的变化为基础，而且落后于民事责任制度的变化；若民事责任制度本身不发生变化，责任保险对侵权法的变化将不产生影响。[3]可见，在因果关系上考察，侵权法是"因"，责任保险是"果"。因此，责任保险并非侵权法发展乃至"危机"的根本性原因，进而也不可能通过改进或消灭责任保险来解决侵权法"危机"。所以在这个意义上，质疑或者指责责任保险造成侵权法危机的说法，既无理论根据，又无实证根据，在逻辑上也站不住脚。

2. 责任保险与侵权法的功能

当然，责任保险与侵权法也绝非毫不相干，责任保险对于侵权法具有一定的"反作用"。客观上，责任保险对民事责任制度的影响有积极的方面，也有消极的方面。其积极方面在于，它补充和加强了民事责任的补偿功能。责任保险提高了加害人承担民事责任的能力，从而在一定程度上减轻甚至消除

---

〔1〕 参见邹海林：《责任保险论》，法律出版社 1999 年版，第 51 页。

〔2〕 参见王泽鉴："侵权行为法之危机及其发展趋势"，载《民法学说与判例研究》（第二册），中国政法大学出版社 1998 年版，第 175 页。

〔3〕 参见邹海林：《责任保险论》，法律出版社 1999 年版，第 44 页。

了因承担责任给加害人带来的经济上的不利后果，从而有利于再生产的顺利进行，增加了经营上的安全感，有利于鼓励经济生活中的进取和创新。同时对于受害人，其赔偿也得到了切实保障。其消极方面在于，责任保险削弱了民事责任制度对不法行为的遏制和预防功能。例如，侵权法上的产品责任，本应有助于促使制造商对于产品的安全性给予更多的关注，但是，如果他们选择了责任保险，这种刺激作用就大为降低，因为有缺陷的产品所致损害的赔偿责任不是由他们来承担，而是由保险公司承担。另一方面，责任保险也造成了保险公司为避免支付赔偿而单独地或者和被保险人联合地对抗受害人的局面。[1]简言之，责任保险虽有助于实现民事责任制度填补受害人之损害的基本功能，但是另一方面也削弱了民事责任制度惩戒和预防功能。如英国的霍斯顿和钱伯斯所言：损害赔偿判决之第一目的在于补偿受害人所受的损失，以便尽可能地使之恢复到不法行为人之侵权行为发生前的原有状态。然而损害赔偿还有另一个目的，通过使不法行为人根据损害赔偿的判决而承担责任，法院力图遏制其他人犯类似的侵权过错。责任保险削弱了损害赔偿的第二个目的，同时又附带地保证了第一个目的更为经常地实现。[2]进而，加害人因支付保险费而转嫁其民事赔偿责任，实际上并不负担赔偿责任，使得民事责任制度名存实亡，责任保险促使个人责任走向没落。[3]总之，社会保障和保险的出现，使得人们承担的致人损害的责任消失了。[4]

对此，国内保险法学者比较宽容，认为，看待任何事物都应该一分为二，任何法律制度的设计，不可能具有十全十美的功能，均会存在制度上的缺陷，甚至有些缺陷是任何法律制度均无法避免的。例如，现行的任何法律制度，都不可能彻底遏制不法行为的发生。民事责任制度对于不法行为的道德评价作用以及遏制作用，仅具有相对的意义，且其本身就有相当的局限性。侵权

---

〔1〕 参见王卫国：《过错责任原则：第三次勃兴》，中国法制出版社 2000 年版，第 99~100 页。

〔2〕 See R. F. V. Heuston, R. S. Chambers, *Salmond and Heuston on the Law of Torts*, 18th ed., Sweet & Maxwell, 1981, p. 24. 转引自王家福主编：《中国民法学·民法债权》，法律出版社 1991 年版，第 438~439 页。R. F. V. 霍斯顿和 R. S. 钱伯斯：《萨尔门德和霍斯顿论侵权行为法》，1981 年伦敦版，第 24 页。参见王卫国：《过错责任原则：第三次勃兴》，中国法制出版社 2000 年版，第 99 页。

〔3〕 参见王泽鉴：《民法学说与判例研究》（第二册），中国政法大学出版社 1998 年版，第 164 页。

〔4〕 参见王家福主编：《中国民法学·民法债权》，法律出版社 1991 年版，第 440 页。

责任制度无法彻底解决的问题，不能寄希望于责任保险，何必对责任保险又有所责难呢？[1]

事实上，责任保险的基础意义在于加强被保险人的赔偿能力，有助于因被保险人而受害的第三人提起赔偿诉讼，并能通过胜诉而取得实际赔偿。[2]由于责任保险中和解和抗辩制度的确立，保险公司替代作为被保险人的加害人出现在法庭上，实践中，保险对原告和被告均有好处，被告支付保险费越多，他的声誉就越高。此外，它还可以避免诉讼过程中的大量费用。如代理费、辩护费和各种准备费，所以保险是一种费用低廉的解决方法。由于有了责任保险，受害人如愿以偿地得到了赔付，加害人也得以保持稳定的生活和生产。

同时，责任保险对民事责任所具有的道德评价与对不法行为的惩戒作用，并不构成实质的削弱，并未使得民事责任制度名存实亡。因为被保险人侵权行为的民事责任不限于经济赔偿，还有其他形式。并且，如果侵权行为性质严重，加害人可能会担负行政责任或刑事责任，就是说，各种性质的法律责任在适用界限上并非可以严格区分，很多时候当事人可能既要承担民事责任，又要承担行政责任或刑事责任。而该侵权行为能达到怎样的严重程度，被保险人在事先往往难以预料和控制，其理性选择应是尽量避免发生侵权事故，所以，对惩戒功能的削弱仅发生在与经济损失有关的局部，且是当事人对侵权行为的性质和危害结果在主观上可以准确预料和控制的情形。而在现实上，符合这种条件的事件可谓非常难得。

责任保险发展至今日，没有任何数据可以显示，有被保险人仅因为投保了责任保险就故意降低其注意程度，以致增加损害事故发生的迹象，因此，从实证角度，责任保险削弱侵权法惩罚和遏制功能的程度是非常有限的，一般也不会明显导致道德风险的上升。而在经济分析角度，正如波斯纳在论及责任保险和事故保险的过失时讲到的：保险人和被保险人之间的关系就像在雇主责任原则下的雇主和雇员的关系，而由雇员来控制过失一般认为是可以接受的。当然，保险公司可能对被保险人注意的控制力要比雇主对其雇员注

---

[1] 参见邹海林：《责任保险论》，法律出版社 1999 年版，第 39 页。覃有土、樊启荣：《保险法学》，高等教育出版社 2003 年版，第 281 页。

[2] Kenneth Cannar, *Essential Cases in Insurance Law*, Woodhead-Faulkner, 1985, p. 98.

意的控制力要差，所以可能会比在禁止责任保险的制度下事故更多。但如果受害人得到全面赔偿，即使会有更多的事故，责任保险也还是有效率的。这样，保险人和被保险人的状况都会得到改善，而其他人的境况也不会恶化。对附加事故成本所需支付的附加保险费将以减少风险厌恶司机的风险这种形式产生相等或更大的效用。这样，如果责任保险一点儿也没有钝化侵权法的锋芒，那么也就没有必要认为它是一种控制事故的无效率制度。[1]

对于现代侵权法而言，其首要的和基本的功能在于补偿已经取得法学界的共识[2]，正如格拉威尔·威廉姆斯所断言：侵权法唯一站得住脚的功能就是补偿。[3]惩罚和遏制功能相对居次。侵权法对于行为人的主观状态并不十分关注，不大区分故意和过错，行为人的主观状态对赔偿额没有直接影响。这正表明侵权法并不注重惩罚和遏制功能，而重视补偿功能，专注于对既有的损失在双方当事人之间进行分配。[4]无过错责任即为民法赔偿功能的极端表现。同时，相对于其他责任制度，如刑法、行政法，侵权法的惩罚和遏制功能最弱。这是由侵权法的性质所决定的，换言之，所谓侵权法惩罚和遏制功能的削弱，主要原因是内因而非外因。且不论刑罚的作用，相对而言，许多预防措施可以通过行政管理手段低成本地实现。比如，对车辆进行限速并辅之以电子监控设施，对司机进行强制酒精检测，必须系安全带，强制报废不合标准的车辆等措施，都比侵权法单纯依赖行为人自觉采取预防措施更容易控制交通事故。[5]一个较为有力的证据是：新西兰1974年实施的《意外事故补偿法》（The Accident Compensation Act），其范围覆盖了所有意外事故导致的人身伤害，不论是在道路上、工厂里，还是其他什么地方，一旦发生人身意外伤害，则由专门的政府机构——事故补偿公司（Accident Compensation

---

〔1〕 参见［美］理查德·A. 波斯纳：《法律的经济分析》（上），蒋兆康译，中国大百科全书出版社1997年版，第259~260页。

〔2〕 参见王泽鉴：《侵权行为法》（第一册），中国政法大学出版社2001年版，第7页。王利明：《侵权行为法归责原则研究》，中国政法大学出版社2004年版，第31页。

〔3〕 参见约翰·G. 弗莱米："关于侵权行为法发展的思考：侵权行为法有未来吗？"，吕琳、许丽群译，载吴汉东主编《私法研究》（第三卷），中国政法大学出版社2003年版，第133页。原版见John G. Fleming, *Is There a Future for Tort*, 44 Louisiana Law Review 1193, 1984.

〔4〕 See B. S. Markesinis & S. F. Deakin, *Tort Law*, 4th ed. , Oxford University Press, 1999, p.37.

〔5〕 参见李兵："论责任保险对于侵权法的影响"，中国政法大学2004年硕士学位论文。

Corporation）来负责为受害人提供补偿金。[1]有学者针对该法实施前后的道路交通事故情况进行了比照研究，结果是这种改革措施不仅没有导致驾车数量和交通事故数量大幅增长，相反，交通事故发生率和事故死亡率均有下降趋势，研究者分析认为这归功于在此期间新西兰所严格付诸实施的强制佩戴安全带和头盔的法律以及更为严厉的酒后驾车法。[2]

奥地利民法专家考茨欧教授[3]在归纳大陆法系国家侵权法功能时也认为：侵权法的第一个功能是补偿，这在整个欧洲得到了普遍的认可，而且在欧洲的侵权法文献中也得到了确认。这是侵权法的主要功能。侵权法的第二个功能是预防（与本书中的遏制功能含义相同）。这也被近些年比较新的经济方面的分析所证实了。因为对于侵权行为人来说，他知道自己的侵权行为肯定不是自动地给自己带来损害赔偿责任这样一种法律后果，那么这种责任的威胁自然会激励、促使他不要去实施侵权行为。大部分人接受这种观点，预防性目标不仅对过错责任非常重要，对危险责任也十分重要。[4]侵权法还有第三个功能是制裁（惩罚），"制裁"这样一个功能或目标在惩罚性损害赔偿问题上尤其重要。在大陆法系国家中，一般来说都不认可侵权法有惩罚这一功能，认为侵权法中不应该有惩罚性损害赔偿这样的责任，但是在普通法法系国家，情况正好与此相反。他们认为应该有惩罚性损害赔偿这一责任，在

---

〔1〕 See Craig Brown, "Deterrence in Tort and No-Fault: The New Zealand Experience", *California Law Review*, Vol. 73, 1985, p. 979.

〔2〕 See Craig Brown, "Deterrence in Tort and No-Fault: The New Zealand Experience", *California Law Review*, Vol. 73, 1985, pp. 1001-1002.

〔3〕 资料来源："第二届中德侵权法研讨会"（2007年7月23日）会议资料。会议主办单位：中国法学会民法学研究会、德国技术合作公司、中国人民大学法学院和中国人民大学民商事法律科学研究中心。考茨欧教授是德方邀请的唯一的非德国专家，但据会议介绍其对德国法也非常有研究。

〔4〕 ［奥］考茨欧教授认为，在有些国家的法律体系当中，比如说在我们奥地利的法律体系中，这种预防性的思想得到了进一步的发展，发展成为一种叫作法律延续思想或者叫权利延续思想。这个思想的大体意思是说，如果一项受到侵害的法益，按照一般观念来说是具有价值的，侵害人应当对这项法益在价值方面的损失予以赔偿。那么具体到物来说，一个物因侵害行为而受损或灭失的话，这个损害行为加害人必须对物的客观价值以及物在交易当中的所体现的价值都予以赔偿。同样的，这样一种观念、思想可以相应地延伸到对人的损害案件中去。在这样的案件当中，人身受到损害自然就业能力会有所减少，比如说赚钱的能力也会相应减少，这样也应当相应地予以损害赔偿，至于说受害人在受到损害之后，工资是否会减少不在考虑在内。这是一种相对来说显得更为主观、更加抽象的思路、思维方式，它对于我们所说的侵权法的预防功能提供了新的支持。资料来源："第二届中德侵权法研讨会"（2007年7月23日）会议资料。

欧盟最近出台的《欧洲侵权法原则》文献中并没有接受这一观点，理由是：如果某人没有受到相应的损害的话，那么出于惩罚的原因而让他得到相应的赔偿方面的利益是不应当的。由此可见，所谓侵权法的"惩罚"功能，在大陆法系并未得到完全接受，或者说，至少并未将惩罚功能视为侵权法的主要功能。

因此，从这个意义上，责任保险并未影响侵权法功能的发挥，相反，对于其最为根本的补偿功能起到了弥补的作用。

（三）责任保险发展与"侵权法危机"的法理解读

1. "侵权法危机"的根源与本质

侵权法危机的主要表现是其各项功能都得不到应有的发挥。侵权法虽然在理论上标榜"有权利必有救济"，但事实并非如此。现实的情况是，绝大多数受害人都不曾向律师咨询自己享有什么样的权利，更不要说提起成功的诉讼了。[1]根据牛津大学法律社会学研究小组的研究结果，在具有代表性的1711个被调查的受害人中，只有444个（26%）曾经考虑过进行索赔，392个（23%）认为索赔是可行的，247个（14%）向律师进行了咨询，198个（12%）实际获得损害赔偿金。[2]随着处理意外事故的其他制度的日渐完善和补偿水平的提高，以及法律的限制，侵权法对于受害人的适用范围越来越小。诸如随着社会保障制度的完善，一些事故多发领域已经被社会保障制度代替。如在劳工赔偿方面，美国、德国等许多发达国家都通过了劳工赔偿法案，规定不论雇主是否有过失，都应当对雇员在劳动过程中所遭受的损失按规定的标准进行赔偿，不允许受害人对雇主提起侵权之诉。[3]在机动车意外事故领域，美国、加拿大都采纳了与第一人保险相结合的无过失计划，限制受害人就人身伤害提出侵权诉讼，加拿大的魁北克省甚至将其完全取消。在产品责任、医疗过失责任以及环境污染责任方面，也都出现了各种各样的无过失保险计划。[4]根据英国皮尔逊（Pearson）委员会的统计，从1971年到1976年

〔1〕 See Paula Giliker & Silas Beckwith, *Tort*, Sweet & Maxwell, 2000, p. 65.

〔2〕 See Paula Giliker & Silas Beckwith, *Tort*, Sweet & Maxwell, 2000, p. 65.

〔3〕 See Parson C, "An analysis of current problems in the UK Liability insurance market", *office of Fair Trading Report*, London：OFT659a, 2003, p. 8.

〔4〕 See Richard A. Epstein, *Cases and Materials on Torts*, 7th ed. 中信出版社2003年版，第1011~1012页。转引自李兵："论责任保险对于侵权法的影响"，中国政法大学2004年硕士学位论文。

英国侵权制度提供的赔偿额只占总赔偿额的不足 25%。[1]美国 1960 年在补偿受害人的人身损害所付出的赔偿费用中，侵权责任赔偿仅占 7.9%，个人责任保险提供的赔偿占 36.5%，社会保险提供的补偿占 18.1%，再加上其他诸如劳工损害、社会公共卫生福利等的补偿，整个社会保障的补偿体制共承担着 50.6%的份额；1967 年，美国因交通事故而对受害人支付的损害赔偿额，侵权责任赔偿仅占 32%，私营保险提供的赔偿占 39%，社会保障提供的补偿占 29%。[2]

侵权法危机的真正根源在于制度交易成本高昂而效率低下，既不能保障受害人充分受偿，又不能有效地遏制事故发生。

其一，侵权法不能有效发挥补偿功能，原因在于：（1）受害人难以得到补偿或者得不到足够补偿。受害人能否获得补偿以及补偿是否足够，往往取决于加害人的经济能力，有时也受加害人道德因素影响。加害人缺乏赔偿能力是常见的现象，有限责任制度又为逃避责任提供了合法通道。而在一些场合根本无法找到加害人，比如肇事司机逃逸等。即便有明确的加害人，受害人往往因为惧怕诉讼拖延、证据缺乏、急于用钱等原因而接受和解，被迫放弃部分权利。（2）侵权损害赔偿具有很大程度的不确定性。同样的侵权事故赔偿额可能千差万别，侵权诉讼的胜败已经与博彩一样依赖于运气的好坏。[3]（3）制度成本过大，在某些国家甚至接近索赔费用数额。根据英国皮尔逊（Pearson）委员会的调查，从 1971 年到 1976 年，英国平均每年通过社会保障制度支付 4.21 亿英镑赔偿金，实施成本为 0.47 亿英镑，比例为 11%，而通过侵权制度支付的赔偿金为 2.02 亿英镑，实施成本为 1.75 亿英镑，比例却达到 87%。[4]

其二，侵权法也不能有效发挥遏制功能，原因在于：（1）潜在侵权人对侵权法保持着某种程度的无知。侵权法发挥遏制功能的前提是：人们事先知

〔1〕 See Peter Cane, *Atiyah's Accidents, Compensation and the Law*, 7th ed., Cambridge University Press, 2006, p.24.

〔2〕 See *International Encyclopedia of Comparative Law*, Vol.11, Torts, 1983, p.5. 转引自邹海林：《责任保险论》，法律出版社 1999 年版，第 34~35 页。

〔3〕 参见李兵："论责任保险对于侵权法的影响"，中国政法大学 2004 年硕士学位论文。

〔4〕 See Peter Cane, *Atiyah's Accidents, Compensation and the Law*, 4th ed., Cambridge University Press, 2006, p.24.

道"责任"存在及其严重程度。但由于"有限理性",许多人并不知道侵权责任的存在,而且即便知道侵权责任存在,也会因其难以捉摸而漠然处之。(2)潜在侵权人不能对自己所从事活动的风险水平做出正确的判断。(3)潜在侵权人虽然知道某些风险存在,但因能力或条件所限而不能有效调整自身的行为预防风险的发生。(4)潜在侵权人主观低估责任。他们更愿意相信受害人厌恶诉讼,或者即使面临诉讼也可以通过和解轻易解决。(5)潜在侵权人有时会因某种急需而甘愿冒险行事。〔1〕在某种意义上,侵权法的遏制功能源于民事责任对加害人具有的道德评价作用,但该作用应当服从于对受害人的赔偿的充分、有效的客观需求;如上所述,若加害人没有能够在客观上赔偿受害人的损失,民事责任的道德评价也将失去意义。

侵权法面临着被其他制度全部替代的挑战,这才是侵权法危机的真正含义。理论上的探讨尚不足虑,问题的严重性在于已经有一些国家开始废除侵权法的行动,例如新西兰于 1972 年颁布《意外事故补偿法》,在事故领域确立全面的无过错赔偿制度。而英国皮尔逊委员会在对新西兰"经验"调查研究后,也建议采纳新西兰的经验,只是后因欧共体颁布关于产品责任的指令而作罢。否则,英国的侵权行为法将不再是现在的面貌。〔2〕而日本的加藤雅信教授也主张建立一种类似新西兰的综合救济制度,并引起很大的轰动。〔3〕由此,不得不让学者们担心,侵权法将逐渐发展为金字塔的顶端,把基础地位拱手让与社会安全体系和无过失补偿制度〔4〕。

毫无疑问,法律应该是稳定的,但不能停滞不前。把归责原则的客观化和损失承担的社会化看作侵权法的危机,未免过于留恋传统的侵权法。侵权法的危机只是针对固守这样一些理论的人——认为归责原则只能是一元的过错责任原则;认为侵权法的社会功能仅仅在于惩罚(或说归责于)主观上有故意或者过错的行为人。而对于那些坚信现代侵权法多元化的归责原则(即

---

〔1〕 See Stephen D. Sugarman, "Doing Away with Tort Law", *California Law Review*, Vol. 73, 1985, pp. 564-573.

〔2〕 参见梁慧星:"从近代民法到现代民法法学思潮——20 世纪民法回顾",载梁慧星主编:《从近代民法到现代民法》,中国法制出版社 2000 年版,第 168 页。

〔3〕 参见渠涛:"从损害赔偿走向社会保障性的救济——加藤雅信教授对侵权行为法的构想",载梁慧星主编:《民商法论丛》(第 2 卷),法律出版社 1994 年版,第 15 页。

〔4〕 参见王泽鉴:《侵权行为法》(第一册),中国政法大学出版社 2001 年版,第 36 页。

过错责任与无过错责任并存）、多方位的社会功能的人而言，不但不会哀叹侵权法的危机，反而欣喜于侵权法有了新的机遇，找到了新的增长点〔1〕。侵权法危机最终会成为侵权法变革的契机。

正如有的学者所言：丰富的实践告诉我们，在损害救济方面，侵权法不是唯一的途径，且缺陷日益明显：耗时、耗力、风险大；无过失补偿虽然便捷、充分，但受限于加害人口袋的深浅，并无疑会加重加害人的负担，造成新的社会不公；责任保险虽较好地实现了损失分担的社会化，却不够普遍；社会保障虽然普遍却补偿限额过低，仅以维持生存为限。所以现实中尽管它们的存在确实给侵权行为法带来了挑战，可谁也没有能力独当一面。〔2〕尽管有新西兰的《意外事故补偿法》，侵权法存在的必要性在其与责任保险、无过失补偿、社会保障的相互竞争中得到了事实上的证明。但同时也使我们意识到：应该对过错责任与损失分担社会化作出适当调整，规范各自的领域，让侵权法有所为有所不为。〔3〕

侵权责任范围的扩大，包括过错责任向过错推定责任及无过错责任的转化、因果关系要件的放松、赔偿范围的扩大等，不仅不是侵权法危机的表现，恰恰是侵权法为了顺应社会发展而主动做出的调整，这些调整都有助于其增强自身的地位。损失承担的社会化根源于引起损害的风险的社会化，以责任保险来分散风险会弥补侵权法的赔偿功能的不足。因此，损失承担的社会化既不是侵权法危机的形式，更不是侵权法危机的根源。责任保险是侵权法分散风险能力不足时产生的补充制度，而它囿于自身的局限性，必然不能代替侵权法而存在。因为无论在任何阶段，侵权都是责任范围、责任构成和责任归属的最终依据，如果缺少这一步骤，责任保险的存在也是没有意义的。责任保险一方面依赖于民事责任制度，另一方面又为民事责任制度适应社会进步进行的变革提供了配套条件，二者应在相互作用中共同发展。

2. 责任保险发展与"民法社会化"

综上所述，侵权法面临的"危机"并不会长远，这不过是侵权法在调整

---

〔1〕 参见张新宝：《中国侵权行为法》，中国社会科学出版社 1998 年版，第 11~13 页。

〔2〕 参见麻昌华：《侵权行为法地位研究》，中国政法大学出版社 2004 年版，今日侵权行为法（代自序）。

〔3〕 参见麻昌华：《侵权行为法地位研究》，中国政法大学出版社 2004 年版，今日侵权行为法（代自序）。

社会过程中的又一次障碍。"危机"的根源在于侵权法自身机制成本高昂而效率低下的缺陷，表现为调整领地的丧失。责任保险并非造成危机的原因，相反，却在一定程度上弥补了侵权法补偿功能的不足。但是，要从根本上解除侵权法的困境，就必须超越"要么损失由加害人承担，要么由受害人承担"这一狭隘观念，把损害赔偿看作一个社会问题，循着民法从"个人本位发展到社会本位"的历史过程来寻找解决问题的办法。[1]侵权法传统的损害赔偿原则是"谁侵权，谁负责"，这是自罗马法以来的一贯做法。责任保险的出现转变了这一点，个人责任转由社会承担，体现了社会本位的价值观。民法规则只是以法律形式表现了社会的经济生活条件，当经济生活条件改变之后，民法规则也就不得不接受经济条件的制约而随之发生改变。责任保险作为一种节约交易成本的制度创新产生之后，不论其对既有的侵权法理论和实践产生了多么大的影响，都不能仅仅以法律自身的逻辑来对抗经济生活的挑战。

民法总是随着社会的变迁而不断发展。这种发展必然反映到基本原则的层面上。这不仅是指已有的基本原则要适应社会关系的变化而派生出新的制度或规则，而且是指作为民法的主导思想要随着文明的变迁自我调整。近代民法代表着以个人主义和自由主义为思想基础，以权利本位为基本立场，按照自治理念构建的以尊重所有权、合同自由和过错责任等原则为支柱的私法秩序。这种私法秩序适应了19世纪资本主义急剧上升发展的需要。但是，个人主义和自由主义的片面扩张，也带来了权利滥用、权利冲突和弱势群体保护不力等问题。[2]

而对于侵权法危机的问题，应该说"发展是硬道理"，在现实世界中，只有法律的完善而没有完善的法律。法律的完善是一个不断克服法律体系和法律结构中的矛盾的过程。这些矛盾首先表现为现行法律与社会需求之间的矛盾，例如，立法滞后或法律僵化造成一些人的正当利益得不到保护。其次，也包括法律体系内部的矛盾，例如，不同法律之间、同一法律中的不同制度之间以及一个制度所包含的不同价值或不同目标之间的矛盾。正如德国法学泰斗拉德布鲁赫（Radbruch）指出的，在法律秩序中，处处可见每一法律的几

---

〔1〕 参见梁慧星：《民法总论》，法律出版社2001年版，第37页。
〔2〕 参见王卫国主编：《民法》，中国政法大学出版社2007年版，第16页。

个最高原则，即正义原则，合目的性原则和法的确定性原则之间的摩擦。[1]所以，法律科学的任务，不是构筑一个完美无缺的概念世界去代替充满矛盾的现实世界，而是真实地揭示现实世界的矛盾并寻求符合正义和理性的解决办法。[2]

20世纪出现了"民法社会化"运动，对19世纪民法过分强调个人主义和自由主义的偏向加以修正。各国民法在财产法、合同法、侵权法和亲属法等领域，都出现了遵循社会本位原则的改良。[3]正如梁慧星先生在"从近代民法到现代民法法学思潮——20世纪民法回顾"一文中，借用日本学者北川善太郎"关于最近之未来的法律模型"[4]一文的归纳——近代民法的模式是自由平等的人格（抽象）、私的所有（财产权保护的绝对化）、私法自治、自己责任，现代民法的模式[5]是具体的人格、私的所有的社会制约（财产所有权的限制）、受规制的竞争（对私法自治或契约自由的限制）、社会责任，来说明民法在社会经济生活变化的作用下发生的变迁。[6]也就是"民法社会化"运动。"民法社会化"运动。导致了基于公共利益对所有权行使的必要限制，基于交易公平对合同的弱势方的特别救济，以及基于社会公正对事故受害人给予援助的客观归责等一系列的法律变革。在这一变革中，公序良俗原则日益凸现。"公序良俗"是公共秩序、善良风俗的简称，其本质是社会利益。现代法律的一个基本观念，就是权利和自由的保护，以不违反社会的公序良俗为条件。法律以保护社会共同体的整体生存为根本宗旨，而公序良俗是社会共同体赖以维系的基本条件。因此，个人在行使其权利和自由时，负

---

〔1〕 参见 ［德］卡尔·恩吉施：《法律思维导论》，郑永流译，法律出版社2004年版，第206页。

〔2〕 参见王卫国主编：《民法》，中国政法大学出版社2007年版，第20~21页。

〔3〕 参见王卫国主编：《民法》，中国政法大学出版社2007年版，第11页。

〔4〕 参见 ［日］北川善太郎："关于最近之未来的法律模型"，李薇译，载梁慧星主编：《民商法论丛》（第6卷），第286~287页。

〔5〕 梁慧星先生认为，所谓现代民法是指近代民法在20世纪的延续和发展，可以说是现代社会的近代民法。现代民法，是在近代民法的结构基础之上，对近代民法的原理、原则进行修正、发展的结果。参见梁慧星："从近代民法到现代民法法学思潮——20世纪民法回顾"，载梁慧星主编：《从近代民法到现代民法》，中国法制出版社2000年版，第177页。

〔6〕 参见梁慧星："从近代民法到现代民法法学思潮——20世纪民法回顾"，载梁慧星主编：《从近代民法到现代民法》，中国法制出版社2000年版，第173~182页。

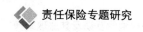

有遵守公序良俗的义务。[1]

应该说，责任保险的出现和发展，见证也反映了民法理念和模式的变化，正是"民法社会化"运动的产物，体现了现代民法的社会化属性：对具体人格的保护（强化对弱者、事故受害人的救济）、对契约自由的限制（如强制保险）、承担社会责任，反映了公序良俗、社会利益的要求。[2]在这个意义上，责任保险迎合了现代民法的理念和精神——追求实质正义、取向社会正义、承担社会责任、体现人文关怀，具有坚实的正当性基础。

在责任保险与侵权法互动的层面，我们看到了民法所具有的务实精神，民法的务实精神，表现在对现实社会的关注上，特别是对现实社会中的人的关注。从每一个人的生存状况，到人们相互之间的关系状况，都与民法制度的目的息息相关。人的权利、自由和社会和谐，总是在现实生活的具体时间和具体空间里存在或失落，而不会锁定在法律典籍的永恒画面上。民法对善的追求不应停留于对它的描述和赞美，而应将它付诸为权利而斗争的实践。所以，民法要面向社会，不断地为解决实际问题而努力提高制度效率，以实现社会正义和增进社会福利。[3]

【结论】

侵权法对责任保险制度之产生和发展也有着深刻的影响，以至于不认真审视侵权法就不可能正确把握责任保险制度的功能和价值以及发展趋势。

本书以责任保险与侵权法的互动为视角，考察了责任保险与侵权法相互影响的关系。责任保险与侵权法的发展，具有相互推动的作用。责任保险将损失承担社会化，突破了自己责任原则，促进了无过错责任的推行，给侵权法带来了两个方面的重大影响：一是侵权法调整范围的缩小，二是侵权法社会作用的削弱。侵权责任是责任保险产生和发展的基础，侵权法的发展对责任保险的发展具有影响作用，侵权责任的扩张在事实上造成了责任保险市场的危机。

---

〔1〕 参见王卫国主编：《民法》，中国政法大学出版社 2007 年版，第 16 页。
〔2〕 参见王卫国主编：《民法》，中国政法大学出版社 2007 年版，第 19 页。
〔3〕 参见王卫国主编：《民法》，中国政法大学出版社 2007 年版，第 21 页。

但责任保险并非造成"侵权行为法危机"的原因，责任保险促进了无过错责任的推行，也弥补了侵权法补偿功能的不足，但并未实质削弱其遏制和惩罚功能。侵权法危机的根源在于其自身效率低下，不能充分发挥补偿和遏制的功能，面临部分领地被其他制度占领的危险。所谓"侵权行为法的危机"，本质上是侵权法发展的契机，是侵权法顺应社会发展而主动做出的调整，这些调整有助于其自身独立地位的增强。而责任保险因为对侵权法具有天生的依赖性，不可能成为侵权法的替代品，相反，却能为民事责任制度的变革创造条件。

在法理的视角，责任保险的产生与发展，以及与民事责任制度的互动，见证和反映了民法理念和模式的变化，体现了现代民法的社会化属性，反映了公序良俗、社会利益的要求，应和了现代民法的价值理念和精神——追求实质正义、取向社会正义、承担社会责任、体现人文关怀，具有坚实的正当性基础。

侵权责任是责任保险的最早也是最主要的标的，是责任保险得以存在的支柱，没有侵权责任的发展，责任保险就是无源之水、无本之木。但是，为西方国家实践验证并为经济学家们论证的"责任保险危机"也提示我们，侵权责任的扩张应该有所限制，侵权法也应该"有所为有所不为"，这样，不仅责任保险与侵权法可以和谐共进，而且更重要的是民众可以享受到这些制度所带来的"最大化的利益"。

值得注意的是，责任保险标的范围已经呈现不断扩张之势。在其扩张与限制的角逐中，责任保险标的的构成要件不断被修改，大致而言，有以下之突破：

1. 侵权责任到契约责任到其他民事责任

一般来讲，损害赔偿之债，按其发生的原因来看，可以分为两种：一是因法律之规定而生者，二是基于法律行为而生者。[1]也即侵权之债及契约之债。侵权之债可为责任保险标的自不待言，问题在于契约之债是否可为责任保险标的？对此，学术界有两种观点：其一认为，责任保险仅限于侵权责任，如王卫耻先生认为，责任保险标的，只限侵权责任，契约责任当属保证保险

---

〔1〕 参见史尚宽：《债法总论》，中国政法大学出版社2000年版，第290页。

范畴。实证上，在责任保险最为发达的美国，绝大多数法院判例也将契约责任排除在责任保险承保范围。其二认为，责任保险标的主要为侵权责任，但契约责任经约定也可为责任保险标的。如袁宗蔚先生认为，责任保险标的，当以法律规定而负担的损害赔偿责任为限，但是契约责任在保险契约有特约时，亦可包括在保险标的范围之内。实证上，雇主责任保险、专家责任保险均为主要以契约责任作为承保风险的责任保险。[1]在英国法，违约责任、过错侵权责任以及法律规定的无过错责任，均可成为责任保险标的。在理论上，契约责任可分两种：一种是纯粹依当事人意思而产生之契约责任，另一种是法律上赋予契约效果而产生之契约责任，后种责任与当事人意志无关，不属于依约而生的责任而属于依法而生的责任，故可为责任保险标的。因契约责任不以主观过错为要件，判断其是否为意外责任颇有难度，似乎有违保险本意，故应对其范围加以界定，当以非故意责任为限。但无论如何，契约责任可为责任保险标的已成现实。另外，其他民事法律责任，如缔约过失责任，成为责任保险标的也无不妥。

2. 过错责任到无过错责任到故意责任

责任保险之初，保险人只能保障善意被保险人因预料之外之事故而遭受的损失，若其损失系出于被保险人之故意或重大过失者，无论其损失落于自身或是累及他人皆应由其独自承担，不得请求保险人补偿。依据保险原理，作为责任保险标的之责任，应为意外责任，与被保险人主观过错存在相当程度的关联。而现今之责任保险，以保护无辜第三人利益为重，已呈不区分主观过错均可承保之势，法律规定的无过错责任，即为不考虑主观过错的客观责任，而在机动车强制保险等领域，即便明显过错、重大过错也视而不见，传统保险"故意责任除外"原则已被突破。因对故意责任承保违反保险本质，故非因强调第三人利益场合，不得适用，且为抑制道德风险，当赋予保险人对加害人以追偿权。现实中，因为第三人利益保护及强制保险推行，在特殊领域，对责任保险标的范围的限制标准由主观发展到客观。

国内外学者几乎一致的看法是：构成责任保险标的的法律责任，必须是民事赔偿责任。而不包括刑事责任、行政责任和非财产性质的民事责任。刑

---

〔1〕 参见邹海林：《责任保险论》，法律出版社1999年版，第53页。

事责任、行政责任如果成为责任保险的标的，无异于鼓励人们犯罪和违法，与保险目的相悖。所以，因受刑事、行政处罚而发生的金钱损失，如罚金、罚款或者没收财产等，不应为责任保险制度所分散。另外，不具有财产性质的责任，如赔礼道歉、监禁等，并非因为道德原因，而由其自身性质就决定了其无法通过保险进行社会化分担。正如我国台湾地区学者桂裕先生所言：民事关系之责任，有由于契约而生者，有由于侵权行为而生者，有由于物之占有而生者，更有由于法律之规定而生而不问过失之有无者。但无论原因为何，其得为责任保险标的之责任，必为赔偿或给付金钱之责任。

在以往，保险人只承保善意被保险人因预料之外的事故而遭受的损失，若其损失系出于被保险人之故意或重大过失者，无论其损失落于自身或是累及他人皆应由其独自承担，不得请求保险人补偿。这条定律在防范道德风险和控制保险公司经营风险方面曾经功不可没，但在今日社会，为了公共利益和救济弱者的需要，已被突破。很多国家在强制责任保险中将故意侵权责任纳入保险标的范围，将保护受害人的立法价值理念推向极致。

笔者认为，责任保险的发展，内在动因在于法律制度特别是民事责任制度的完善，外在表现在于保险标的的扩张。责任保险标的范围从侵权领域的过错责任到无过错责任，再从侵权责任到契约责任，从主观标准到客观标准，乃至在某些领域基于第三人利益已经包容了故意责任，突出表现了责任保险保护第三人权益的功能。

基于促进责任保险发展的立场，笔者预见，在强调第三人保护的场合，财产性行政责任也将有可能成为责任保险的领地。法国行政法学中"制度理论"的奠基人莫里斯·奥里乌（Maurice Hauriou）认为，行政职能的目标在于实施一些管理行为和行政操作，即通过一些法律的、技术的行为和程序，满足公众的需要，实现对公共事业的管理。一个国家公众的需要可归结为两个概念："治安"和"公益"，国家不仅要维护公共秩序，还要为公众谋利益。由于行政职能的最终目的是满足公众的需要，因此，行政职能行使的出发点不是获利，而是公益。但公益的获得需要治安的保障。[1]行政罚款也有

---

〔1〕 参见［法］莫里斯·奥里乌：《行政法与公法精要》（上册），龚觅等译，郑戈校，辽海出版社、春风文艺出版社 1999 年版，第 5 页。

公益的性质，如汽车违章罚款用于救济受害人，环境污染的罚款用于治理环境，因此行政罚款也需要保障，其与第三人利益保障的区别仅仅在于是整体救济还是个体救济，并无本质的不同。虽然行政责任的惩罚功能大于民事责任，但因财产罚惩罚功能的可替代性，[1]就决定了行政财产罚风险的可分担性，相应地，行政罚款责任保险也就具有了合理性。其实，民事责任、行政责任以及刑事责任之间的界限本来就很主观，并非绝对分明，时常随着社会观念的转变而转变。在实践上，行政责任一般以推定过错为归责原则，并不大考虑主观因素，因此对于善意的行政违法行为所作的财产处罚，通过责任保险转嫁给社会分担，并不存在不正当的问题。这也是扩张责任保险适用范围，增大责任保险发展空间的一个思路。

综上，笔者主张，对于责任保险标的范围限制的标准，可依据其制度功能之定位而分别考量。具体而言，责任保险的基本功能是被保险人责任风险的分散，其价值在于可促进被保险人积极参与有益社会发展的活动；责任保险的附加重要功能在于保障受害第三人得到有效救济。而不同的责任保险险种，承载的功能侧重不同。侧重被保险人责任风险分散的责任保险，其保险标的应采用主观责任标准，以过错责任为保险标的的范围；侧重受害第三人或公共利益保护的责任保险，其保险标的应采用客观责任标准，可以各种责任为保险标的的范围。进而，对于责任保险的概念界定，也应宽泛以适应其标的扩张之需要。如此，责任保险，是指以被保险人对第三人（包括政府）应负的财产性法律责任为标的的保险。当然，这并不意味着所有这些责任在实务中都能成为责任保险标的，尚需个别考量。事实上，即便在最主要的侵权法领域，也并非所有侵权责任都能现实地成为责任保险标的。

---

〔1〕 行政处罚还包括人身罚、能力罚等方式。

强制责任保险的法理基础

　　传统的责任保险都是自愿性或者互助性的商业保险，并不强制投保，投保人有选择是否投保责任保险的自由，保险人也有选择是否承保的自由，而且投保人和保险人可以对保险合同进行任意的约定。但是，由于现代生活广泛地使用具有重大隐藏性风险的科学技术以及构造精密复杂的机器，导致大量的严重损失事故的发生，对人身、财产、环境等产生重大影响。为解决这些涉及公共利益领域的巨大损失，从 20 世纪以来，一些国家和地区纷纷实行强制保险，在机动车、部分高危行业、环境等领域限制投保人和保险人的契约自由，强制责任保险得到了广泛的推行。[1]可见，强制责任保险不同于自愿（任意）责任保险，其最大的特点在于法律的强制性，其法理基础较之自愿责任保险又有其特殊性，那么其与契约自由原则的关系如何理解？其强制性的正当性基础是什么呢？

一、强制责任保险的"异质性"

（一）强制责任保险的产生

　　一般认为，强制责任保险源于近代工业革命的危险责任思想，与侵权法的发展密切相关。[2]以机动车强制保险为例，伴随着机动车的出现，机动车责任保险随之产生。第一张机动车辆保险单产生于 1895 年的英国，而且是一份汽车第三者责任保险保单。据学者考察，早在 1912 年挪威就施行了机动车损害赔偿责任保险的强制化，紧接着，丹麦（1917 年）、新西兰和瑞典（1929 年）、英国（1930 年）、瑞士（1932 年）和德国（1939 年）也实现了

---

〔1〕　参见郭锋等：《强制保险立法研究》，人民法院出版社 2009 年版，导论。

〔2〕　参见邱聪智：《从侵权行为归责原理之变动论危险责任之构成》，中国人民大学出版社 2006 年版，第 258 页。

该保险的强制化。[1]1927 年，美国马萨诸塞州采用强制汽车责任保险制度。
1930 年英国《道路交通法》规定了汽车的强制第三者责任险。德国更是颁布
了单独的《汽车保有人强制责任保险法》。在亚洲，日本于 1955 年颁布《自
动车损害赔偿保障法》，规定了机动车强制责任保险制度。[2]新加坡于 1958
年颁布并实施了《公路交通条例机动车辆法》，规定机动车辆第三者责任险为
强制保险。韩国于 1999 年颁布并正式实施《机动车辆损失赔偿保障法》，规
定机动车辆第三者责任险为强制保险。就目前而言，世界上大多数国家和地
区实行机动车强制保险制度。此外，欧洲在机动车强制保险方面的协调也取
得了一定的成果。1959 年 4 月 20 日《关于有关机动车民事责任之强制保险的
欧洲公约》虽然只得到了奥地利、丹麦、德国、希腊、挪威和瑞典的批准，
但它是第一个规定强制的第三人责任保险和道路交通事故受害人得直接起诉
的国际公约。[3]但是迄今为止，学界对强制保险性质的认识仍然模糊，对强
制保险的立法定位也存有争议。[4]

　　所谓强制保险，有广义和狭义之分，广义的强制保险，又称法定保险，
可以分为商业强制保险和社会强制保险，是指依据法律、行政法规规定，特
定的义务主体必须投保某种险种，特定的义务主体必须开办相应的险种业务
的一种法律制度。[5]而狭义的强制保险仅指适用于保险法的强制责任保险，
是指国家有关法律法规要求某些特殊的群体或行业对其所可能承担的某种特
殊责任不管其愿意与否都必须参加投保的责任保险险种。[6]狭义的强制保险
还可以分为强制责任保险（liability insurance）与强制无过失保险（no-fault
insurance）两种模式，前者如德国等欧盟国家、日本等立法例采之，后者主
要为美国马萨诸塞州等二十几州所采纳。[7]两种模式有所不同，无过失保险

---

〔1〕　参见游春、朱金海："强制保险的未来发展趋势及启示"，载《金融会计》2009 年第 1 期。

〔2〕　参见马永伟主编：《各国保险法规制度对比研究》，中国金融出版社 2001 年版，第 236 页。

〔3〕　参见［德］克雷斯蒂安·冯·巴尔：《欧洲比较侵权行为法》（上），张新宝译，法律出版
社 2001 年版，第 461~462 页。

〔4〕　例如，在我国围绕着"交强险"的性质等问题，学者们产生了激烈的争论。参见张新宝、
陈飞：《机动车第三者责任强制保险制度研究报告》，法律出版社 2005 年版，第 28~36 页。

〔5〕　参见杨华柏："完善我国强制保险制度的思考"，载《保险研究》2006 年第 10 期。

〔6〕　参见郭锋等：《强制保险立法研究》，人民法院出版社 2009 年版，第 6 页。

〔7〕　参见江朝国：《强制汽车责任保险法》，中国政法大学出版社 2006 年版，第 16 页。

的保障内容更为广泛。[1]强制保险一般是国家或政府实现社会政策或经济政策的工具，这一点是与社会保险相同，社会保险也是国家或政府通过立法形式强制实施的一种保险形式。但因为社会保险不在本书探讨之列，因此本书中的强制保险均指商业强制责任保险。尽管绝大多数强制保险都是政策性的业务，但仍然由商业性保险机构以营利为目的开办，因此是商业性的险种；而社会保险是福利性的保障制度，是不以营利为目的的社会福利事业，由专门的社会保险机构承办。另外，由于一般意义上，强制保险的投保人是为第三方投保的，即在保险事故发生后，保险人、被保险人之外的、由于被保险人的过错或无过错侵权而受到经济损害的第三方可以从保险公司直接得到赔付，因此原则上强制保险均为责任保险。

通常情况下，保险合同的订立应当遵循自愿原则，而强制保险某种意义上表现为国家对个人意愿的干预，其范围是受严格限制的，一般须通过国家特别立法形式实施。[2]目前，各国普遍推行强制责任保险的领域主要是机动车强制责任保险、雇主强制责任保险等，而在国际上，强制责任保险最早是在《1969年国际油污损害民事责任公约》[3]（以下简称《油污民事责任公约》）中首先被确立的。目前海上强制责任保险主要包括油污强制责任险和旅客强制责任险两种类型，其中海上油污强制责任险作为解决海上污染事故损害赔偿的必备手段，已成为众多海事国际公约和各国国内立法的普遍规定。在我国现阶段，强制保险的险种主要有机动车交通事故责任强制保险、民用航空器地面第三人责任强制保险等，强制保险的适用范围主要限制在涉及社会公众利益的领域。

（二）强制责任保险的特征

强制责任保险与自愿保险相比具有许多特点，通常被学者们称为强制责任保险的"异质性"，[4]认为：从本质上说，保险是缔约当事人基于自愿而

---

〔1〕 参见刘锐："强制责任保险与无过失保险可否兼容？——台湾的经验与大陆的教训"，载《中央财经大学学报》2006年第7期。

〔2〕 如我国《保险法》第11条规定，订立保险合同，应当协商一致，遵循公平原则确定各方的权利和义务。除法律、行政法规规定必须保险的外，保险合同自愿订立。

〔3〕 该公约1992年曾修改。

〔4〕 参见郭锋等：《强制保险立法研究》，人民法院出版社2009年版，第5页。

达成保险契约的法律行为。但由于人类越来越多地从事高危活动以及出于对未来社会生存无法进行安全预期的担忧，强制责任保险逐渐从传统的责任保险中分离出来，演变成为一种在政府主导下由特定义务主体必须购买的保险品种，这种新的责任保险形式在一定程度上背离了自愿和契约自由的法律原则，而呈现出不同于传统责任保险的"异质性"特点。[1]

1. 强制责任保险与自愿责任保险的区别

强制责任保险相对于商业自愿保险的"异质性"主要表现在以下几方面：

（1）缔约具有法律强制性。强制性责任保险是一种法定保险，不同于自愿保险。一般保险合同的订立应当遵循自愿原则，但是强制保险合同的订立则完全背离自愿原则，对合同双方当事人均具有强制性。强制性体现在两个方面：一是强制投保，特定义务人基于法律规定负有投保的义务；二是强制承保，即保险人也不得拒绝投保人投保。这就完全颠覆了契约自由原则，与意思自治原则相违背。因此，在实施上须有法律的明确规定为基础，始得正当之依据。

（2）目的具有第三人性。一般保险合同的功能在于集合危险而分散损失，而强制责任保险除此之外更加着眼于第三人之利益，是专为受害第三人设置的保障制度，而对于为被保险人提供保障的保险即第一人保险通常适用自愿原则，由被保险人自己的理性判断来"意思自治"，不适用强制规则。因此，责任保险强制性的根本目的在于使受害第三人能够获得公正、迅捷的赔偿，其除具有一般保险所具有的风险管理功能之外，还具有社会保障功能。这是二者的根本区别。也因此目的，各国强制责任保险制度往往也进一步赋予受害第三人对保险人的直接请求权，或者是"优先（被保险人）请求权"。[2]此外，基于保护第三人的目的，强制责任保险的责任范围与自愿责任保险往往也有不同。为防范道德风险，自愿责任保险通常包含诸多除外条款，以机动车责任保险为例，对于酒后开车、无证驾驶、故意撞人等违法犯罪行为不

---

〔1〕 参见郭锋、胡晓珂："强制责任保险研究"，载《法学杂志》2009年第5期。

〔2〕 据2009年10月17日在北京召开的"中日新保险法研讨会"（清华大学法学院、中国人民大学法学院、中国政法大学比较法研究所主办）会议资料：2008年6月6日日本新《保险法》脱离《日本商法典》颁布，其第22条第1款规定，针对责任保险合同的被保险人，享有该责任保险合同项下保险事故相关损害请求权的人，就请求保险金给付的权利享有优先权。（法律条文由马强、尹江燕翻译）由此看来，日本《保险法》规定了责任保险第三人对保险金的优先权。

予承保。而强制性责任保险基于第三人利益考虑，一般排除保险公司通常的"除外责任"，即使被保险人酒后开车、故意撞人，保险公司也有赔付或者先行垫付的义务。

（3）运作具有非营利性。自愿责任保险的保险金额和保险费，原则上由当事人协商确定。[1]尽管商业保险的一般规则对于强制保险仍然适用，但出于公共政策的目的，强制责任保险的运作往往处于政府的指导之下，其保险金额和保险费一般由保险监管机构作出指导性规定，以不营利为原则。由于推行强制保险的主要目的是借助保险机制保护受害第三人的利益，因此各国通常是按照不盈不亏或者保本微利的原则来确定强制保险的保险费率。否则就有侵犯投保人财产权（强制投保意味着强制投保人支付保险费）之嫌疑，同时，由于强制保险是国家以法律规定的形式强制要求投保人购买某种保险合同，并由保险监管机构批准某些保险公司从事该种业务，如果允许保险公司以营利为目的经营该种保险产品，相对于那些未被批准从事强制保险业务的保险公司而言相当于变相的不正当竞争。因此，从这个角度考虑，强制保险之运作应当非以营利为目的，具有非营利性。有人甚至认为其具有社会保险的性质。

2. 强制责任保险与政策保险的区别

强制责任保险也不同于政策保险。所谓政策保险，是指为实现特定的政策目标并在政府的干预下开展的一种保险业务。它是在一定时期、一定范围内，国家为促进有关产业的发展，运用政策支持或财政补贴等手段对该领域的危险保险给予保护或扶持的一类特殊形态的保险业务。政策保险经营的内容是一种非人身保险业务，在政策保险的具体经营实践中，它通常与商业性的财产和责任保险构成不同层次的交叉关系。[2]从公权力干预的角度来看，

---

〔1〕 保险合同通常为附合合同，采用保险公司拟定的格式条款和保险费率，但投保人在是否投保的选择上可以意思自治，可以认为是对保险公司拟定的保险费率的认可。另外，有些特殊保险合同，当事人可采用议商合同订立，对于保险费率可充分协商。

〔2〕 参见张洪涛、郑功成主编：《保险学》，中国人民大学出版社2000年版，第448~453页。政策保险之所以不能直接归入商业保险或社会保险，当然是它自身特有的性决定的。其特征为：（1）政策保险介于商业保险与社会保险之间，其性质突出地体现在它的政策性上。（2）政策保险的目的不是营利，而是为特定的产业政策服务。（3）政策保险的业务经营有特色：经营主体一般是国家确定的特定保险机构；在实施方式上有特色，在多数情况下，政策保险并不强制投保人的投保行为，但对承保方却加以强制；保险金额和保险费率也有特色。政策保险一般包括农业保险、出口信用保险、海外投资保险等。

政策保险中保险关系的形成必须接受国家相关法律或政策的规范，但由于政策保险自身的性质，它与强制责任保险有着本质的区别。

（1）目的不同。政策保险的基本出发点在于为实施特定的产业政策服务，政策保险追求的是为产业发展政策配套服务的宏观效益，因此，政策保险业务通常与该国的产业发展政策密切相关，政策保险的内容通常包括农业保险、出口信用保险、海外投资保险等。而强制责任保险的基本出发点在于保护受害人的利益以促进社会效益，从世界范围内考察，强制责任保险更多地出现在机动车、高危行业、职业责任等特殊的责任保险领域。

（2）产生基础不同。政策保险产生的基础是国家的产业政策，政策保险通常不受商业保险法的具体规范和制约，何种保险业务作为政策性保险，或在什么时候将其列为政策保险，并享受国家直接的政策支持，由国家在商业保险和社会保险制度之外另行安排。而强制责任保险的产生基础是法律，是政府对公共政策的一种立法考量。

（3）实施方式不同。政策性保险通常表现为对承保方强制而让投保方自愿的经营方式。在多数情况下，政策保险并不强制投保人的投保行为，但对承保方却加以强制，即经营主体必须接受政府的管制，不能拒绝保险客户的政策保险投保要求，从而是一方强制加一方自愿的经营方式。而强制责任保险通常表现为法律对投保方和承保方的共同约束，即在实施强制责任保险的该领域内，一方必须依据相关法律进行投保，而另一方也不得拒绝承保。[1]

3. 强制责任保险与社会保险的区别

社会保险属于广义的强制保险范畴，是由国家通过立法采取强制手段，形成专门的社会保障基金，对劳动者因为年老、疾病、生育、伤残、死亡等原因丧失劳动能力或因失业而中止劳动，本人和家庭失去收入来源时，由国家和社会提供必要的生活和物质帮助。社会保险与强制责任保险均表现出强制性的特点，但二者有着本质的区别。

（1）目的不同。社会保险是国家社会保障制度的一种，是一种实施社会政策的保险，它以解决社会问题、确保社会安定为目的。而强制责任保险的设立是为了最大限度地保护受害人的利益，使受害人的损失得到及时、有效

---

〔1〕 参见郭锋、胡晓珂："强制责任保险研究"，载《法学杂志》2009 年第 5 期。

的赔偿。

（2）产生基础不同。社会保险中的保险人与被保险人之间的保险关系主要以有关的社会保险法律法规和社保政策为依据，社会保险只需在法律、法规规定下进行，不必与投保人——签订合同。受社会保障的性质所决定，社会保险的保障范围一般由国家事先规定，风险保障范围比较窄，保障的水平也比较低。而强制责任保险中保险人与投保人之间保险关系的建立，则是国家通过强制性立法在商业保险法规允许的范围内完全依据保险合同签订，通过保险合同确定双方的权利义务关系。

（3）实施方式不同。社会保险以国家财政支持为后盾，社会保险的资金来源主要有政府财政拨款、企业缴纳保险费、劳动者个人缴纳保险费三个渠道，是集国家、企业、个人等社会各方面力量来保障社会成员的基本生活要求。从功能上看，强制责任保险虽然在一定程度上发挥了社会保障机制的作用，但强制责任保险从本质上仍是一种商业保险经营行为，其资金只能来源于保险客户所缴的保费，保险业经营者仍需独立核算、自主经营、自负盈亏，国家对商业保险的经营并不承担任何责任。[1]

强制责任保险与自愿责任保险、政策保险、社会保险的区别可通过下表反映出来：[2]

类　别	产生基础	功　能	内　容	实施方式
强制责任保险	强制性规范下的保险合同	特定领域内为第三人利益而设置的责任保险	以特定领域内被保险人可能承担的责任为保险标的	通过强制性规范以保险合同的形式确立双方权利义务
自愿责任保险	商业保险合同	集合危险，分散损失	以被保险人可能承担的责任为保险标的	当事人的意思表示

〔1〕 参见郭锋、胡晓珂："强制责任保险研究"，载《法学杂志》2009年第5期。
〔2〕 参见郭锋等：《强制保险立法研究》，人民法院出版社2009年版，第11页。

续表

类 别	产生基础	功 能	内 容	实施方式
政策保险	国家产业政策	为实施特定的产业政策服务	农业保险、出口信用保险、海外投资保险等	对承保方强制而投保方自愿的经营方式
社会保险	法律法规	社会保障	以劳动者的年老、疾病、伤残、死亡、生育等特殊事件为保障制度内容	只需在法律、法规规定下进行，不必与投保人一一签订合同

综上所述，无论是商业保险、社会保险还是政策保险，都会出现强制保险的情况。与传统责任保险、社会保险以及政策保险比较，强制责任保险一般发生在商业保险领域，它是基于公共利益政策的考量，借鉴了"社会保险"的强制特点，要求特定的义务群体负有投保义务而保险人必须接受其投保的一类特殊责任保险。从本质上看，强制责任保险是建立在传统的民事责任基础上，通过国家公权力对保险政策的干预，把社会进步中难以解决的问题纳入责任保险的运作体系中，这种基于公共利益的政策考量使得强制责任保险呈现出与其他类型保险不同的"异质性"特点：一方面，强制责任保险在一定程度上突破了传统的保险契约自由原则，而具有传统责任保险所不具备的法定强制性等特点；另一方面，强制责任保险在法律容许的范围内对合同当事人意愿的尊重，又使得它在本质上区别于社会保险、政策保险这些带有明显强制色彩的保险品种。[1]

（三）强制责任保险面临的质疑

从上述强制责任保险的"异质性"来看，确实存在一些可疑之处，强制责任保险的推行限制了当事人的缔约自由，关于这一点，本书将在后面专门讨论。除此之外，学者们的质疑主要是，由于强制保险制度的推行要求投保人必须支付一定保险费来购买保险，似乎也有侵犯投保人财产权之嫌。其次，作为商人的保险公司是否真的会致力于公益，不以营利为目的？

1. 强制责任保险是否侵犯私人财产权

强制保险意味着强制投保人缴纳保费，这涉及限制投保人财产权的问题。

---

〔1〕 参见郭锋、胡晓珂："强制责任保险研究"，载《法学杂志》2009 年第 5 期。

私有财产的保护问题一直为各国立法所关注，并经宪法的规定得以强化。[1]
学者们对私有财产的保护问题也倾注了极大的热情，与之相关的论述汗牛充
栋。如大凡反对私有财产权制度的人，根本就不懂得自由的首要要素为何。[2]
任何人都不可能在恣意攻击分别财产权的同时，又宣称自己珍视文明，分别
财产权与文明这二者的历史绝不能被肢解。[3]然而，正如哈耶克所言：在现
代社会，保护个人免受强制之害的基本要件，并不是他拥有财产权，而是使
他能够实施任何行动计划的物质财富决不应当处于某个其他人或机构的排他
性控制之下。[4]由此可见，世界各国的学者对财产的重要性给予很高的评价，
财产在人们的生活中起到了极其重要的作用。因此，只有在个人财产得到充
分保护的前提之下，自由、民主、人权、社会秩序等基本价值的连续性才能
得到充分的保障。[5]

但是强制保险的推行，恰恰触及了私有财产保护的禁区。按照相关强制
保险法规的规定，投保人必须出资购买某种保险，这样一来，原本投保人可
以自行决定是否购买保险的权利被剥夺了，取而代之的是按照相关法律的规
定，投保人应当承担购买某种保险的义务。事实上，为了购买强制保险，投
保人必须按期支付一定的保险费，这就意味着，投保人的财产自由支配权受
到了一定的限制，因此其财产权也受到了侵犯。[6]

---

〔1〕 例如，美国《宪法》第5条修正案规定，未经正当法律程序不得剥夺任何人的生命、自由
或财产。1979年秘鲁《共和国宪法》第125条规定，财产权不可侵犯。《中华人民共和国宪法》（以
下简称《宪法》）第13条也规定，公民的合法的私有财产不受侵犯。国家依照法律规定保护公民的
私有财产权和继承权。国家为了公共利益的需要，可以依照法律规定对公民的私有财产实行征收或者
征用并给予补偿。

〔2〕 See Acton, *Hist. of Freedom*, 297. 转引自 ［英］弗里德利希·冯·哈耶克：《自由秩序原理》
（上册），邓正来译，生活·读书·新知三联书店1997年版，第173页。

〔3〕 See Sir Henry Maine, *Village Communities*, New York, 1890, p. 230. 转引自 ［英］弗里德利希·
冯·哈耶克：《自由秩序原理》（上册），邓正来译，生活·读书·新知三联书店1997年版，第173
页。

〔4〕 ［英］弗里德利希·冯·哈耶克：《自由秩序原理》（上册），邓正来译，生活·读书·新知
三联书店1997年版，第173页。

〔5〕 参见 ［英］彼得·斯坦、约翰·香德：《西方社会的法律价值》，王献平译，中国法制出版
社2004年版，第292~293页。

〔6〕 参见孙宏涛："论强制保险的正当性"，载《华中科技大学学报》（社会科学版）2009年第
4期。

2. 保险公司是否图利

强制保险的推行，要求投保人必须向保险公司购买某种保险，原本应由投保人根据自己的实际情况自行决定是否购买保险，现在却变成了投保人必须履行的强制性义务。最关键的是，该义务的履行结果必然会使得保险公司的业务增多和保费增加，因此，强制保险的推行是否存在着保险经营者图利之嫌引起了人们的广泛关注。[1]在理论上，由于推行强制保险的主要目的是保护受害第三人的利益，因此，当以不营利为要务。但是，由于风险的不确定性，给保险如何定价方能保证"不盈不亏"？确实是一个难解的题。由于信息的不对称，公众的质疑自有道理。

其实，这两个质疑是一个问题的两个方面，归结起来，就是政府在推行强制责任保险中对于私人财产的干预有无正当性？如果强制责任保险是免费的，公众自然不会关注保险公司是否图利的问题，但"天下没有免费的午餐"。因此，在法理上给责任保险的强制性一个正当性说明非常必要。

二、强制责任保险立法的实证分析

（一）各国强制保险立法考察

随着世界各国强制责任保险在众多领域的普遍推行，强制性俨然已经是责任保险发展的一个趋势。例如：

1. 美国

美国属于普通法系国家，由法官判决所形成的普通法规则是其法律的主要渊源，立法机构所制定的成文法是对普通法的补充和修正。尽管如此，在美国的保险法结构中，随着责任保险领域内强制保险的出现，美国联邦政府和州政府都试图通过成文法规则来巩固和完善强制保险的立法效力，就强制保险而言，联邦政府以及州政府更多地通过成文法对强制保险进行立法规范。如在机动车第三者责任强制保险领域，首创于 1926 年康涅狄格州迄今施行于美国大部分州的《经济赔偿责任法》（Financial Responsibility Laws），[2]以及马萨诸塞州 1927 年（1972 年通过立法实施无过失汽车保险制度）采用后又有

---

〔1〕 参见孙宏涛："论强制保险的正当性"，载《华中科技大学学报》（社会科学版）2009 年第 4 期。

〔2〕 参见齐瑞宗、肖志立编著：《美国保险法律与实务》，法律出版社 2005 年版，第 220 页。

26 个州效仿的《汽车强制保险法》（Compulsory Automobile Liability Insurance Laws）[1]。在雇主责任保险领域，1908 年联邦政府颁布《联邦雇员赔偿法案》，到 1948 年各州都颁布了员工赔偿法。[2]在环境责任保险领域，1976 年美国联邦政府颁布《资源保全与恢复法》以期借助国家公权力解决日益复杂的环境责任保险问题，这是美国针对有毒物质和废弃物处理所可能产生的污染责任实行强制要求的一例。1990 年美国联邦政府又颁布了《油污法》。总体来看，其强制责任保险大体表现为三类：第一类是汽车强制责任保单，这是法定强制性最明显的一个领域；第二类是员工赔偿以及雇主责任保单，此类保单在运作方式上是社会保障以及商业保险结合的一个典型范例；第三类是与特殊危险相关的责任保险，在此领域内，往往是通过州法律或联邦法律对此类特殊的损害责任要求投保人承担投保义务，有时相关的行业组织也对此作出一定的规定。[3]

2. 英国

传统的英国保险监管体制是以高度自律为基础，自律管理的理念已经深入保险行业，其保险监管方式较为温和与宽松，政府对保险政策原则上一般不进行干预。尽管如此，随着责任保险的发展，即便在英国这样一个传统的判例法国家，也开始试图通过成文法对强制保险制度进行规范。在英国，强制责任保险主要有以下方面：（1）机动车强制责任保险，1930 年颁布了《道路交通法》（The Road Traffic Act 1930），同时颁布《第三人直接求偿法》（The Third Party Act 1930），1987 年制定了《机动车强制保险规则》（The Motor Vehicles Compulsory Insurance Regulations），规定在联合王国内行驶的机动车必须购买第三者责任强制保险。（2）在雇主责任保险领域则有《1971 年雇主责任（强制保险）条例》等。总体来看，英国的强制保险制度主要集中在机动车责任保险和雇主责任保险这两大领域。在整个侵权制度体系中，这两大领域是至关重要的，在因人身伤害而提出的索赔中它们占 90%，侵权责任产生率较为确切地反映了强制保险领域的情况，也反映出强制保险为人身

---

[1] 参见［美］约翰·F. 道宾：《美国保险法》，梁鹏译，法律出版社 2008 年版，第 35~36 页。参见齐瑞宗、肖志立编著：《美国保险法律与实务》，法律出版社 2005 年版，第 220 页。

[2] 参见齐瑞宗、肖志立编著：《美国保险法律与实务》，法律出版社 2005 年版，第 351 页。

[3] 参见郭锋等：《强制保险立法研究》，人民法院出版社 2009 年版，第 35 页。

伤害提供类似社会保障功能的特点。[1]

3. 德国

德国立法中涉及的强制责任保险种类繁多，[2]散见于德国《民法典》《货物运输法》《联邦公证法》《联邦律师法》《审计师法》《油污损害赔偿法》等法律规范当中。依据德国有关法律规定，大约有一百多种活动要进行强制保险。[3]依据作为保险标的的损害赔偿责任性质的差异，可以将德国法下的强制责任保险分为两类：一类是强制保险的保险标的为适用严格责任归责原则（strict liability）产生的损害赔偿责任，另一类强制保险的保险标的为专家责任（professional liability）。如德国 1909 年颁布《道路交通法》、1965年颁布《汽车持有人强制责任保险法》等均适用严格责任；而《联邦律师法》《联邦公证法》《联邦审计师法》《联邦税务顾问法》等均规定律师、公证人、会计师、独立的税务顾问和税务代理人等专家应当投保职业责任险。[4]

4. 意大利

意大利关于强制责任保险的规定可以分为两个层级：一个层级是全国性的立法，另一个层级是地方性的立法。全国性的强制责任保险的种类大致可分为两类：一类是危险的活动，另一类是专业人士的执业活动。强制投保责

---

〔1〕 参见郭锋等：《强制保险立法研究》，人民法院出版社 2009 年版，第 42 页。

〔2〕 例如，在德国，依照相关法律的规定，有 120 多种活动要进行强制保险，大体可分为五类：第一类，职业责任强制保险。例如，《税务顾问法》第 67 条规定了税务顾问和税务代理人的强制职业责任保险，《审计师法》第 54 条规定了审计师强制职业第三者责任保险，《联邦律师法》第 51 条规定了律师强制第三者责任保险，《联邦公证法》第 19A 条规定了公证人强制第三者责任保险。第二类，产品责任强制保险。例如，《医用产品法》第 20 条规定了医用产品强制责任保险。第三类，事业责任强制保险。例如，《德国民法典》中规定了强制旅游责任保险，《货物运输法》第 7A 条规定了承运人强制责任保险。此外，相关法律还规定了航空器第三者责任强制保险、油污染损害强制责任保险、核能源利用强制责任保险等。第四类，雇主责任强制保险。例如，《保安服务业管理规定》第 6 条规定了保安雇员强制责任保险。第五类，特殊行为强制保险。例如，《联邦狩猎法》第 17 条规定了狩猎强制责任保险，机动车事故责任强制保险等。在比利时，强制保险的适用范围也非常的广泛，法律对狩猎者、机动车、公立学校（火灾和民事责任）、公共场所（在公共建筑物发生火灾和爆炸时的民事责任）、有毒水体、核设施、航空器和油污染规定了强制保险。See B. A. Koch & H. Koziol eds., *Unification of Tort Law*: *Strict Liability*, Kluwer Law International, 2002, p. 71. 转引自刘锐："《道路交通安全法》第76 条重构"，中国政法大学 2005 年博士学位论文。

〔3〕 参见杨华柏："完善我国强制保险制度的思考"，载《保险研究》2006 年第 10 期。

〔4〕 参见郭锋等：《强制保险立法研究》，人民法院出版社 2009 年版，第 97~103 页。

任保险的危险活动的种类有：核设施的运营；狩猎活动；用于休闲或者运动飞行的两座飞行设备的使用；车辆的比赛、运动竞技或者相关的实验；飞机的运营；注册排水量超过 25 吨、发动机的马力超过一定标准的船只和飞行器的使用；容量超过 16 升的液态气体罐的分销商；"装备滑雪地区"的运营商以及全国碳氢化合物管理处要为与沼气罐相关的风险购买责任保险。强制投保责任保险的专业人士的种类有：从事的职务易于面临侵权责任风险的中层管理人员；毕业后具有学士学位、在老师的指导下从事医院实习和学徒工作的三年制牙科学生；非营利组织要为其成员购买责任保险；保险经纪人；在公路上为他人进行货物运输的；提供一揽子旅游服务、短期旅游服务以及度假服务的行业等。在这些领域中，除了对于受害人的保护，也同时考虑对于被保险人的保护。地方性的立法中也有不少强制责任保险的规定，以解决当地的具体问题，想要从事以下职业的人都需要购买责任保险：滑雪教练、滑雪学校和阿尔卑斯山导游；运送人或物的空中索道的运营商；露营地的运营商等。[1]

5. 日本

在日本，责任保险作为独立的险种首次出现在 1953 年。随着现行许多法律对无过失责任以及类似责任的界定，传统意义上的过失责任主义的法律体系已经发生了变化，在赔偿责任种类日趋多样化和复杂化的背景下，强制保险在责任保险领域开始出现，[2]其突出地表现在机动车责任保险和雇主责任保险领域。日本是保险大国，也是亚洲最早开办汽车保险、最早实行汽车强制保险制度的国家。日本于 1955 年 7 月通过《自动车损害赔偿责任保障法》（2005 年 6 月修正）。日本没有专门的雇主责任法，雇主责任法的法律依据主要是劳工法。第二次世界大战后，日本先后制定颁布了《劳动者事故补偿保险法》和《劳动者事故保险法实施规则》等法律法规，按照日本工伤保险法律的规定，日本实行强制性的工伤保险制度，由政府机构进行

---

〔1〕 参见杨华柏："意大利的强制责任保险制度"，载《中国保险报》2007 年 10 月 22 日，第 5 版。

〔2〕 参见三井住友海上火灾保险公司上海分公司："责任保险调研报告"，载吴定富主编：《中国责任保险发展论坛》，中国建筑工业出版社 2005 年版，第 215~236 页。

管理。[1]

6. 中国

在我国改革开放以来，保险业寻求强制保护的努力不仅没有停止过，而且似有愈演愈烈之势。全国人大常委会颁布的法律、国务院颁布的行政法规，乃至地方性法规、部门规章等规定了种类繁多的强制责任保险。如承运人责任险、旅行社责任保险、监理责任保险、律师职业责任保险、会计师事务所执业责任保险、破产管理人责任保险、雇主责任保险、公众责任保险、学校责任保险、发射空间物体的第三方责任保险等。

（二）强制责任保险立法的特点和趋势

1. 强制责任保险立法的特点

两大法系的立法表明，强制责任保险主要集中在三个方面：第一，机动车强制责任保险和雇主责任保险是强制保险制度最为集中的领域。其中，机动车强制责任保险规则最为完善。而在雇主责任保险方面，不同的国家或地区在制度安排上采取了不同的方式。在大陆法系许多国家或地区并没有相关立法强制要求雇主投保责任保险，其原因并不是因为它们崇尚雇主利益至上，而是它们将雇主责任保险纳入到社会保险的大框架下。第二，另一个集中的领域是保险标的为适用严格责任归责原则产生的损害赔偿责任。这与侵权责任的社会化发展趋势是一致的。此类强制保险主要针对技术设施和高危设施而设立，如核设施、航空器、火车、轮船、索道、输油管道、转基因食品以及其他一些会对环境产生危害的设施。第三，职业责任也是强制责任保险的重要领域。如很多国家和地区的立法规定会计师、律师和医师等执业者都应当就其专业服务投保强制责任保险。与前两类不同的是，此类强制保险的具体实施方式存在差异，某些职业责任保险法律关系的形成源于法律的强制要求，而某些职业责任保险法律关系的形成则源自行业自律。[2]

2. 强制责任保险立法的趋势

虽然各国强制保险的领域并不一致，例如比利时法律对狩猎者、机动车、公立学校（火灾和民事责任）、公共场所（在公共建筑物火灾和爆炸的民事责

---

〔1〕 参见郭锋等：《强制保险立法研究》，人民法院出版社 2009 年版，第 95~96 页。

〔2〕 参见郭锋、胡晓珂："强制责任保险研究"，载《法学杂志》2009 年第 5 期。

任）、有毒水体、核设施、航空器和油污染规定了强制保险。[1]在西班牙，根据现行的规则，只有机动车保险是强制的。[2]但总体上看，各国通过立法制定强制性保险规则是强制保险的基本表现形式，同时也可以看出，强制责任保险所覆盖的领域比较广泛，都是基于公共政策的考量，虽然在某类险种是否应该予以强制，各国的理解尚有不同，但无疑这些成文法所确立的一系列强制责任保险规则，对于平衡社会各方利益，保障受害人的合法权益，在实践中发挥了重要的作用。当然，非常明显的是，有关强制责任保险的这些法律规范，对于传统的契约自由原则乃至相对性原则均实现了突破，表现出国家对于保险市场以及保险政策的干预，并在责任保险领域呈现出扩大化的趋势。虽然不少学者对推行强制保险的合理性提出了质疑，但是应当看到的是，强制保险制度的发展进程并未因各种质疑而有所停滞。相反，从世界各国强制责任保险的推行情况来看，其显现出旺盛的生命力，正处于一个快速发展和扩张的过程之中，这也从一个侧面说明了其存在的正当性。

三、强制责任保险与契约自由原则

强制责任保险意味着公权力对私人生活的干预，在私法领域，"强制"是个十分敏感的字眼，但在本书中却无法回避。正如我国台湾地区学者苏永钦所言：私法自治始终还是支撑现代民法的基础，它的经济意义可以上溯到亚当·斯密（Adam Smith）的国富论，伦理内涵则又源于康德理性哲学中的自由意志。私法自治使私人成为法律关系的主要形成者，正如法律关系所要创造和维系的经济关系。然而一直到制度学派开始强调，经济学家才惊悟到，国家在私法关系的形成到消灭过程中，从来就不是一个旁观者，从民法典到外于民法典的民事规范，国家的强制处处可见，只是强制的性格、目的和效果不尽相同而已。[3]在强制责任保险一隅，我们一样可见契约自由原则的衰落。

---

〔1〕 See B. A. Koch, H. Koziol eds., *Unification of Tort Law：Strict Liability*, Kluwer Law International, 2002, p. 71. 转引自刘锐："《道路交通安全法》第76条重构"，中国政法大学2005年博士学位论文。

〔2〕 See B. A. Koch, H. Koziol eds., *Unification of Tort Law：Strict Liability*, Kluwer Law International, 2002, p. 314. 转引自刘锐："《道路交通安全法》第76条重构"，中国政法大学2005年博士学位论文。

〔3〕 参见苏永钦：《私法自治中的国家强制》，中国法制出版社2005年版，前言，第1~2页。

（一）契约自由原则及其衰落

1. 契约自由原则的衰落

所有权绝对、过错责任和契约自由为近代私法的三大原则，而契约自由又是私法自治（意思自治）的核心部分，就如德国学者海因·科茨（Hein Kötz）等所指出的：私法最重要的特点莫过于个人自治或其自我发展的权利。契约自由为一般行为自由的组成部分……是一种灵活的工具，它不断进行自我调节，以适应新的目标。它也是自由经济不可或缺的一个特征。它使私人企业成为可能，并鼓励人们负责任地建立经济关系。因此，契约自由在整个私法领域具有重要的核心作用。[1]如果说自然法理论为契约自由原则的形成提供了精神指导的话，那么自由竞争的经济基础则是其产生的最适宜的土壤。[2]而其制度基础有两个：一是自己责任，二是过错责任。

在20世纪中期，庞德已经断言，尽管在50年前，当事人的自由意志形成了他们之间的法律，但这种观念早已在全世界消失了。[3]德国著名法学家茨威格特（Zweigert）指出，在当代合同法的理论界普遍地激烈地争论的问题是：在今天的社会现实中，契约自由究竟还能不能仍然被认可为法律制度的支柱和中心思想？如果现实中合同当事人之间缺乏谈判能力的均衡性从而使得合同平等遭到破坏，那么当保护合同当事人的弱者一方成为必要时，契约自由原则是否必须彻底地受到强制性规则的限制？现在我们是不是已经进入契约自由的原则应当被"契约公正性"原则所替代或者进行补充这样一个时代？[4]梁慧星先生将近代民法向现代民法转变的理念归结为形式正义向实质正义的转变。[5]这种转变在契约法上反映得尤为典型。当古代契约理论赖以存在的基础已发生根本性动摇的情况下，契约自由的公正性也就越来越具

---

〔1〕参见［德］罗伯特·霍恩等：《德国民商法导论》，楚建译，中国大百科全书出版社1996年版，第90页。

〔2〕参见李永军：《合同法》，法律出版社2004年版，第45~47页。

〔3〕参见［美］伯纳德·施瓦茨：《美国法律史》，王军等译，中国政法大学出版社1997年版，第211页。

〔4〕［德］康德拉·茨威格特、海因·克茨："合同法中的自由与强制"，孙宪忠译，载梁慧星主编：《民商法论丛》（第9卷），法律出版社1998年版，第349~350页。

〔5〕参见梁慧星："从近代民法到现代民法法学思潮——20世纪民法回顾"，载梁慧星主编：《从近代民法到现代民法》，中国法制出版社2000年版，第179页。

有形式的意义。〔1〕美国学者施瓦茨（Schwartz）指出，随着时间的推移，法官们继续以"契约自由"和"个人意思自主"的术语讨论法律问题。但是，作为其基础的契约平等观念已经被现代工业社会的现实，降低到抽象理论的范围。〔2〕现代契约法的问题已经不再是契约自由而是契约正义的问题了。〔3〕故这种已经发生了深刻变化的社会经济生活条件，迫使20世纪的法官、学者和立法者正视当事人之间经济地位不平等的现实，抛弃形式正义观念而追求实质正义。〔4〕而对实质正义的追求，必然要求对契约自由从立法和司法上进行必要的干预，这也就导致了契约自由原则的衰落。

2. 契约自由原则衰落的原因

近代契约法经过修正，演变为现代契约法。特别是在第二次世界大战后，近代契约法的古典理念和制度基础受到现实社会变迁的冲击，不得不随之作出适当调整。〔5〕契约自由原则衰落的主要原因是：主体抽象平等的非现实性、契约自由原则赖以生存的假定的客观条件的丧失、政治价值观念的变化以及法律对交易公平结果的积极干预。〔6〕后者尤其重要。在古典契约法时代，契约法是不涉及结果的公平和正义，家长制的思想被认为是过时的。〔7〕而现代，如下的事实已经被人们所认识：弱者、受害者与被剥削者需要法律的保护。人们逐渐意识到，如果让他们自己订立合同，他们将不可避免地将被富有和强有力的对手所击败。因此，法律规定了很多方式来干预合同。〔8〕法律对交易结果的积极干预，直接的表现就是契约自由原则的衰落。这样，亚当·斯密的自由主义经济理论也就结束了其历史使命而代之以凯恩斯主义。凯恩斯（Keynes）主张扩大国家的经济职能以消除个人主义的恶性膨胀给社会带来的

---

〔1〕 参见李永军：《合同法》，法律出版社2004年版，第54页。

〔2〕 参见［美］伯纳德·施瓦茨：《美国法律史》，王军等译，中国政法大学出版社1997年版，第210页。

〔3〕 参见王晨："日本契约法的现状与课题"，载《外国法译评》1995年第2期，第52页。

〔4〕 参见梁慧星："从近代民法到现代民法法学思潮——20世纪民法回顾"，载梁慧星主编：《从近代民法到现代民法》，中国法制出版社2000年版，第179页。

〔5〕 参见崔建远主编：《合同法》，法律出版社2000年版，第6页。

〔6〕 参见李永军：《合同法》，法律出版社2004年版，第62页。

〔7〕 参见［英］P. S. 阿狄亚：《合同法导论》，赵旭东等译，法律出版社2002年版，第8页。

〔8〕 参见［英］P. S. 阿狄亚：《合同法导论》，赵旭东等译，法律出版社2002年版，第19页。

危机。其理论被许多资本主义国家所接受，并成为国家对契约自由进行干预的理论根据。

因古典契约赖以建立的社会基础发生动摇的情况下，契约自由正在脱离其内核或正在走向其反面。对契约自由进行规制以实现实质正义已成为人们的共识。在现代社会中，对契约自由的绝对放任，就会使契约自由背离其内核——契约正义，甚至对契约正义造成侵害；而对契约自由的过分干预，就有可能缩小私法自治的空间，侵害私人权利，私法公正就会被另一种意义上的公正所替代。一方面应承认私法自治和契约自由，另一方面又要防止权力的滥用造成事实上的不公正而承认公法干预的合理性。[1]当契约自由原则所赖以产生的基础发生动摇的情况下，契约自由已越来越偏离其自身的价值而徒具形式。在此情况下，对契约自由进行必要的限制，不是契约自由本身的衰落，而是强制其归位，以恢复其本来的价值和地位。对契约自由的必要的限制，并不是契约自由原则的衰落，而是对契约自由原则真实意义的恢复和匡正。[2]

（二）强制责任保险对契约自由原则的突破

1. 强制责任保险对契约自由原则突破的形式

责任保险作为商业保险的一种，一般来说，遵循契约自由原则，是否投保和承保完全取决于当事人的意思。但因为投保需要付出成本，意味着投保人财产负担的增加，所以，许多从事危险活动的企业和个人并没有足够的动力购买责任保险。随着现代工业化趋势的扩大，科学技术的高速发展，高科技给人们带来的潜在风险越来越大，环境污染、药品致害、交通事故等意外事故有增无减。工业经济社会建立初期所设计的道德与法律界限不断被突破和践踏，社会的"公害"后果不断产生和恶化[3]。许多事故受害人不仅遭受生命、健康等方面的巨大痛苦和损失，而且还得不到及时的救助和补偿，这个问题的严重性甚至危及了社会稳定和安全。于是，许多国家就纷纷以法律形式强制特定范围内的单位或个人购买责任保险，而不再考虑他们的意思是否自治。这就产生了强制责任保险，契约自由原则被无情突破。

---

〔1〕参见李永军：《合同法》，法律出版社 2004 年版，第 68~69 页。

〔2〕参见李永军：《合同法》，法律出版社 2004 年版，第 73 页。

〔3〕参见单飞跃：《经济法学》，中南工业大学出版社 1999 年版，第 85 页。

2. 强制责任保险对契约自由原则突破的根源

如前所述，古典契约理论中的契约自由原则是建立在一个完全自由经济的基础上的。在现代市场经济背景下，契约自由原则的基础已经动摇，其精神实质也注入了新的内涵。在通常情况下，缔约自由和选择交易对手的自由，不会给当事人带来不利后果，但在特别情况下，会发生与缔约自由的内在价值不吻合的后果。因此要以法律的直接规定或政府的行为来取代当事人的意思，使其负有强制缔约的义务。[1]正如美国大法官斯通（Stone）所说：人并不是孤立地活着，也不是仅为自己活着。这样，一个复杂社会的组织工作就具有了重大意义，在这种社会中，个人主义必须服从交通规则，一个人为所欲为的权利必须服从市区规划法令，有时甚至还要服从限价规则。正是应在何处划界限的问题——这条界限标志着个人自由和权利的适当范围同政府为更大的利益而采取的行为的适当范围之间的分界线，以确保最低限度地牺牲上述两种类型的社会利益。[2]所以，随着现代社会日趋增长的复杂性以及各种相互抵触的社会力量间的冲突，法律有必要在某种情况下为了公共利益而对自由进行分配和限制，社会公平及社会公共利益日益成为审视和检阅私人行为和私人利益合法性的参照系，现代的契约自由思想已经注入了在尊重私人选择基点上兼顾公平及公共利益的基因。与此相应，在立法中也更多地考虑到这些因素，表现在：大陆法系国家在立法方面颁布单行法规对契约自由进行干预、限制；英美法国家，则颁布一系列法令强制规定某些合同的法定形式，规定某些种类合同必须订立某种条款，禁止当事人排斥这些规范的适用或通过司法加强对合同的监督和控制。[3]

强制性责任保险就是通过法律规定对公民"契约自由"的限制，这种限制的理由是社会公共利益的需要。强制性责任保险的出现，贯彻了以人为本的思想，不管肇事者在经济上可否对受害者进行经济补偿，保险公司都可以在第一时间对受害人进行一定程度的经济补偿。有学者认为，政府行为是实

---

〔1〕 参见曾娜："从《道路交通安全法》看强制责任保险的发展对策"，载《昆明理工大学学报》（社会科学版）2004 年第 4 期。

〔2〕 参见［美］E. 博登海默：《法理学——法哲学及其方法》，邓正来、姬敬武译，华夏出版社1987 年版，第 277 页。

〔3〕 参见梁慧星：《中国民法经济法诸问题》，法律出版社 1991 年版，第 94 页。

现社会公平的主要手段，市场经济不会自发导致社会公平，政府的干预是维护和实现社会公平的基本手段，国家的法律、制度、政策是维护和实现社会公平的基本保障。[1]这作为强制责任保险突破契约自由原则的理由未免有些堂皇和笼统，但无论如何，强制责任保险反映了现代民法从个人本位向社会本位发展的趋势，体现了现代民法追求社会正义的理念。其根源仍然是社会经济生活的变迁，因此，强制责任保险的正当性理由必然要在现代市场经济的背景中发现。

四、责任保险强制性的法理基础

（一）保障受害人得到充分救济的需要

在各种各样的事故中，相对于加害人或者保险公司，受害第三人始终处于弱者的地位。如何使得受害人在遭受损害后能够及时、充分地得到救济和补偿，如何切实有效地保护受害人的权益，是强制责任保险最根本也是最直接的价值目标和功能。也只有立足于这一点，才使得强制责任保险的"强制性"获得终极的正当性依据。

1. 排除不利于受害人的保险条款

从立法目的来看，保障第三人损害赔偿权利的实现是强制保险的立法出发点。与一般的责任保险比较，强制责任保险更加偏重的是一种制度安排，它是政府利用法律政策等手段提供的一种保险制度，以确保在特定情况下的第三人的损害赔偿权利的实现。例如，在 RPM 比萨公司（RPM Pizza, Inc. v Automotive Casualty Insurance Co.）一案中，法官沃森（Watson）明确指出：隐藏在美国路易斯安那州汽车强制保险法律背后的立法目的在于保护那些在机动车事故中无辜的受害人，保险人相关除外责任条款设置违背了社会利益。通过法律规则的设置，强制保险规定某些危险行业的特定群体负有投保责任保险的义务，使得责任保险的第三人性的特点具有制度上的保障，凸显了对第三人利益的保护[2]。

---

〔1〕 参见俞可平："社会公平和善治：建设和谐社会的基石"，载《光明日报》2005 年 3 月 22 日。

〔2〕 参见郭锋、胡晓珂："强制责任保险研究"，载《法学杂志》2009 年第 5 期。

2. 限制保险人抗辩

对于建立在自愿基础上的责任保险制度而言，投保人是否投保、投保多大金额的责任保险、保险人是否承保等，完全由投保人和保险人自行决定。在这种情况下，如果投保人未能投保责任保险或者保险人拒绝承保，则在发生保险事故的时候，除了寄希望于被保险人的赔偿资力之外，受害人没有其他的选择。此外，对于建立在自愿基础上的责任保险制度，保险人可以凭借其娴熟的保险从业经验约定各种抗辩事由，以对抗被保险人和第三人的索赔请求。由此可见，以自愿为基础的责任保险制度难以最大限度地实现责任保险保护受害人利益的政策目标。[1]对于强制保险而言，则可以避免自愿保险的上述弊端。一方面，按照强制保险法律法规的规定，投保人投保何种类型、多大金额的保险都属于法律的强制性规定。在发生保险事故的时候，受害人可以向保险人请求赔偿保险金，这就避免了当被保险人缺乏赔偿资力的时候受害人可能一无所获的危险。另一方面，由于强制保险合同对保险人的抗辩事由做出了明确的限定，除非符合法律的明确规定，否则保险人不能拒赔，这也从另一个角度保护了受害人的合法权益。[2]

3. 提高加害人赔偿能力

由于加害人无财务能力或财务能力不足，即便法院判决赔偿但受害者仍可能会得不到足额的赔付。强制责任保险则有望在此情形下保障对受害人的有效赔偿。这就是"判决无法执行问题"（judgment-proof problem），也称为"无资力赔偿"。所谓判决无法执行问题，是指对他人造成损害的当事人无力承担法律责任上的足额赔付。通常，如果预期损害大大超出加害人的经济能力，那么加害人只会根据他自己的经济能力选择购买保险。显然，加害人只需考虑一个风险，即他至多失去自己的财产，且据此为自己设定注意标准。这种状况导致在责任诉讼中，加害人面临的风险仅限于他个人财产的损失。[3]因此，在潜在的破产条件下，强制责任保险或许会提供较好的解决

---

〔1〕 参见邹海林：《责任保险论》，法律出版社1999年版，第48~49页。

〔2〕 参见孙宏涛："论强制保险的正当性"，载《华中科技大学学报》（社会科学版）2009年第4期。

〔3〕 See Gerhard Wagner, *Tort Law and Liability Insurance*, Springer, 2005, p. 241.

方法。[1]换言之，无资力赔偿是引进强制保险的另一个理由。如果预期的损害大大超过了加害人的财产，加害人只有购买与其财产相当的责任保险的激励。约斯特（Jost）事实上已经正确地指出，在无资力的情形，强制保险可以提供最佳结果。通过强制购买与预期损失相当的保险，将可以获得比损失超过加害人财产时更好的结果。无保险且无资力的驾驶人，其财产少于可能造成的损害的情况下，很少有避免事故的动力。保险人可以很好地控制该风险，而且通过驱逐出保险的威胁迫使加害人提高注意程度。[2]在这个意义上，强制责任保险，排除了受害人遭受加害人无资力赔偿的风险是保护受害人的有效手段。

由于加害人无财务能力或财务能力不足，或者加害人有财务能力，但受害人因各种原因不予起诉，或者加害人有财务能力，但在判决其承担赔偿责任后，采取转移资产或公开蔑视法律判决而拒不承担责任，或者加害人在事故发生后逃逸等原因，受害人往往根本得不到加害人的赔偿或得不到足额赔偿。受害人面对人为事故却仿佛像面对天灾一样无法向加害人追偿，此时，政府往往成为部分事故成本的承担者，广大受害人成为事故成本的最大承担者，严重危及社会的安全、稳定以及公民对于公正、公平制度的信心。[3]可见，强制责任保险满足了对受害第三人有效救济的需要，实现了实质正义。

（二）实现公共政策和社会利益的需要

强制责任保险承载一定的社会政策职能，具有社会公益性。主要体现为：

1. 强化特殊危险的社会化分担

随着社会发展和科技进步，现代社会危险责任[4]的范围迅速扩大。人类在创造现代文明的过程中也孕育了更大的危险。在某些特定的情形下，尽管个人已经做到了所有的合理注意义务以避免对他人造成伤害，但他可能仍然

---

〔1〕参见郭锋等：《强制保险立法研究》，人民法院出版社 2009 年版，第 18~19 页。

〔2〕See B. A. Koch & H. Koziol eds., *Unification of Tort Law: Strict Liability*, Kluwer Law International, 2002, p.390. 转引自刘锐：《〈道路交通安全法〉第 76 条重构》，中国政法大学 2005 年博士学位论文。

〔3〕参见郭振华："责任保险：市场失灵、立法强制与道德风险管理"，载《金融理论与实践》2007 年第 2 期。

〔4〕危险责任，是德国法上的概念，是以责任来源命名的。与我国台湾地区学者称谓的"无过失责任"、英美法中的"严格责任"等内涵相近。王利明教授认为，严格责任大多属于危险责任，但有一些严格责任，例如产品责任、医疗事故责任等不完全是危险责任。参见王利明：《侵权行为法归责原则研究》，中国政法大学出版社 2004 年版，第 89~90 页。

要承担相应的责任，这种源自侵权法的危险责任理论也是支持强制保险的重要依据之一。现代社会中，由于工业技术的进步，人类交易活动的频繁，时常造成严重损害事故。在此情形下，若坚守过错责任，侵权行为人的过错需由受害人举证，无异于否认了受害人的损害赔偿请求权。另一方面，现代社会中对危险品的利用难以避免，而且，这些危险活动所造成的损害范围也难以估计，危险品的持有人或所有人对损害的赔偿能力总是有限的。这些现代社会意外灾害的巨大性以及频发性，使得传统的救济制度难以胜任损失填补的任务，而仅仅通过自愿保险也不足以抵御这些意外伤害所带来的巨大危害。因此，引入强制责任保险，将由个别主体承担的责任损害转由危险共同体共同承担，成为责任保险在一些特殊危险领域的必然选择。[1]强制责任保险因为覆盖广泛，可以使得特殊危险实现社会化分担，降低了投保人逆向选择的可能，可以使企业、个人转嫁在其经营、执业过程中的各种责任风险，化解其可能面临的巨额赔偿责任与较小支付能力间的矛盾，避免因无力赔偿而导致的破产和生产中断，维持生产经营和生活的稳定，同时也能增强社会公众的安全感和对社会的信任感，有利于增强整个社会的抗风险能力，实现整个社会经济的稳定发展。

2. 增强企业和公民的社会责任能力

在现代社会中，企业的发展往往以破坏环境、牺牲员工、损害消费者利益、制造社会危险为代价，人们在享受现代科技成果时也可能侵害他人的权益。而现代社会文明进步的重要表现却是倡导人权、保护弱者。社会损害难以避免，但如果受害人在受损害后，不能得到及时的补偿和救济，会给受害人的家庭带来沉重的经济负担，甚至可能会影响到当地社会秩序的稳定，会给政府带来重大负担。应该说，在现代社会，企业和公民的社会责任都得以强化，随时都有可能面临承担法律责任的风险。由于保险是一种消极消费品，一般人不会主动购买，如果推行建立在自愿基础上的责任保险制度，潜在的加害人就很有可能不购买保险。而一旦面临重大责任，往往便只能破产了之，不能完全承担应该承担的社会责任，受害人也无法得到及时、有效的补偿，乃至造成社会问题。强制责任保险的推行，可以增强企业和公民的社会责任

---

[1] 参见郭锋等：《强制保险立法研究》，人民法院出版社2009年版，第19~20页。

能力，并能分担政府工作和财政负担。

3. 实施公共政策

强制责任保险旨在解决特定的社会利益冲突，缓解社会矛盾，维护社会稳定。如机动车强制责任保险的推行，有助于解决具有普遍意义的交通事故纠纷，使受害人得到及时有效的救济，在该领域缓解了加害人与受害人的矛盾，在一定程度上化解了现代科技与人权保障的冲突；雇主强制责任保险的推行，有助于解决劳资双方的矛盾，在某种意义上化解了经济发展与劳动者保护的冲突；而环境强制责任保险的推行则有助于解决生产活动与环境保护的矛盾，有利于企业环境保护意识的提高。因此，强制责任保险可以作为政府实施政策的工具，具有很强的社会管理功能和公益性。

4. 不以营利为目的

就运作方式而言，强制责任保险虽然是一种市场化的运作方式，但它与一般商业保险有根本性区别，强制保险的运作不以营利为目的，而以公共利益为根本动机，实现社会效益最大化是强制责任保险的一个基本价值取向。实践中，各国通常是按照不盈不亏或者保本微利的原则来确定强制保险的保险费率。任何从强制保险经营中所获得的收益都要被积累起来并只能用于平衡保险经营的收支或者其他专项公益目的。

可见，强制责任保险是采用商业模式经营，通过市场化的运作方式，促进社会效益的最大化，具有公益性，满足实现公共政策和社会利益的需要，是实现分配正义和社会正义的手段。

（三）解决责任保险市场失灵的需要

1. 政府干预经济的理论

强制责任保险，体现了政府对经济的干预。关于政府干预的经济理论为数不少，其中占据主导地位的是社会利益论。社会利益论是福利经济学家和凯恩斯主义者基于对市场缺陷的分析而得出的结论，认为市场不是万能的，而是存在其自身无法克服的种种缺陷，其核心思想就是认为政府干预的目的在于克服市场失灵，保护消费者免受侵害，追求经济效率或社会福利的最大化，服务于公共利益。政府干预的原因有两点：其一，资源有效配置虽然是一个社会追求的重要目标，但并不是唯一目标，社会在追求效率的同时还应该兼顾公平，在公平方面政府应该是可以有所作为的；其二，一个市场成为完全竞争市场是有严格的假设条件的，例如，有足够数量的消费者和生产者，生产者可以自由进入市场，产品同质，信息完全且免费等，而这些条件在现实生活中都难以满足。实际上所有的市场都存在一些缺陷，所以作为对市场失灵进行矫正的政府干预便有其存在的必要了。[1]在市场经济条件下，尽管市场内在机制的缺陷需要政府干预，但也并非干预越多就越有效，还有一个适度的问题。各个国家和地区都在探寻一条政府"适度"干预的道路，这也构成了"现代市场经济"最为主要的特征。笔者认为，资本主义市场经济发展从自由到干预过度，再到适度干预的三个阶段的实践已经深刻地证明：政府与市场是牵连的，并通过某种内在的方式相互产生影响。[2]

按照现代市场经济理论，自由经济（契约经济）存在本质的缺陷，不能完全解决交易和企业的所有问题。著名经济学家威廉姆森（Williamson）认为人类本身的局限决定了契约不是万能的。他指出人有两方面的基本局限：有限理性（bounded rationality）与机会主义。正是由于企业的所有者或经营者并不具备无限的能力，现实世界中才会有交易成本，才需要企业这种组织形式去降低交易成本。然而，仅仅是"有限理性"这一点还不能说明契约不是万能的。如果人们都诚实信用，即便理性有限，也会遵守契约，这样市场机制中的交易活动就完全可以由契约来实施。但事实上，人类还具有机会主义的劣根性。由于机会主义加上有限理性，所以契约不是万能的。进而，威廉姆森把"机会主义"定义为"自私加狡诈"，认为市场经济当事人之间的契约并不会被交易双方忠实地履行。如果履行合同的成本很高，或者惩罚违约的成本很高，如果违约所带来的利益远远超过忠实遵守契约的利益，那么，个人或企业就会选择"违约"。这样，机会主义行为就使契约不能解决所有的交易问题。[3]因此，政府对市场适当地进行干预是必要的。

美国哈佛大学经济系教授施莱佛（Shleifer）提出的政府干预的公共强制理论，值得我们参考。该理论的主要观点为：假定"社会"希望对商业生活施加控制，以追求某种对整个社会有利的目标，如边际成本定价、食品和用水安全、企业的生产安全措施等。这样的控制策略主要有四种类型：市场竞

---

〔1〕 参见郭宏彬："论保险监管的理论根源"，载《政法论坛》2004年第4期。

〔2〕 参见郭宏彬："论保险监管的理论根源"，载《政法论坛》2004年第4期。

〔3〕 参见平新乔：《微观经济学十八讲》，北京大学出版社2001年版，第74页。

争秩序、私人诉讼、监管式的公共强制与政府所有制，其中政府对于私人的控制权力依次递减。该理论的基本假设是，所有这些对经济生活的社会控制方式都不是最完美的，而最优的制度设计需要在这些不完美的方案中做出选择。该理论认为，在同一市场中，竞争秩序、私人诉讼和政府干预可以并存。对于任何一种制度安排，都需要在两种社会成本之间权衡：无序和专制。无序是指因私人行为损害他人利益所附加的额外成本，专制是指政府损害私人利益的成本。从自由竞争秩序到私人诉讼，到政府干预（监管式的公共强制），再到政府所有制，政府的权力逐渐上升，私人权利逐渐下降，相应地，"无序"的社会成本逐渐减少，而"专制"的社会成本逐渐增加。

上述控制模式的权衡选择，也适用于责任保险市场，如果存在某些市场失灵的情况，就可以引入强制保险（政府干预）来解决，但各种社会控制模式都会产生不同的成本和收益，这些可能会因地区不同、经济背景不同、险种不同而有所不同，因此最优的制度设计需要根据具体情况而定。

2. 责任保险市场的失灵

保险理论中的一个重要结论是：假设社会福利等于各主体的期望效用，将风险从风险厌恶者转移至风险中性者就能够提供社会福利（实现帕累托最优）。事实上，在面临事故发生后所造成的损失相比自己的资产规模较大的风险时，绝大多数人都是风险厌恶者；而保险公司可以看成是风险中性者，所以在保险价格合适的情况下，绝大多数面临较大风险的潜在加害人都愿意购买责任保险，而保险人也愿意销售责任保险以提高自己的效用水平。但是，在责任保险中，往往有多种因素阻碍事故责任方购买责任保险，也存在着多个因素抑制保险人销售责任保险。从这一角度来看，公权力的适当介入是必要的。这一理论在责任保险领域的直接体现，就是国家通过公权力的手段适当干预责任保险领域，通过强制性规则的制定和实施要求特殊危险物的持有人或危险活动的经营者投保，矫正保险市场自身失灵的缺陷，以维护社会公共利益。[1]

（1）潜在加害人购买责任保险动机降低

要想在事故发生后给予受害者足额赔偿，潜在加害人购买保险的足额程

---

[1] 参见郭锋等：《强制保险立法研究》，人民法院出版社 2009 年版，第 21 页。

度是非常重要的，如果其购买的责任保险的赔偿限额是足额的，即保险人可以赔偿的最大金额大于等于加害人可能造成的最大损失，就意味着对受害人的赔偿有可靠的保障。

按照法经济学分析，在传统的民事责任理论框架下，法律责任并不能为规避风险提供足够的激励。[1]从潜在加害人的角度来看，阻碍其购买责任保险的因素至少包括：

第一，保费中附加保费和附加利润的大小。真正的保险制度并非没有交易成本，保险人除收取纯保费外，还要收取附加保费和附加利润。附加保费主要包括保险公司的营销成本、一般费用和理赔费用，随着不同的险种有所不同，通常在40%左右，附加保费和附加利润越高，则加害人购买责任保险的足额程度就越低。

第二，判决无法执行的问题。这同样是潜在加害人降低投保的动机之一。如果潜在加害人无财务能力或财务能力不足，也即其拥有的资产小于其可能带来的损害规模，则意味着判决可能无法执行，潜在加害人就会理性地排斥购买责任保险。[2]这也是责任保险产生强制性的原因之一。例如，一个拥有30 000美元资产的潜在加害人，他对待100 000美元的事故与对待30 000美元的事故所导致的赔偿责任是相同的。如果他购买了保险金额为100 000美元的全额责任保险，那么他所支付保费中的十分之七实际都是为了获得70 000美元的责任保险额度，但在传统的民事责任框架下，上述70 000美元损害赔偿责任原本是无须承担的。换言之，风险厌恶性加害人有30 000美元资产，有20%的可能对100 000美元的事故承担责任。如果他没有购买任何保险，他将有80%的可能性拥有现有的30 000美元，反之，有20%的可能失去现有的30 000美元。此时，如果加害人购买了保额为100 000美元的全额责任保险，其支付的保费等于100 000×20% = 20 000美元，其中的14 000元保费实际上是为原本无须承担的70 000美元损害赔偿责任支付对价。可以确定的是，在购买责任保险的情况下，他的资产实际仅等于10 000美元，购买全部保险将

---

〔1〕 See Steven Shavell："判决无法执行的问题"，载［美］乔治斯·迪翁、斯科特·E.哈林顿：《保险经济学》，王国年等译，中国人民大学出版社2005年版，第335~336页。

〔2〕 参见郭振华："责任保险：市场失灵、立法强制与道德风险管理"，载《金融理论与实践》2007年第2期。

比不购买任何保险使得他的状况变得更糟。[1]

第三，潜在加害人逃避责任的可能。当存在逃避责任的可能时，如有可能采取转移资产手段而拒不承担责任；出事故后可以轻易逃脱，或者像环境责任那样难以确定责任人；预期受害人因缺乏法律知识或害怕诉讼成本而不起诉，则潜在加害人预期的逃避责任的可能性越大，则其投保的动力就越不足。尽管赔偿规模可能不变，但潜在加害人主观预期的赔偿概率降低仍会降低其购买保险的动力。[2]

可见，随着科学技术的发展以及社会经济生活的复杂化，传统民事责任理论并不能为规避风险提供足够的保障激励机制，因此，必须通过强制性的方式确立风险的规避机制，以应对现代社会日益严重的危害事故。

（2）潜在加害人对风险评估不足

潜在加害人对风险评估不足也是支持强制责任保险的重要理由之一。[3]与上文假设情况不同的是，对于一个风险厌恶程度较高的潜在加害人，他可能会选择购买责任保险。例如，一个拥有 20 000 美元资产的人可能会购买保险金额为 20 000 美元的汽车事故责任保险。但一般而言，他所选择的风险可能仅是一个中性的，保险金额一般不会超出其资产总额。对于此类风险厌恶程度较高的潜在加害人而言，由于他无法对其面临的风险和投保收益做出正确估算，就有可能出现风险评估不足的问题，这一情况也会导致这部分人降低其购买责任保险的欲望。已有经验表明，大部分的加害人对其可能遭遇的特定风险的赔偿金额严重估计不足，而他们仍有可能要为其中的不足部分承担责任。在此情况下立法者将普遍义务（general duty）概念引入，使得某些传统的责任保险具有一定的强制性，以期解决这一问题。[4]

以机动车保险为例，信息问题在潜在的加害人不能准确评估他们所面临的危险以及购买责任保险的利益时出现，这一信息问题可能是强制机动车所有人保险的有效理由，或许一般的机动车驾驶人都低估了责任保险的收益。

---

[1] 参见郭锋、胡晓珂："强制责任保险研究"，载《法学杂志》2009 年第 5 期。

[2] 参见郭振华："责任保险：市场失灵、立法强制与道德风险管理"，载《金融理论与研究》2007 年第 2 期。

[3] See Gerhard Wagner, *Tort Law and Liability Insurance*, Springer, 2005, p. 240.

[4] 参见郭锋、胡晓珂："强制责任保险研究"，载《法学杂志》2009 年第 5 期。

立法者可以通过强制保险解决这一信息问题。[1]例如，机动车第三者责任保险，车主 A 和 B 面临两个选择：投保和不投保。假设 A 选择了投保，B 选择了不投保，那么按照责任保险的规则，当 A 与 B 发生交通事故时，B 将从 A 处得到有效的救济和赔偿，但是 A 却无法从 B 处得到同样的待遇。[2]由此将使 A 失去在下一期进行投保选择的内在激励，那么随着越来越多的人选择不投保，进而恶性循环，导致责任保险制度的崩溃。在非强制保险的情况下，投保信息是私人信息，在发生交通事故前，当事人难以得知对方当事人是否投保。假设投保自然概率为 L，保险费为 F，发生事故后可以得到的保险金为 J，那么只有在 $JL>F$ 时，车主才有动力投保。这只是概率分析，理论上存在一个最优投保概率，但是具体到个别交通事故时，就肯定有人得不到责任保险的保护和救济，由此就会降低投保人的积极性，从而进入上面所说的恶性循环。要打破这个恶性循环就需要无差异地强制要求所有机动车都参加保险，在这样的制度安排下，预期到发生事故后都将得到快速救济和保障，任何一个机动车车主也都将有动力参加保险。随着越来越多的人参加责任保险，风险池也就越来越大，保险费也就越来越低，救济和赔偿也就越来越完善。[3]

（3）"柠檬市场"问题

责任保险市场也存在"柠檬市场"的问题，这是信息不对称放大交易成本的表现。根据柠檬市场理论，由于信息不对称，以及保险公司细分市场和分别定价能力不足等原因，保险公司对于保险商品的定价通常采用平均定价法，也即固定费率，就使得实际上风险程度不同的投保人支付了相同的价格，也即风险程度低的投保人（好柠檬）承担了风险程度高的投保人（坏柠檬）的部分成本，这样，理性的好柠檬投保动机降低，不愿投保，而坏柠檬却有投保的激励，导致好柠檬退出市场，留下的全都是坏柠檬。例如，一个经验丰富而且谨慎的汽车驾驶人（好柠檬）就不愿意投保，而"新手"或不谨慎

---

〔1〕 See B. A. Koch & H. Koziol eds., *Unification of Tort Law: Strict Liability*, Kluwer Law International, 2002, p. 389. 转引自刘锐："《道路交通安全法》第 76 条重构"，中国政法大学 2005 年博士学位论文。

〔2〕 参见刘德芸："机动车第三者责任强制保险制度的法律经济学分析"，载《海南金融》2006年第 4 期。

〔3〕 参见魏建、余晓莉："机动车交通事故强制责任保险的法经济学分析"，载《学术研究》2006 年第 10 期。

的驾驶人（坏柠檬）则有强烈的投保意愿。安全设施完备的生产型企业（好柠檬）不愿意投保，而安全设施不完备或危险程度较高的企业（坏柠檬）则偏好保险。结果是，保险公司必须依据坏柠檬重新进行大数法则测算，进而提高保险费率，然后市场上留下的就是更坏的柠檬，周而复始，恶性循环，最终导致保险市场崩溃。因此，在必须有责任保险的领域，政府应该干预，实施强制责任保险，并实行区别费率，以保证责任保险发挥应有的社会作用。

（4）保险人可以对道德风险实施控制

强制责任保险有利作用的发挥是有条件的，必须控制道德风险问题，即立法者决定引进强制责任保险时不应限制保险人控制道德风险的可能性，否则强制责任保险制造的问题将比解决的问题多。责任保险的购买必然伴随着被保险人的道德风险，即被保险人在投保后有较大的概率会变得比原来更加不谨慎，由此可能会增加事故发生的频率和损失程度。在自愿保险中，保险人可以拒绝某些高风险的责任承保。但由于强制保险的引入，保险人在法律的约束下必须承保并承担全责。这意味着保险人可以利用的控制道德风险的唯一手段是监督被保险人。如果这一方法实施困难或成本昂贵，强制责任保险的引进的确将制造许多问题。有学者甚至认为，如果道德风险问题不能得到控制，则保险的规范监管应该是禁止责任保险。其次，保险市场应当是有效竞争的，而且保费和保单条件很好地适应了个体的需要，因而被保险人有足够的激励最大限度地控制道德风险。然而，事实上却存在许多漏洞。高度集中的保险市场将对保险人控制道德风险问题产生消极影响。而且，如果保险费是垄断的，保险人将很少有动力去根据被保险人的行为分配保险费，同时很少有动力去控制道德风险问题。从政策的角度来看，在高度集中的保险市场强制责任保险也似乎是有问题的。在那种情况下，保险市场的无效率将通过强制保险而变得更为严重。因此，强制保险或许是有积极作用的，但是立法者应当高度注意在无法控制道德风险或高度集中的保险市场的情况下引进强制保险。[1]

在保险被强制缔约后，加害人履行注意义务的积极性是增强还是减弱，

---

〔1〕 See B. A. Koch & H. Koziol eds. , *Unification of Tort Law*: *Strict Liability*, Kluwer Law International, 2002，p. 391. 转引自刘锐："《道路交通安全法》第76条重构"，中国政法大学2005年博士学位论文。

取决于保险人将保费或接受索赔的条件与加害人的谨慎程度相挂钩的能力，而这种能力的形成和强化有赖于保险人更为积极的监督机制。从控制被保险人道德风险的角度来看，保险人的积极作为可以引导潜在加害人去实施一些降低风险的行为，以尽量避免意外事故的发生。[1]此外，由于强制保险的立法目的在于突出强调对受害人的保护，因此，对于被保险人故意或恶意行为所引起的保险事故虽然在自愿责任保险中属于保险人的除外责任，但在强制责任保险中，保险人仍然要向受害人赔偿保险金。但是为了预防道德风险，法律通常规定，保险人在向受害人赔偿保险金之后可以向故意实施侵害行为的被保险人追偿。[2]

（四）符合立法原则的基本要求

强制责任保险，必须以立法形式推行，表现为通过法律规定来强制当事人缔结保险合同。在某种意义上，这既是向当事人强加义务，又是对当事人自由的限制和财产的剥夺，因此强制责任保险除应具有社会公益目的和经济合理性以外，还须具备法律上的正当性，也即不能违反立法原则。所谓立法原则，主要是指法律保留原则和比例原则。

1. 法律保留原则

法律保留原则，是指除非依据法律明文规定，否则人们的自由和财产不得被无故剥夺。这取决于各国的立法体制。例如美国，联邦政府和州政府均有权制定强制责任保险规范，虽然美国属于英美法系国家，但在其保险法结构中，随着责任保险领域内强制保险的出现，联邦政府和州政府都通过成文法对强制保险进行立法规范。我国立法也承认并规定了法律保留原则，《宪法》第62条、第67条分别规定了全国人民代表大会及其常委会制定和修改法律的权限，《中华人民共和国立法法》（以下简称《立法法》）第8条则明确规定了10项只能制定法律的事项。[3]从我国《立法法》第9条以及《保险法》第11条的规定来看，我国的强制保险立法权限受到了严格限制，除法

---

〔1〕 参见郭锋等：《强制保险立法研究》，人民法院出版社2009年版，第19页。

〔2〕 参见孙宏涛："论强制保险的正当性"，载《华中科技大学学报》（社会科学版）2009年第4期。

〔3〕 参见应松年："《立法法》关于法律保留原则的规定"，载《行政法学研究》2000年第3期。

律、行政法规规定必须保险的外，保险合同自愿订立。[1]如前所述，在发达国家和地区强制保险的实践中，不但国家、地方政府拥有设置强制保险的立法权，甚至某些行业协会基于社会公共利益考虑也可以拥有这一权限。因此，我国有学者提出应适当放宽强制保险的立法权限范围，确立多层次立法层面。这样就可以使政府对于强制保险的公共政策考量建立在一个微观的层面，并及时进行调整。有学者认为修改《保险法》第 11 条第 2 款对强制保险立法权限的限制有着积极的意义，主张将强制保险立法权放宽到地方人民代表大会层面。[2]

2. 比例原则

法律保留原则主要是验证强制责任保险制度的形式正当性，对实质正当性的验证需适用比例原则。同法律保留原则一样，比例原则也是现代法治国家的一项基本立法原则。比例原则有三项子原则：妥当性、必要性和狭义性比例原则。（1）妥当性原则，是指限制人民自由权利的措施必须能达成法律规定的目的，如果立法者所确定的限制措施根本无法达到立法的目的，那么该项立法就欠缺妥当性。（2）必要性原则，是指在妥当性原则获得肯定后，立法者必须在所有能够达成相同法律目的的手段中，选择对人民自由权利侵害最轻的方法或限制最小的方式。（3）狭义性比例原则，是指法律所采取的限制措施，虽然以达成立法目的为必要，但不能因此给人民带来过度的负担，也就是说，必须衡量制定该法律所获得的利益与对人民自由权利的侵害是否合乎比例。一般适用该原则时并非积极地来认定两者间是否存在合理适当的关系，而是消极地来认定两者有无不适当、不合比例关系存在即可。[3]各国强制责任保险立法实践证明，总体上看，强制责任保险是符合比例原则要求的。界定强制责任保险范围时，以公共利益为原则，并须通过立法程序和实践检验，因而具有妥当性；以保护受害人权益为直接目的，因而具有必要性；同时，因为不以营利为目的来运作，由法律限定保险费的额度，并将保险金额限定于对受害人基本保障的基础上，应该说也未给被保险人带来过大的负

---

〔1〕 参见我国《保险法》第 11 条第 2 款。

〔2〕 参见郭锋等：《强制保险立法研究》，人民法院出版社 2009 年版，第 142~144 页。

〔3〕 参见李凤宁："海上责任保险的立法趋势与展望"，载《保险研究》2007 年第 4 期。

担（原则上一定低于普通商业保险的保险费水平），因此符合狭义比例原则。各国强制责任保险的立法实践，也在实证角度验证了这一点。虽然某些推行强制责任保险的领域尚有其他可替代制度的选择，如新西兰的事故补偿制度、日本学者加藤雅信提出的社会保障计划，以及其他的社会保障制度和财政担保制度[1]等，但强制责任保险仍然具有其独立的地位和价值。

有学者认为，强制责任保险立法与本国的社会经济发展状况密切相关。强制责任保险立法表明，对于如何设置强制责任保险，并没有一个统一的标准或模式，各国一般都是结合本国的社会经济发展状况来确定强制责任保险的范围，[2]强制责任保险的立法标准应坚持审慎原则与公共利益考量原则。[3]这应该是在选择推行强制责任保险险种时所需要遵循的原则。

【结论】

强制责任保险具有"异质性"，不同于自愿责任保险，也不同于政策保险和社会保险，是责任保险中较为特殊的分子。其最大的特点是法律的"强制性"，表现为国家通过立法的形式以法律之强制性规范赋予特定的人以缔约义务，突破了私法自治和契约自由，涉嫌侵犯私人财产权，在推行中引起诸多质疑。

因为强制责任保险的必然表现形式是相关立法，本书通过对各国有关强制责任保险立法的实证考察，得出两个"经验"：其一，随着世界各国强制责任保险在众多领域的普遍推行，强制性俨然已经是责任保险发展的一个趋势。

---

〔1〕 财务担保制度，是指银行或者赔偿基金等对潜在加害人所提供的保证或者资力证明，目的也在于保障受害人损害赔偿权益的有效实现。其不具有风险社会分担性质，是担保或互保制度。财务担保制度一般适用于海上油污责任风险承担方面。

〔2〕 事实上，很难去解释为什么对某一特定事故要求强制投保，而对其他事故则不用，也很难解释对该技术设施或高危设施而不对另一种技术设施或高危设施强制责任保险规则的缘由，比如，为什么应对马匹或野生动物所造成的损害投保，而对于相比之下更常见的由自行车或狗所造成的损害却视而不见；为什么雇主需对其雇员提出的索赔投保但对公众索赔却不用；为什么强制责任保险适用于核反应堆但却不适用于爆炸性物品或其他高危物品或活动；为什么海上污染应投保但对陆上污染所造成的损害却没有规定。尽管存在着这些困惑，但不难看出，强制责任保险领域的适用与该国的经济、文化、法律背景有着密切的联系。参见胡晓珂："论强制责任保险的立法规制"，载《成人高教学刊》2008 年第 2 期。

〔3〕 参见胡晓珂："论强制责任保险的立法规制"，载《成人高教学刊》2008 年第 2 期。

其二，虽然各国强制保险的领域并不十分一致，但都是基于公共政策的考量而确定。

强制责任保险对契约自由原则的突破是显而易见的，但契约自由原则衰落的根源是社会经济生活的变迁，是自由经济向现代市场经济过渡的必然结果，因此契约自由原则并不构成强制责任保险存在和发展的法理障碍。强制责任保险对契约自由的限制，反映了现代民法从个人本位向社会本位发展的趋势，体现了现代民法追求社会正义的理念。如果强制责任保险具有社会公益性，就成为限制契约自由的正当理由。

强制责任保险是现代市场经济的产物，因此其终极的正当性理由（法理基础）必然要在现代市场经济的背景中发现。本书认为，责任保险强制性的法理基础在于：

（1）保障受害人得到有效救济的需要。强制责任保险可以排除不利于受害人的保险条款、限制保险人的抗辩、提高加害人的赔偿能力、解决"判决无法执行"的问题，切实有效地保护受害人的合法权益，实现了实质正义。保护受害人权益是"强制"正当化的根本理由。

（2）实现公共政策和社会利益的需要。强制责任保险可以强化特殊危险的社会化分担、增强企业和公民的社会责任能力、实施公共政策、追求社会利益，且不以营利为目的，承载一定的社会政策职能，具有社会公益性，体现了分配正义和社会正义。

（3）解决责任保险市场失灵的需要。强制责任保险可以解决潜在加害人风险估计不足、不愿投保的问题以及"柠檬市场"和道德风险的问题，满足社会福利最大化的效率要求，符合政府干预经济理论的原理。

（4）符合立法基本原则的要求。强制责任保险立法不违反立法保留原则的形式要求，也得到了立法比例原则的验证。

总之，强制责任保险不仅反映了法律的效率价值，也将现代民法的社会利益和社会正义的理念推向极致，具有充分的正当性根据。

尽管如此，我们仍要清醒地认识，强制责任保险制度是把"双刃剑"，仍需谨慎界定其适用范围并应妥当实施，否则就有可能沦为侵害私人财产权的工具。在确立强制责任保险范围时，仅有目的上的公益性并不能保证实际上的社会利益，还需要在具体制度设计上，立足现实国情，平衡各方利益，防范道德风险，方能使得责任保险的"强制"经受住正义的检验。

责任保险对法律具有天生的依赖性，强制责任保险表现得更为突出。从世界各个国家和地区相关立法的考察来看，强制责任保险在不经意间已经成为政府推行某些公共政策的工具选择，实现了从目的到手段的蜕变。其价值功能已经超越了其固有的属性，理论上可因其所承载的公共政策范围的扩展而无限放大，具有广阔的发展空间。

"责任保险第三人请求权"的理论基础与立法表达

我国《保险法》经 2009 年修订后，其第 65 条关于责任保险的规定有较大变化，学界对于新法是否赋予以及在理论上应否赋予责任保险第三人请求权存在不同的观点和争论。2018 年关于财产保险合同的《最高人民法院关于适用〈中华人民共和国保险法〉若干问题的解释（四）》（以下简称《保险法司法解释四》）中有 7 条（第 14 条至 20 条，占总条数的三分之一）内容与责任保险赔偿规则相关，说明该问题也是司法实务中的争议焦点问题，同时，也有一些学者对《保险法》第 65 条及相关司法解释的规定进行规范解释和理论解读并进行反思。可见，理清"责任保险第三人请求权"的理论基础问题，对于正确解释和适用现行法律规则以及进一步完善相关立法具有积极意义。

然而，笔者在对有关"责任保险第三人请求权"问题的学者观点进行梳理中发现，这个问题的复杂程度远远超过想象：一方面，学者们探讨问题的语境、视角、背景存在不同，往往并非在同一平台上对话和交锋，比如："请求权"所指是实体上的债权还是程序上的诉权？引用的论据和经典评述是针对传统的责任保险还是已经发展变化的现代责任保险？论证的背景是否考虑和区分了强制保险与自愿保险性质上的差异？是否仅强调第三人利益而未兼顾诉讼场景下各方的利益平衡？另一方面，"责任保险第三人请求权"问题的实质就是责任保险的赔付机制和纠纷解决机制的综合表达，而这几乎牵涉责任保险制度的全部内容：既包括"保险标的"本质的分析[1]，也包括"保

---

[1] 责任保险的保险标的是否应该包括保险人的抗辩义务，即是否应该当然承担第三人与被保险人纠纷解决中发生的应由被保险人承担的费用？参见刘玉林："责任保险被保险人请求权之结构、性质及功能——兼论我国《保险法》第 65 条、66 条规定之缺失"，载《广西师范大学学报》（哲学社会科学版）2015 年第 6 期；沈小军："论责任保险中被保险人的责任免除请求权——兼评《保险法司法解释四》责任保险相关条文"，载《法学家》2019 年第 1 期。

险事故"的界定〔1〕；既要考虑被保险人与第三人在请求权上的关系，也要考虑保险人承担赔偿责任的方式；既要考虑在诉讼中被保险人和第三人的地位，也要考虑保险人在诉讼及和解中的参与权和抗辩权。那么，在突破传统法律原则并进行法律规范的技术改造时，如何兼顾制度功能的实现和立法表达上的统一？同时，在比较法方面，各国的相关法理学说和立法模式呈现"百家争鸣"的样态，而隐藏其后的内在法理逻辑和立法背景又难窥全貌，我们在立法上能够简单地借鉴和选择吗？

无论在理论还是实践上，责任保险可能都是一种自成体系的保险制度。〔2〕早有学者感叹，基于保险基础理论发展起来的责任保险却又难以被保险基础理论所包容，责任保险是否能够而且有无必要建立自己独立的基础理论体系？这倒是一个十分有趣的问题。〔3〕本书无意对上述所有问题及其相互关系进行全面论证，也无力去发现或建构责任保险独立的基础理论体系，仅聚焦于责任保险赔付制度这个核心问题展开分析，借助民法债权理论为分析工具，从制度功能和立法表达平衡统一的角度，对"责任保险第三人请求权"的法理逻辑和实体规范进行解读和审视。这仍是一个宏大且困难的问题，但愿本书的尝试对于我国责任保险赔付制度的完善有所助益。

一、"责任保险第三人请求权"的内涵界定

鉴于各种著述在讨论"责任保险第三人请求权"时，语境和概念内涵并不相同，所以本书首先从"责任保险第三人请求权"制度的产生背景和功能定位出发，界定概念的内涵及本质，然后以债权理论对不同情形下的"责任保险第三人请求权"作以界分，以为后文展开论述限定语境并提供基础的概念工具。

(一)"责任保险第三人请求权"产生的背景

随着社会发展和科技进步，特别是民事责任法律制度的逐步健全，大量客观存在的民事赔偿责任风险以及人们对转移风险的需求，是责任保险产生

---

〔1〕 参见温世扬、姚赛："责任保险保险事故理论的反思与重建"，载《保险研究》2012 年第 8 期。

〔2〕 参见马楠、王荣华："论责任保险第三人请求权之确立"，载《求索》2013 年第 3 期。

〔3〕 参见邹海林：《责任保险论》，法律出版社 1999 年版，第 2 页。

和发展的基础。[1]早期的责任保险与侵权责任密切相关，随着工业革命兴起所带来的更多新的高额风险，侵权法在平衡救济受害人与促进科技发展的冲突中"捉襟见肘"。随着侵权法补偿和救济功能不足的显露，以及责任保险特别是强制责任保险在制度功能上的扩展，责任保险与侵权责任被"关联"了起来[2]，责任保险成了侵权法的"备胎"，在减轻加害人责任负担和救济受害人方面充当了重要角色。故而，在构造和完善有关责任保险的具体法律制度时，"责任保险第三人请求权"被众多学者讨论和提倡，并不同程度地反映到各个国家和地区的相关立法中，以期缓解侵权法的功能危机，改良传统责任保险赔偿机制的缺陷，为受害第三人提供更充分切实的保障。

（二）"责任保险第三人请求权"的实质

所谓"责任保险第三人请求权"，即责任保险第三人对保险人请求保险金的权利。一般而言，责任保险的第三人，是指被保险人以外的、因被保险人的行为而受到损害且对被保险人享有赔偿请求权的人，[3]也称"第三者"或"受害第三人"。第三人的范围可以在合同中约定，也可因法律规定而限定。[4]在承保侵权责任的情形中[5]，第三人在损害事故发生前通常并不确定，在损害事故发生后才是特定的人。显然，第三人与保险人之间并无保险合同关系，在责任保险合同缔结时第三人仅是一个泛指的存在，那么其何以向保险人请求保险金呢？可见，责任保险第三人的请求权，并非基于侵权或者合同关系自然产生的一种请求权，也非基于既有的债法规则由第三人受让债权或者代位债权而行使的请求权，而是基于某种功能目的由立法赋予第三人以请求权的一种制度安排。

（三）不同视角的"责任保险第三人请求权"

在不同的著述中，"责任保险第三人请求权"的含义有所不同，有的指实

---

〔1〕 参见郭宏彬：《责任保险的法理基础》，机械工业出版社 2016 年版，第 31~36 页。

〔2〕 有观点认为鉴于传统责任保险理论"分离原则"的弊端，应突破债的相对性理念，把"保险关系"与"侵权赔偿关系"关联起来，以充分实现责任保险的制度功能。参见温世扬："'相对分离原则'下的保险合同与侵权责任"，载《当代法学》2012 年第 5 期。

〔3〕 参见邹海林：《保险法学的新发展》，中国社会科学出版社 2015 年版，第 441 页。

〔4〕 参见温世扬主编：《保险法》，法律出版社 2003 年版，第 253 页。

〔5〕 说明：现代责任保险的理论一般承认侵权责任和合同责任均可作为责任保险的标的，但毫无疑问的是，责任保险标的一直是以侵权责任为主，而以合同责任为标的的仅是极少的特别情形。故本书均以承保侵权责任为场景来表述，相信这对于问题的讨论并无实质影响。

体上的请求权，即债权；有的指程序上的请求权，即诉权；还有的是指对被保险人请求权的代位权。[1]而对于"责任保险第三人请求权"的具体分类，学者们也有着不同的观点。

有的学者从责任保险第三人利益属性的强弱程度对第三人请求权区分为三类，认为：根据第三人利益属性的强弱，责任保险可分为强制责任保险、利他责任保险和普通责任保险。在强制责任保险中，第三人可根据特别法的规定直接取得保险金请求权；在利他责任保险中，第三人可依照合同的约定取得保险金请求权，在保险事故发生之前，合同当事人可通过协议变更或撤销这一约定；在普通责任保险中，第三人仅在"被保险人应负的赔偿责任确定且被保险人怠于请求"时才能取得保险金请求权。[2]笔者认为这种分类直观、简明地区分了当前第三人请求权的实然状态，是各种分类中最为合理的。但因为利他责任保险和普通责任保险在我国现行立法上并无明确的区分规则，因此二者的区分只能依据合同中有无关于"第三人请求权"的明确约定。有约定的当属于意定请求权，而在没有约定的情形下，对于第三人请求权的属性并没有给出明确的回答。

有的学者从责任保险第三人法律地位的变化趋势角度认为，在责任保险制度史上，第三人的法律地位经历了"合同第三人"、"准第三受益人"和"第三受益人"三个阶段，其中前两个阶段剥夺或限制了第三人的直接请求权，第三阶段的法律地位才真正体现了责任保险的宗旨。[3]第三人的法律地位与其请求权状态相对应，进而责任保险第三人的请求权也分为三种：无请求权、附条件的请求权和全面的请求权。笔者认为，第三人的法律地位与第三人请求权无疑是一个问题的两种表达，但这种分类从历史演进的角度对第三人请求权进行区分，并没有对实然立法的多种模式给予合理解释，而仅仅在立法论上强调保障第三人利益的宗旨，全然不顾保险人的私主体地位和债

---

[1] 参见陈建晖、易艳娟："试论我国责任保险第三人代位请求权——新《保险法》第 65 条之管窥"，载《金融与经济》2009 年第 7 期；杨勇："任意责任保险中受害人直接请求权之证成"，载《政治与法律》2019 年第 4 期。

[2] 参见李新天、印通："第三者保险金请求权类型化研究——以《保险法》第 65 条为中心"，载《保险研究》2014 年第 8 期。

[3] 参见李青武："论责任保险中'第三人'的法律地位"，载《学术界》2014 年第 8 期。

的相对性原则，试图将所有的责任保险"改造"成第三人享有"全面请求权"的社会保障（保险人不得以保险合同抗辩第三人），未免一厢情愿。

有的学者从责任保险与侵权法关系的不同理论观点入手，将第三人请求权的价值功能区分为两种，即担保性权利和独立救济性权利。二者均具有对保险人的直接请求权，其区别在于保险人能否依据保险合同对第三人抗辩。[1]这种分类注意到了不同制度功能对第三人请求权设计的影响，特别是在保险人抗辩权方面的区别，但对第三人请求权分类的描述并不直观，逻辑上可能也不周延。

还有的学者将责任保险第三人请求权分为三种：附条件的请求权、基于保险人注意义务的请求权和法定请求权。[2]这种分类强调了对于第三人间接保护的"保险人注意义务"或者"保险金留置义务"[3]，也即如果被保险人未赔偿第三人，则保险人不得赔偿被保险人。但这里似乎只是基于保险人的赔偿视角而未涉及第三人请求权的视角，所以不宜列为对第三人请求权的分类之一。因此，这种分类其实还是两分法：附条件的请求权和法定直接请求权，其分类标准是请求权基础。

其实，正如有的学者所指出的，责任保险第三人对保险人的请求权基础存在巨大差异，有的请求权源自合同约定或者被保险人的意思，有的请求权则源自法律规定。故在理论和实务上，对责任保险第三人之请求权基础予以区分就十分重要。而责任保险第三人的请求权基础之区分，又与责任保险的任意性和强制性保持了高度的吻合。以保险法理论审视责任保险第三人之法律地位，区别对待自愿责任保险和强制责任保险是十分必要的。[4]

笔者赞同以请求权基础划分责任保险第三人请求权，以此划分可能有三

---

〔1〕 参见陈亚芹："责任保险第三人直接请求权的价值定位及其抗辩分析"，载《商业研究》2012年第2期。

〔2〕 参见常敏：《保险法学》，法律出版社2012年版，第175页。

〔3〕 很多学者文章中提到了"保险人注意义务"和"保险金留置义务"，并以此来解释法律中规定的"被保险人未向该第三者赔偿的，保险人不得向被保险人赔偿保险金"。参见王伟："责任保险第三人是否有直接请求权"，载《中国保险》2005年第7期。姜南："论责任保险的第三人利益属性——解析新《保险法》第六十五条"，载《保险研究》2009年第12期。李新天、印通："第三者保险金请求权类型化研究——以《保险法》第65条为中心"，载《保险研究》2014年第8期。

〔4〕 参见邹海林：《保险法学的新发展》，中国社会科学出版社2015年版，第453页。

种情形：法定请求权、意定请求权（或称为基于债权转让的请求权）、基于债权代位的请求权。其中，法定请求权的权源来自法律的规定，性质上属于原始取得的权利或者固有的权利；而后两种的权源应属继受被保险人的权利。这种分类的意义在于，不同的权源决定不同的权利内容以及权利行使的条件。具体而言，法定请求权一般可以直接向保险人诉请保险金，且保险金别除于被保险人的责任财产；意定请求权也可以依据合同直接向保险人诉请保险金，但保险金不能别除于被保险人的责任财产；而代位请求权的行使应符合债法上债权代位权行使的条件，保险金也不能别除于被保险人的责任财产，这种情形相对于"直接请求权"也可称为"间接请求权"[1]。可见，唯有法定第三人请求权须由法律明确规定，而后两种情形的第三人请求权无须法律加以规定，依据既有的债法原理即可自然地实现。[2]但该请求权不同于法定请求权，因其权利继受于被保险人的请求权，故其对于被保险人债权人的代位权并无优先性。换言之，后两种所谓"第三人请求权"的实质是在特定情形下由第三人代行"被保险人请求权"，并没有赋予第三人请求权，或者属于间接请求权，均应归为第三人无请求权情形。

笔者认为，作为专门术语的"第三人请求权"应当仅指法定请求权，而不包括意定请求权和债权代位权。但仅简单地以法定请求权来解释现行法的规则，显然是不够的，我们需借助债权理论对"第三人请求权"进行进一步的界分。

---

[1] 有学者认为"直接请求权"这种用语极易令人产生除直接请求权之外尚有"间接请求权"之误会，认为请求权作为权利人请求他人为或不为一定行为的权利，并无直接与间接之分。参见李新天、印通："第三者保险金请求权类型化研究——以《保险法》第65条为中心"，载《保险研究》2014年第8期。笔者认为若从权利的不同来源或者请求权基础来区分，"直接请求权"和"间接请求权"的表述倒是简明贴切。

[2] 例如《中华人民共和国民法典》（以下简称《民法典》）第522条规定，当事人约定由债务人向第三人履行债务，债务人未向第三人履行债务或者履行债务不符合约定的，应当向债权人承担违约责任。法律规定或者当事人约定第三人可以直接请求债务人向其履行债务，第三人未在合理期限内明确拒绝，债务人未向第三人履行债务或者履行债务不符合约定的，第三人可以请求债务人承担违约责任；债务人对债权人的抗辩，可以向第三人主张。第535条规定，因债务人怠于行使其债权或者与该债权有关的从权利，影响债权人的到期债权实现的，债权人可以向人民法院请求以自己的名义代位行使债务人对相对人的权利，但是该权利专属于债务人自身的除外。代位权的行使范围以债权人的到期债权为限。债权人行使代位权的必要费用，由债务人负担。相对人对债务人的抗辩，可以向债权人主张。

（四）作为债权的"责任保险第三人请求权"

债权是一种典型的请求权，债权视角的"责任保险第三人请求权"基本等同于给付债权，即债权人是第三人，债务人是保险人，权利内容是基于保险合同给付保险金。笔者借用债权理论，进一步将"第三人请求权"区分为完全债权和不完全债权。[1]完全债权包括债权的所有权能，而不完全债权则是欠缺某些权能的债权。完全的给付债权的权能包括请求权、受领权、保有权、处分权、保全权等。作为债权的保险金给付请求权[2]，其权能大致可以分为两个部分：形式上或者程序上的"请求的权利"[3]、实体权利上的对给付的"受偿权"（或称"受领权"，其实也包括保有权）和处分权等。

本书把对启动司法程序有影响的"请求的权利"中的"诉权"——也即司法程序意义上的请求权区分出来，把诸多实体性债权浓缩为"受偿权"，以方便表达。相应地，我们可以将"第三人请求权"区分为两种：一是包含债权全部权能的完全债权，即"诉权"＋"受偿权"；二是限制或排除诉权权能的不完全债权，即"附条件的诉权"＋"受偿权"。后者与前者的区别在于其不能直接启动司法程序，而必须在符合法律特别设定的条件时才能启动司法程序。结合学者们对第三人请求权分类的习惯表述，本书将前者定义为"第三人直接请求权"，将后者定义为"第三人附条件请求权"。需要注意，这里的"第三人附条件请求权"不同于前文提及的基于债权代位的请求权，虽然代位权往往也需要满足一定条件才能行使，且与"附条件请求权"所附条件可能有些重合，但"附条件请求权"的权源与"第三人直接请求权"一样来自于法律规定，且其权利内容是第三人的债权而非代位被保险人的债权，因

[1] 说明：从逻辑周延角度，此种分类还应包括"没有债权"，即第三人对于保险金既无实体债权，也无程序上的诉权，可称为"无请求权"。在传统责任保险中第三人就是"无请求权"，而现代责任保险的立法中，几乎已经没有这样的规定，都在不同程度上赋予第三人请求权。

[2] 由于债产生以后，债权的主要内容是债权人有权请求义务人为一定行为，因此人们通常也把债权称为"请求权"。但应注意，虽然债权具有请求权的内容，但债权不等于请求权。债权除了具有请求权内容以外，还有受领权、保有权、抗辩权、代位权等内容，请求权只是债权的主要内容，并非等于债权的全部。请求权基于债的关系产生，没有债的基本关系无所谓请求权，所以，请求权总是派生的权利。

[3] 本书这里所谓的"请求的权利"，是指保险金债权权能中的请求权，特指名义上或者程序上的权利，包括向义务人作请求给付的意思表示和诉权。目的是区别人们常用的代替完全债权的"请求权"表述，以免造成理解上的混淆。

此二者具有本质区别。

显然，本书对于"第三人请求权"的界定实际上已经把被保险人的保险金请求权转换成了第三人的请求权，即把保险人以其与被保险人的保险合同为基础加入到被保险人对第三人的赔偿关系中，这在法理上可以解释为法定的债务加入[1]。但无论怎样解释，仍然不可回避的是，赋予第三人直接请求权或者附条件请求权都要处理好第三人与被保险人的关系，都会面临传统理论的障碍，都需为其找到正当性基础。

二、"责任保险第三人请求权"的理论障碍

(一)"死而不僵"的传统责任保险

我们姑且把各种著述中的"早期的责任保险"统一称为"传统责任保险"。传统责任保险是在财产保险原理和合同法法理的"土壤"中产生的，必然受其制约，为损失填补原则和债的相对性原则所调整。

一个有趣的现象是，无论传统责任保险在本国实践中是否真实存在过，诸如我国第一部《保险法》（1995 年）中规定的责任保险就已经不是传统责任保险，但几乎每个涉猎此问题的学者都无法对其视而不见，都要被其"纠缠"，以至于在相关的著述中或多或少都留有它的影子，似乎不提及它便不能理解和阐释现代责任保险的机制和法理。或许因为传统责任保险正是遵循财产保险原理及合同法原理所构建责任保险的应然面貌，而现代责任保险却是对固有理论的背叛，乃至不推翻固有理论的障碍，现代责任保险制度便缺乏正当性基础。应该说，作为现代责任保险核心制度的"责任保险第三人请求权"，正是在传统责任保险制度的废墟上建立起来的，是克服传统责任保险弊端的必然选择。

揭开传统责任保险的面纱，我们会发现其内含的两个固有理论：一个是作为财产保险原理的损失填补原则，即"无损失无赔偿"；一个是债的相对性

---

[1] 如果按照法定的债权转让来理解，则被保险人将不负有对第三人的赔偿义务，因此，按照债务加入解释更具有合理性，第三人既可以向被保险人主张赔偿，也可以向保险人主张赔偿。关于债务加入，我国《民法典》第 552 条规定，第三人与债务人约定加入债务并通知债权人，或者第三人向债权人表示愿意加入债务，债权人未在合理期限内明确拒绝的，债权人可以请求第三人在其愿意承担的债务范围内和债务人承担连带债务。

原则，在责任保险场合也被称为"分离原则"。而"第三人请求权"显然与这两个原则格格不入。

（二）作为"配角"的第三人

一般而言，责任保险是以被保险人对第三人依法应负的赔偿责任为保险标的的保险。[1]责任保险的标的不是有形的财产，而是被保险人对第三人依法应负的赔偿责任，因为该赔偿责任体现为被保险人的财产负担，所以责任保险属于广义的财产保险范畴，应当遵循损失填补原则，即"无损失无赔偿"。按照财产保险"无损失无赔偿"的原则，责任保险的当然功能旨在依据保险合同填补被保险人因依法承担赔偿第三人责任所致的财产损失，因此在次序上，被保险人先因赔偿第三人而遭受损失，保险人再对被保险人的损失予以赔偿。同时，按照财产保险的原理，责任保险的本质在于分散被保险人的责任风险，将被保险人对第三人的法律责任风险进行社会化分担，被保险人应然享有保险金请求权。

责任保险涉及保险人、被保险人[2]和第三人三方主体，他们之间存在两个法律关系：其一是被保险人与第三人之间基于侵权（或者违约等）的民事赔偿关系；其二是保险人与被保险人之间基于保险合同产生的保险赔偿关系。在传统责任保险中，三方之间通常的请求权逻辑是：被保险人依法对第三人赔偿，然后保险人对被保险人因对第三人承担赔偿责任而带来的财产损失依据保险合同进行赔偿。即第三人对被保险人享有损害赔偿请求权，被保险人在赔偿第三人后对保险人享有保险金请求权，第三人对保险人不享有基于保险合同的请求权。

美国法院早期判例认为第三人与责任保险人间不存在合同关系，无权享有保险合同权利，第三人应从被保险人处获得赔偿，无权直接起诉责任保险

---

〔1〕 根据我国《保险法》第 65 条第 4 款的规定，责任保险是指以被保险人对第三者依法应负的赔偿责任为保险标的的保险。笔者认为，该法定定义的含义并不十分清晰，即保险标的是被保险人因承担赔偿责任的损失数额还是替代被保险人承担责任？可能都解释得通，但效果大为不同。其他学者著述中对责任保险的定义，表述也有一些差异。

〔2〕 说明：按照我国《保险法》的规定，投保人为订立合同的当事人，被保险人为法定享有保险金请求权的合同关系人，二者可以为一人也可以不为一人。鉴于在讨论责任保险第三人请求权问题时，区分投保人与被保险人意义不大，故本书中将"投保人/被保险人"假定为同一人，并统一以"被保险人"表述。

人，也不得将责任保险人与被保险人作为共同被告进行诉讼。[1]德国早期判例依据的是传统责任保险理论的"分离原则"，认为被保险人对受害第三人的赔偿关系与保险人对被保险人的补偿关系属于相互分离且相互独立的两个法律关系，应依各自适用的规则分别处理。被保险人对保险人享有保险金请求权，第三人不能越过被保险人而直接向保险人主张赔偿，而且被保险人获得的保险金成为其一般性责任财产，受害第三人作为一般债权人并不享有优先权。[2]

（三）"无损失无赔偿"的逻辑死结

按照传统责任保险的请求权路径，被保险人赔偿第三人然后再向保险人请求保险金，在各方顺畅履行债务时并无不当。而当被保险人无力赔偿或者逃避赔偿第三人时，因为其没有发生损失，保险事故并未触发，保险人自然也无需对被保险人进行赔偿。当然，这个结果其实对于第三人似乎并没有实质影响，与被保险人未购买责任保险时的状态无异，而被保险人是否购买保险取决于其自愿，他人无权干涉。

但从第三人利益角度考量，就会发现这并不是一项好的制度安排：（1）事先支付保费可能会造成被保险人责任财产的减少，存在因支付保费而使第三人债权实际受损的可能；（2）虽然第三人可能并不知情或不在意，但客观上存在一份实质应该赔付给第三人的保险金，却仅仅因请求权次序上"卡壳"导致第三人得不到实际赔偿；（3）保险人收取了保费却未承担本应承担的保险责任；（4）第三人即便援引债权人代位规则，也不能解决受偿的问题——因为被保险人没有赔偿第三人则未发生损失，也就没有对保险人的请求权，第三人自然也不可能代位被保险人行使请求权。这样就陷入了一个逻辑死结，在被保险人无力赔偿或者恶意逃债的情形下，第三人无法从责任保险中受益；而保险人获得了不当利益。正如美国学者约翰·F. 道宾（John. F. Dobbyn）所批评的那样：立法最先攻击的领域之一是受害第三人、被保险人与保险人之间的不公平。既允许被保险人对保险人缴付保险费，保持责任保险的趋势，

---

〔1〕 参见李青武："论责任保险中'第三人'的法律地位"，载《学术界》2014年第8期。

〔2〕 参见沈小军："论责任保险中被保险人的责任免除请求权——兼评《保险法司法解释四》责任保险相关条文"，载《法学家》2019年第1期。

又允许保险人隐藏在侵权被保险人不能清偿的盾牌之后，对第三方受害人的判定债务不予赔付，在这些情况下，受害人和被保险人都没有从保险中获得任何利益。[1]

这个问题的症结，似乎"卡壳"在请求权行使的次序上，或者说是在触发保险金请求权的"保险事故"的界定上。人们已经意识到，与一般的财产损失保险（也被称为"积极财产保险"）不同，责任保险（也被称为"消极财产保险"）的保险事故可以界定在被保险人赔偿第三人之前的诸多节点，被称作"延伸性之保险事故"，诸如被保险人造成第三人损害、第三人向被保险人请求赔偿、诉讼上或诉讼外之赔偿责任确定等。故而关于责任保险的保险事故学说可谓多种多样，如约定事故说、原因事故说、损害或结果事故说、有责事故说、责任负担说、选择说、复合事态说、请求说、责任确定说、履行说、复数事故说等，而上述学说实质是分别将责任保险从危险事件发生至责任确立过程中事实及法律上连锁的各个阶段作为保险事故。[2]我国台湾地区学者对于责任保险的保险事故也有损害事故说、被保险人责任发生说、被保险人受请求说、赔偿义务履行说等不同见解。[3]因为我国保险法理论和立法中对于保险标的和保险利益等概念的内涵界定及其相互关系问题本就未达成共识，难以简单厘清，所以笔者不想在此枉费笔墨，简单的办法就是回答一个问题：责任保险到底承保的是被保险人赔付第三人后的损失还是替代被保险人向第三人赔偿？如果回答是后者，那么被保险人对第三人的赔偿责任关系（而非赔偿数额）确定，保险事故就已发生。而被保险人对第三人的赔偿责任关系的确定，从原因或结果的不同角度并结合保险期间，通常被称为"期内事故发生"和"期内索赔发生"，且这种区分已经成为责任保险的一种常见的分类。

同时还应注意到，某些强制责任保险的制度功能已经异化成为社会保障制度，诸如我国的"交强险"，其保险金并非替代被保险人应负的责任，而是作为对第三人的基础性救济，已然超越了被保险人的责任范围。显然，将

---

[1] 参见［美］约翰·F. 道宾：《美国保险法》，梁鹏译，法律出版社 2008 年版，第 167 页。

[2] 参见温世扬、姚赛："责任保险保险事故理论的反思与重建"，载《保险研究》2012 年第 8 期。

[3] 参见梁宇贤：《保险法新论》，中国人民大学出版社 2004 年版，第 209～210 页。

"被保险人因赔偿第三人而致财产损失"作为保险事故的观念和做法早已成为历史,固守"无损失无赔偿"原则来界定责任保险的保险事故已经不合时宜,现代责任保险已将"填补损失"过渡到"替代责任",在某些政策性保险领域甚至过渡到与被保险人责任无关的"社会保障"。

(四)难以逾越的债的相对性原则

如果我们改变请求权行使的次序,或者将"保险事故"重新界定,在被保险人对第三人的赔偿责任确定后,保险人即对被保险人先行赔付,以增加被保险人的责任财产,能否解决上述问题?如此安排虽然可以解开"无损失无赔偿"的逻辑死结,但仍不能确保第三人获得赔偿的根本问题而且还"暴露"出一些新的问题:(1)被保险人获得保险金后不赔偿第三人而将保险金挪作他用,实质相当于被保险人未发生因赔偿第三人所致损失而获得保险金的情形,就会违反保险损失填补原则,而第三人得到赔偿的目标同样不能实现。(2)被保险人既不向保险人主张赔偿,也不赔偿第三人,则第三人虽然可以基于债权代位权向保险人请求保险金,但需要具备债权代位的条件,如需要"被保险人怠于请求保险金"等,第三人不能及时获得救济。(3)当被保险人濒临破产或者财产不足以清偿其所有债务时,第三人要面对与被保险人其他债权人的竞争问题,因为债权代位权行使的结果需要遵循"入库规则"[1],因此保险人基于第三人受到损害而支付的保险金,可能会被纳入被保险人的责任财产而由其众多债权人分享,而第三人最后可能得不到充分的赔偿,这显然并不公平合理。

若要解决上述第三人利益保护问题,一个选择是赋予保险人注意义务或者保险金留置义务,即规定在被保险人未赔偿第三人的情况下,保险人不得向被保险人赔偿保险金。[2]也有学者认为在一般情况下,遵循债的相对性原则并不妨碍保险人承担保护第三人利益的义务。[3]法国1930年的《保险合同

---

〔1〕 参见李新天、印通:"第三者保险金请求权类型化研究——以《保险法》第 65 条为中心",载《保险研究》2014 年第 8 期。

〔2〕 参见姜南:"论责任保险的第三人利益属性——解析新《保险法》第六十五条",载《保险研究》2009 年第 12 期。

〔3〕 参见张洪涛、王和主编:《责任保险理论、实务与案例》,中国人民大学出版社 2005 年版,第 101 页。

法》较早在立法上规定了保险人的注意义务。[1]但仅仅如此，似乎并不足以解决上述第三人与被保险人其他债权人的竞争问题，且赋予保险人该义务的法理基础也并不充分。另一个选择是将保险金请求权直接赋予第三人，英国1930年通过了《第三人（对保险人之权利）法》，使第三人在特定情况下依法取代了被保险人的地位。该法第一条规定，在被保险人进入破产状态时，其基于责任保险合同对保险人的请求权转给或赋予受害第三人。[2]那么，第三人能否越过被保险人直接向保险人请求保险金呢？

在没有法律特别规定的情形，依据债的相对性原则，第三人不能对保险人直接请求保险金。债的相对性原则在责任保险领域被严守，也被称为"分离原则"，即将"被保险人和保险人之间的责任保险关系"与"被保险人和第三人之间的法律责任关系"加以分离，使之相互不产生影响，尤其在法官审理被保险人与第三人之间责任纠纷的案件中，不能因为被保险人投保了责任保险而影响法官的司法裁判。这大概也是英美法官们曾经一度遵循"禁止起诉"条款的理由。[3]故而，在依"分离原则"构建的责任保险制度中，保险人与受害第三人之间并无任何法律关系存在，保险人对第三人不负任何义务，第三人也不能向保险人主张任何权利。[4]这也是依据财产保险原理和合同法法理，对责任保险第三人的当然定位，即不享有基于保险合同对保险人的请求权。

当然，债的相对性原则也并非不可动摇，根据债法原理，如果责任保险

---

〔1〕 法国1930年《保险合同法》第53条规定，保险人对于受害人因被保险人之责任导致的损害事故之金钱上的结果，只要在保险金额的限度内该金额尚未被赔偿，保险人不得将必须支付的保险金额之全部或部分支付给受害人以外的任何人。参见陈飞："论我国责任保险立法的完善——以新《保险法》第65条为中心"，载《法律科学》（西北政法大学学报）2011年第5期。

〔2〕 参见［英］约翰·伯茨：《现代保险法》，陈丽洁译，河南人民出版社1987年版，第244~245页。刘金章等：《责任保险》，西南财经大学出版社2007年版，第418页。

〔3〕 "禁止起诉"条款一般表述为：被保险人对第三人的赔偿数额经法院终审之前，不得起诉保险人；或者第三人在对被保险人穷尽所有的救济措施之前，不得对保险人提起诉讼。该条款的法理依据是：让侵权之诉的陪审团基于正当理由，对被保险人与第三人间的侵权之诉作出公平裁定，而不要因被保险人购买了责任保险这一事实，误导陪审团作出不利于侵权责任人的判决，因为陪审团可能考虑到因责任保险的存在而增加赔偿数额。参见李青武："论责任保险中'第三人'的法律地位"，载《学术界》2014年第8期。

〔4〕 参见温世扬："'相对分离原则'下的保险合同与侵权责任"，载《当代法学》2012年第5期。

属于利他合同，则可以突破债的相对性。一般认为，责任保险具有第三人性，所谓"第三人性"是指责任保险合同会涉及被保险人与第三人的关系，即被保险人获得保险赔偿需以其对第三人负法律责任为前提，但并非指责任保险合同当然属于为第三人利益的合同。那么，从责任保险制度功能扩展到救济第三人的目的，是否可以为突破债的相对性原则打开缺口呢？

三、"责任保险第三人请求权"的制度功能

（一）责任保险制度功能之扩展

随着人类社会的发展和对客观世界认识能力的提高，保险的功能不断丰富和发展。[1]责任保险发展的一百多年，恰是近代工业革命兴起，并向工业现代化迈进的时期。由于意外事故有增无减，工业化国家普遍存在着工业损害问题，诸如大量的工厂事故、交通事故、环境污染、产品致人损害等，事故常常造成巨大损失且受害者众多，而造成事故的活动往往都属合法而且必要，很多事故的发生都是工业化的必然结果，难以防范。在这种情况下，受害人需要救济，加害人也迫切需要分散巨额赔偿责任的风险，责任保险即为顺应工业现代化过程中分散法律赔偿责任风险的需要而产生。[2]

正如学者们所指出的，虽然责任保险的目的是在被保险人需要向第三人承担赔偿责任时对其加以保护，但责任保险对于受害第三人来说，同样具有非常重要的作用，能够在很大程度上满足其赔偿的要求：一方面，保险人根据责任保险合同的约定替代加害人向受害人清偿；另一方面，这种解决办法不仅可以保护加害人免于负担不可预见的赔偿责任，而且也有助于保证受害人得到及时有效的救济。[3]也有学者认为，责任保险成为受害第三人甚至整个社会利益获得保护的重要手段，赋予第三人对保险人的直接请求权是责任保险发展的必然趋势。债的相对性原则的松动奠定了第三人直接请求权的理

〔1〕 参见丁孜山："现代保险功能体系及衍生保险功能研究"，载《保险职业学院学报》2005 年第 5 期。

〔2〕 参见郭宏彬：《责任保险的法理基础》，机械工业出版社 2016 年版，第 52 页。

〔3〕 ［德］迪特尔·梅迪库斯：《德国债法总论》，杜景林、卢谌译，法律出版社 2004 年版，第 432 页。

论基础，对债的相对性提出挑战最为彻底的就是责任保险。[1]可见，现代责任保险的发展，使得责任保险逐渐脱离纯粹填补被保险人损害的功能，而更多地以保护受害第三人之赔偿利益为目的，在很大程度上实为受害人的利益而存在，体现了责任保险保护受害人权益的新的制度功能。有的学者甚至主张责任保险当以"保护受害第三人为基本目标"。[2]

（二）划分强制与自愿责任保险的特殊意义

责任保险的基本制度功能是分散被保险人对第三人的民事赔偿责任风险，而派生的重要功能则是救济受害第三人。对于这两项制度功能的关系，笔者认为应当从三个方面理解：（1）两项制度功能均有充分的正当性基础，但在不同的险种设计中偏重可能有所不同，诸如在强制责任保险中，更为偏重第三人的利益，甚至把第三人利益推向极致，与侵权责任脱钩，把保险变成保障；而在自愿责任保险中，对于第三人利益的保护程度，就难以有明显的表征。因此，责任保险是否为立法强制，是该险种是否偏重第三人利益的一个简单外在判断标准。同时，因为强制责任保险往往由特别法专门规定，在法律规则方面具有给予"特别规定"的条件。（2）从两种制度功能的实现机制看，分散被保险人的责任风险功能源自保险制度的基本功能，按照保险制度的一般规则即可实现；而救济第三人的功能则源自前者功能之延伸，是间接效果，往往需要特别的制度设计才能得以实现。（3）虽然责任保险救济第三人的制度功能已普遍被学界和立法所认可，但尚不能据此认为所有的责任保险合同都是为第三人利益的合同，毕竟第三人不是合同约定的被保险人，而各种险种的合同目的也难以统一预设。因此，责任保险中具体制度的设计，仍需综合考虑各种具体功能的实现，既包括价值层面的对各方主体利益的权衡，也包括技术层面的对既有法律制度的协调和改良。

强制与自愿责任保险的划分为责任保险救济第三人功能的力度提供了一个"天然"的衡量标准，可以为"责任保险第三人请求权"的不同制度设计提供基础平台。简言之，我们可以给一般法（即《保险法》）上的第三人请求权一个基本的模式，而给特别法（如关于强制保险的各种特别法）上的第

---

〔1〕 参见樊启荣：《保险法》，北京大学出版社2011年版，第152页。

〔2〕 参见邹海林：《保险法》，人民法院出版社1998年版，第46页。

三人请求权一个特别的模式；在立法技术上，特别法上的第三人请求权是否特别以及如何特别尚可进行个别的政策考量，留有回旋余地。诸如我国的"交强险"实质上是一种与交通事故侵权责任脱钩的保障制度，更为重视对受害第三人的救济功能，采纳的是基本保障模式。[1]也有学者认为"交强险"是兼具强制责任保险与无过失保险特征的混合保险模式。[2]虽然对于这种保险赔偿与侵权责任脱钩的模式受到多种质疑[3]，但在这种情形下，法律明确赋予第三人直接请求权无疑是最适当的选择。虽然在理论上，强制责任保险不一定必然要求第三人直接诉权的存在，但直接诉讼是强制责任保险的内在要求，是强制责任保险实现其预期功能的保障，因此，强制保险与第三人直接诉权的结合有其必然性。[4]

（三）关于"责任保险第三人请求权"的理论学说

责任保险对第三人利益保护的重要制度设计之一，就是赋予受害第三人对保险人的请求权。这对传统责任保险制度作出了两项根本性的否定：一是保险人承担保险责任不再以被保险人因实际向受害第三人赔偿而自身遭受财产损失为前提；二是受害第三人请求权的对象由原来的加害人（被保险人）拓展到了保险人，并因保险人之雄厚财力而使受害第三人的权益得到了更好的保障。

关于第三人请求权的法理性质，从其权利来源看主要有六种学说：法定权利说、原始取得说、利他合同说、并存的债务承担说、权利移转说、责任免除请求权说。[5]法定权利说认为第三人请求权源自法律的直接规定。原始取得说与法定权利说类似，认为第三人依据法律规定原始取得与被保险人所拥有的权利同等内容但却完全独立的权利。利他合同说认为，责任保险就是为第三人利益的合同，基于合同目的和性质，第三人当然享有基于合同内容的请求权。并存的债务承担说认为，保险人基于合同加入到被保险人与第三

---

〔1〕 参见李祝用、姚兆中："再论交强险的制度定位——立法的缺陷、行政法规与司法解释的矛盾及其解决"，载《保险研究》2014年第4期。

〔2〕 参见刘锐："中国机动车强制保险的目标定位和模式选择"，载《保险研究》2011年第7期。

〔3〕 参见刘学生："交强险立法与实践的两个法律问题辨析——以侵权责任法律关系为视角"，载《保险研究》2011年第9期。

〔4〕 参见郭锋等：《强制保险立法研究》，人民法院出版社2009年版，第14~15页。

〔5〕 参见杨勇："任意责任保险中受害人直接请求权之证成"，载《政治与法律》2019年第4期。

人的债务关系中，成为第三人的共同债务人，与被保险人共同履行债务。权利移转说认为，第三人请求权是被保险人的合同权利在符合法律规定的条件时转移给第三人。责任免除请求权说（又称责任免脱给付说）认为，被保险人享有责任免除请求权，保险人负有免除被保险人债务的义务，作为被保险人责任免除请求权的反射效果，受害人可直接要求保险人填补其所受损害，该直接请求权相当于一种损害赔偿请求权。[1]还有学者认为上述学说均无法作为第三人直接请求权的构建基础，以我国现有民法理论在自愿责任保险中的第三人请求权是代位行使被保险人的责任免除请求权为例。[2]

如前所述，"责任保险第三人请求权"是一种人为的制度设计，因此上述各种学说仅对该国现有制度具有说明意义。而作为说明理论，既要建立在该国现实责任保险制度的基础之上，也不能脱离民事实在法及相应理论的支撑。因此，笔者认为，法定权利说或者原始取得说是从权源角度说明"第三人请求权"的最简明的学说，而并存的债务承担说、权利移转说、责任免除请求权说等则更为精准地建立与既有理论的联系，以便更好地描述和解释责任保险赔偿制度的实然样态，在某种意义上，这些学说都具有合理性。但是，作为说明理论，这些学说都没有揭示"第三人请求权"制度背后隐藏了哪些价值选择和技术衡量，简言之，"第三人请求权"制度需要解决哪些问题？又是如何解决的呢？

（四）"责任保险第三人请求权"所要解决的问题

作为人为设计的一种制度，"责任保险第三人请求权"制度需要在价值层面和技术层面作以政策考量，然后回答或解决下面一系列问题：

1. 作为实体债权的保险金给谁？

因为从责任保险的三方利益关系看，保险金最终归于第三人符合责任保

---

[1] 参见曾小波、胡小杰："论机动车交通事故责任强制保险第三者的直接求偿权"，载《保险研究》2010年第5期。杨勇："任意责任保险中受害人直接请求权之证成"，载《政治与法律》2019年第4期。姜南："论责任保险的第三人利益属性——解析新《保险法》第六十五条"，载《保险研究》2009年第12期。

[2] 参见杨勇："任意责任保险中受害人直接请求权之证成"，载《政治与法律》2019年第4期。笔者不认同该文观点，一是因为对于被保险人的责任免除请求权行使代位权本就脱离了我国现行法的债权代位规则；二是但凡涉及代位权的，均属于间接诉讼，不宜称作"直接请求权"，更谈不上"证成"。

险制度功能的应然定位，所以保险金应归第三人，即赋予第三人基于保险合同对保险人的实体债权。如此定位，则"第三人请求权"属于源自法律规定的原始权利，而非代位被保险人的保险金请求权，无论"第三人直接请求权"还是"第三人附条件请求权"，其性质均属于法定权利而非债权代位，这样就可避免将第三人请求权定位为代位权所带来的与被保险人债权人的利益冲突问题。如果不赋予第三人对保险金的实体债权，立法则需要考虑第三人代位权是否为优先权，诸如日本《保险法》的解决方式。

2. 程序上的诉权给谁？

一般而言，程序上的诉与实体上的诉是紧密联系、相互依存的，因此，如果实体上的债权赋予第三人，那么程序上的诉权也应赋予第三人。但是，一个诉的构成必须具备诉的主体、诉的标的和诉的理由等必备要素[1]，如果诉的诸多要素不具备或者不明确时，赋予第三人直接诉权并无积极意义。具体而言，在自愿责任保险场合，因为加害人是否购买了责任保险以及在哪个保险人处购买责任保险，第三人往往难以知悉；而加害人与保险人签订保险合同时也几乎无法预见第三人是谁，也即合同中无法预设明确的第三人，因此，法律赋予第三人直接诉权难以实际操作，相反可能还会带来第三人滥诉等负面问题。适当的选择是赋予第三人附条件的诉权，即在诉的条件具备时或者行权必要时，第三人可以直接起诉保险人。而在强制责任保险场合，各方信息不确定的情形相对而言会有很大改观，因此为便利第三人更为直接获得救济，可以赋予第三人直接诉权。

3. 作为"第三人请求权"行使条件的"保险事故"如何界定？

如前所述，现代责任保险中保险人承担的不是对被保险人赔偿第三人后的财产损失的填补责任，而是替代责任，即替代被保险人对第三人清偿，因此，被保险人对第三人的赔偿关系确定，第三人即可向保险人请求保险金。这也是自愿责任保险中，"第三人附条件请求权"所应附条件之一。

保险人的替代责任是否包括被保险人的连带责任？从词义解释的角度看，无疑是应当包括连带责任的。但保险人是否可以通过格式条款的约定排除承担连带责任？学理以及司法实践中均有不同的认识。有学者从责任保险的责

---

[1] 参见宋朝武主编：《民事诉讼法学》，中国政法大学出版社2015年版，第58~61页。

任内涵、制度功能以及格式条款内容控制的角度分析，认为其免责效力不应得到承认而应受到限制。[1]

需要说明的是，在承担对第三人保障责任的某些强制保险领域，"保险事故"与被保险人是否承担责任脱钩，因此可以提前到第三人损害发生的环节。

4. 保险人有无和解与诉讼的参与权？

在第三人与被保险人的纠纷解决机制中，为了防止被保险人因为投保了责任保险而怠于抗辩，作为最后依据判决或和解协议支付保险金的保险人应当有参与权。因为保险人是依据保险合同替代被保险人对第三人承担责任，因此保险人不仅可以基于保险合同约定的抗辩被保险人的理由抗辩第三人，而且也可以基于被保险人抗辩第三人的理由抗辩第三人。

另外，还有一个与保险人抗辩权相关的问题是，保险人是否负有抗辩义务？换言之，保险标的是否应当包括被保险人的应诉费用？这决定费用承担是否为必然性的承保内容。诸如德国保险法理论就认为保险人负有抗辩义务，按照其《保险合同法》第100条的规定，一是保险人在保险金额的范围内负有为被保险人承担已经成立的损害赔偿责任的义务，包括可能的连带赔偿责任；二是保险人负有为被保险人防御未成立的赔偿请求的义务，包括承担被保险人参与赔偿关系的抗辩费用。[2]我国也有学者主张，被保险人对保险人享有的请求权在理论上应为"法律保护请求权"，其内涵一为请求补偿被保险人赔偿责任之"免责请求权"，一为请求协助防御第三人损害赔偿请求之"防御请求权"，即保险人在被保险人受到赔偿请求时履行抗辩义务。[3]当然，依据我国《保险法》第66条的规定[4]，保险人是否承担相应的仲裁或诉讼费用由保险合同约定，而非责任保险应然承保的法定的保险标的。

---

〔1〕 参见韩长印："责任保险中的连带责任承担问题——以机动车商业三责险条款为分析样本"，载《中国法学》2015年第2期。

〔2〕 参见沈小军："论责任保险中被保险人的责任免除请求权——兼评《保险法司法解释四》责任保险相关条文"，载《法学家》2019年第1期。

〔3〕 参见刘玉林："责任保险被保险人请求权之结构、性质及功能——兼论我国《保险法》第65条、66条规定之缺失"，载《广西师范大学学报》（哲学社会科学版）2015年第6期。

〔4〕 我国《保险法》第66条规定，责任保险的被保险人因给第三者造成损害的保险事故而被提起仲裁或者诉讼的，被保险人支付的仲裁或者诉讼费用以及其他必要的、合理的费用，除合同另有约定外，由保险人承担。

（五）"责任保险第三人请求权"的两种模式

笔者认为，从责任保险制度功能的发展趋势以及传统责任保险的各种弊端来看，立法将保险金请求权赋予第三人是一个应然的选择。但如果赋予不特定的第三人以直接诉权，会带来一些诉讼程序上问题，也不利于保险人行使抗辩与和解的参与权。因此在立法上，可以根据强制保险和自愿保险分别对待，对于强制保险可以在特别法上赋予第三人直接请求权，对于自愿保险可以在一般法上赋予第三人附条件的请求权。具体而言：就是将作为债权的保险金请求权按照权能拆分为程序上的"诉权"和实体上的"受偿权"两个部分，然后组合为两种模式：

第一种模式：第三人直接请求权。也称为完全请求权或者完全债权模式，即通过立法赋予第三人以"直接的诉权"和保险金"受偿权"。这相当于将第三人定位为"实质被保险人"以替代名义被保险人的地位，也即所谓的"被保险人在保险事故发生后消失"[1]，第三人成为被保险人。这种模式的一般效果是：保险金别除于被保险人的责任财产；保险人对第三人的赔偿可以免除被保险人对第三人相应的债务；保险人可以基于合同（合同内容通常也法定）抗辩但一般不能以合同之外对抗被保险人的理由抗辩第三人；保险人与被保险人都不能任意解除或者撤销合同。在说明理论上，这种效果类似于真正的利他合同。

这种模式的优点是：减少诉讼环节，切实保障第三人的利益。其缺点是：诉讼主体不明确，可能两不相知，难以形成诉讼或者造成重复诉讼；合同关系和内容不明确，可能影响保险人的和解与抗辩参与权；可能增加保险人的诉累负担。因此，在合同关系和内容确定或者比较容易确定，且偏重及时有效保护第三人利益的情形下，可以赋予第三人直接请求权。强制责任保险恰恰符合这样的条件，立法上也具有特别考量和赋权的便利，诸如在我国"交强险"这种定位为社会保障功能的强制保险场合，特别法在赋予第三人直接请求权的同时，也可以在被保险人免责以及保险人抗辩的效果方面作出特别

---

[1] 自 1932 年始，法国法院就持有这样的司法立场：禁止责任保险人实施不利于受害人的行为，即"损失发生后被保险人主体消失原则"，其内涵是第三人因被保险人行为遭受损失后，被保险人不再对责任保险合同享有权利，第三人对责任保险合同享有独立的权利。参见李青武："论责任保险中'第三人'的法律地位"，载《学术界》2014 年第 8 期。

的规定。

第二种模式：第三人附条件请求权。也称不完全债权模式，即赋予第三人"附条件的诉权"和保险金"受偿权"。这与第一种模式的区别在于诉权不同，即限制第二种模式的诉权。有学者在法理上阐释，认为如若彻底否认"分离原则"而采"联结主义"，则既是对债的相对性原则的背离，也是对私法自治的过度干预，缺乏充分的法理依据。责任保险与民事赔偿责任本属不同的法律关系，非因诸如对特殊社会群体保护等重大事由，不宜轻率否认债的相对性，当事人的合意也应受尊重，故保险立法宜采"相对分离原则"为一般性原则。[1]也即在合同自由的自愿责任保险场合，可以强调对第三人实体权利的保护，但不宜赋予第三人直接诉权或者应该限制第三人直接诉权。该模式并未背离合同相对性原则，第三人不仅不享有直接诉权，而且其保险金请求权也要受到合同的严格制约。

这种模式比较适合一般法对于自愿责任保险的规定，可以有效解决第一种模式的弊端，防止重复诉讼或第三人滥诉增加保险人诉累，也可保障保险人行使和解与抗辩参与权，不过分增加保险人的负担。缺点是救济第三人可能不够及时，但其实，一旦进入诉讼程序，无论第三人有无直接诉权，"及时性"都是奢望。

这种模式的权利结构是：（1）保险人承担的是替代责任，即依据保险合同替代被保险人对第三人进行赔偿。（2）保险人具有和解与诉讼参与权，可依被保险人请求或者第三人请求加入诉讼程序，可依抗辩被保险人的事由对抗第三人，也可依被保险人抗辩第三人的事由对抗第三人。（3）第三人可在符合法定条件时，直接起诉保险人，以保护其实体权利的实现。（4）第三人对保险金具有实体上受偿权，别除于被保险人的责任财产，或者说对被保险人及其债权人具有优先性。

四、"责任保险第三人请求权"的立法表达

我国的保险业发展较晚，具有后发优势，在保险立法上学习的大致是日本、德国的立法，当然在具体制度规则层面也有对于英美国家的借鉴，因此，

---

〔1〕 参见温世扬："'相对分离原则'下的保险合同与侵权责任"，载《当代法学》2012年第5期。

考察和比较上述国家的相应立法情况，有利于理解和反思我国的立法情况。在强制责任保险范畴或者某些异化为政策性保险（或社会保障）的范畴，上述国家的立法均赋予第三人对于保险金的完全债权，即赋予第三人直接请求权。而在自愿责任保险领域，各国和地区对此有不同的规定，习惯称谓和解释理论也有所不同，但基本采取的是赋予第三人附条件请求权。

目前，只有极少数立法例，如美国的纽约州、路易斯安那州等全面推行直接请求权制度，准许责任保险第三人直接起诉保险人。大多数国家或地区，第三人直接请求权的适用范围通常局限于某些强制保险，如机动车第三者责任强制险、环境责任保险等，并非适用于所有的责任保险合同。从域外立法来看，在自愿责任保险领域维持合同关系的相对性是普遍做法。[1]

（一）德国的立法

德国立法中涉及的强制责任保险种类繁多，大约有一百多种活动依法要进行强制保险。[2] 涉及的强制保险包括：保险标的为适用严格责任归责原则产生的损害赔偿责任强制保险，如汽车强制责任保险、航空器强制责任保险、环境责任强制保险、药品瑕疵强制责任保险等，以及保险标的为专家责任的强制保险，如律师、公证人、审计师、税务顾问强制责任保险等。[3] 例如，德国《汽车保有人强制责任保险法》（1965 年）第 3 条规定，第三人可以向保险人行使请求权。德国《保险合同法》（2008 年）第 115 条第 1 款对此作了一般性的规定，即在强制责任保险场合，第三人可以向保险人直接请求赔偿。而依据第 158 条的规定，除非另有直接诉权的立法，否则第三人对保险人不得直接请求给付。[4]

德国对于自愿责任保险，没有赋予第三人直接请求权，而是表述为"被保险人的责任免除请求权"。德国《保险合同法》（2008 年）第 115 条规定，第三人基于下列情形之一，可以向保险人请求赔偿：（1）依据《强制保险法》购买责任保险的；（2）被保险人进入破产程序，或者因为没有破产财产或已

---

〔1〕 参见王伟："责任保险第三人是否有直接请求权"，载《中国保险》2005 年第 7 期。

〔2〕 参见杨华柏："完善我国强制保险制度的思考"，载《保险研究》2006 年第 10 期。

〔3〕 参见郭锋等：《强制保险立法研究》，人民法院出版社 2009 年版，第 97~103 页。

〔4〕 参见陈飞："论我国责任保险立法的完善——以新《保险法》第 65 条为中心"，载《法律科学》（西北政法大学学报）2011 年第 5 期。

委派临时破产管理人而被驳回破产申请的；（3）被保险人下落不明的。第三人请求权以保险合同规定的保险人责任为限，保险人责任不存在的，索赔权基于第 117 条第（1）至（4）款存在。保险人应以现金支付赔偿金。保险人和承担赔偿责任的被保险人应视为共同债务人。[1] 在自愿责任保险赔付制度上，德国赋予被保险人"责任免除请求权"，而第三人只有在法定（第 115 条规定）情形下，才有对保险人的请求权，即附条件的请求权。

德国学者认为，责任保险中被保险人对保险人所享有的请求权不是保险金请求权，而应当解释为责任免除请求权，其旨在使被保险人免于向第三人承担损害赔偿责任，这种认识是从责任保险的本质中推导出来的。其请求权的构造是：被保险人应当请求保险人向第三人支付保险金，以免除其对第三人的相应责任。被保险人只有在向第三人赔偿后，才有权请求保险人向自己支付保险金。德国《保险合同法》（2008 年）第 100 条规定，在责任保险中保险人有义务使被保险人免于第三人基于被保险人为在保险期间内所发生的事实而承担的责任所行使的请求权，以及防御未成立的请求权。[2]

应该说，在自愿责任保险领域，德国通过繁琐的立法设计和复杂的说明理论构建了新型的"第三人附条件请求权"制度，在未赋予第三人直接诉权的前提下，解决了第三人对保险金的实体受偿权、直接起诉的条件、保险人的和解与诉讼的参与权及抗辩权等问题。另外，德国法与众不同的特色是赋

---

〔1〕 德国《保险合同法》（2008 年）第 117 条第 1 款至第 4 款主要规定了保险人对第三人的责任。其法条规定如下：（1）即使被保险人全部或者部分放弃向保险人索赔之权利，保险人对第三人的责任仍然存在。（2）发生导致保险合同失效或终止的相关情况后，为了保护第三人利益，只有当保险人通知保险代理人上述情况一个月后保险合同才归于无效。因时效届满而终止的保险合同同样也适用上述条款。在保险合同终止之前，上述时效期间并未开始计算。如果在损失发生之前，保险代理人已经收到基于相关法律签订的新保险合同，则本款第 1 句和第 2 句规定的相关情况也适用于第三人。如果没有指派合格的保险代理人接收上述通知，则上述规定不予适用。（3）在本条第 1 款和第 2 款规定的情形下，保险人只在预定的最低金额范围内承担保险责任。只要第三人能从其他保险人或社会保险机构那里获得赔偿，保险人就不再承担保险责任。（4）如果保险人按照本条第 1 款和第 2 款支付保险金的义务与基于过失违反法定义务的赔偿责任相一致，则考虑到保险人承担责任的前提已经具备，其根据德国《民法典》第 839 条第 1 款支付赔偿金的义务不应被排除。如果按照德国《民法典》第 839 条之规定公共机构承担的是个人责任，则本款第 1 句之规定不予适用。参见孙宏涛："产品责任保险中之第三人研究"，载《科学经济社会》2013 年第 4 期。

〔2〕 参见沈小军："论责任保险中被保险人的责任免除请求权——兼评《保险法司法解释四》责任保险相关条文"，载《法学家》2019 年第 1 期。

予保险人抗辩义务，这大概与德国法律保护（费用）保险高度普及有关。

（二）日本的立法

日本只是在部分强制责任保险或者说是强制性"保障法"中，通过特别立法规定受害第三人对保险人有直接请求权。例如《汽车损害赔偿保障法》第16条第1款规定，保有人发生依第3条规定之损害赔偿责任时，受害人得依政令所定，于保险金额之限度内，对保险公司为损害赔偿支付之请求。[1]

在处理自愿责任保险第三人请求权的问题上，日本《保险法》与德国《保险合同法》的设计思路与关注点有所不同，其采取的是"第三人保险金优先受偿权"模式。日本《保险法》（2008年）第22条规定，针对责任保险合同的被保险人，享有该责任保险合同项下保险事故相关损害请求权的人，就请求保险金给付的权利享有优先权。被保险人就前款规定的损害赔偿请求权所涉及的相关债务，以已经偿还的金额或者对享有该损害赔偿请求权的人承诺的金额为限，可以对保险人行使请求保险金给付的权利。根据责任保险合同请求保险金给付的权利，不得以转让、出质为目的，也不得扣押。但是，下列情形不在此限：（1）转让给第1款规定的享有损害赔偿请求权的人或者有关扣押该损害赔偿请求权的情形；（2）根据前款规定被保险人可以行使保险金给付请求权的情形。

日本原商法中没有关于责任保险的规定，因此，在被保险人破产等情况下，保险金不能支付给拥有请求权的受害第三人，而是支付给被保险人的破产财团。因此，为保证责任保险的保险金支付给受害第三人，日本《保险法》规定受害第三人拥有法定优先权。日本法务省民事局民事法制管理官萩本修在介绍日本保险法立法情况时讲到：关于这点，日本立法时不仅承认受害第三人拥有法定优先权，还就作为受害第三人对保险人是否拥有直接请求权进行了讨论。认为虽然在汽车保险领域，已经承认受害第三人拥有直接请求权，但是在责任保险中，不仅有汽车保险那样的事故情况、损害金额已经程式化的保险种类，还有如农产品责任保险、董事责任保险等保险类型。因为保险人并非纠纷的直接当事人，不负有被请求赔偿的一般性义务，所以受害第三人

---

[1] 参见江朝国编著：《强制汽车责任保险法》，中国政法大学出版社2006年版，第209页。

不能享有对保险人的直接请求权。[1]可见，日本立法在赋予第三人请求权方面持谨慎态度，仅在"事故情况、损害金额已经程式化"的汽车保险领域，赋予第三人直接请求权，而在其他不具备这样条件的保险领域，基于债的相对性原则，并未赋予第三人直接请求权。

其实，日本立法相比第三人请求权问题更为关注的是第三人对保险金的优先权，强调保险金对于第三人的专属性。如同有的学者总结的那样，日本《保险法》第 22 条第 1 款规定了受害第三人的先取特权，即因责任保险合同的保险事故对于责任保险合同的被保险人享有损害赔偿请求权之人，就保险给付请求权享有先取特权。[2]日本《保险法》中受害第三人对于保险金虽然没有直接请求权，但是可以行使先取特权使债权优先于被保险人的其他债权人获得清偿。相比德国立法，日本通过如此简洁的设计，就在责任保险三方实体权利平衡方面，基本达到了与德国法相同的效果，这或许与日本民事诉讼制度的支撑有关。

（三）我国的立法

我国的强制保险比较典型的是"交强险"，学者们对于"交强险"的定位是属于责任保险还是与侵权责任脱钩的保障制度存在不同的看法，同样，对于是否赋予了第三人直接请求权也有不同的认识。[3]我国《道路交通安全法》第 76 条规定，机动车发生交通事故造成人身伤亡、财产损失的，由保险公司在机动车第三者责任强制保险责任限额范围内予以赔偿。学者一般认为该条规定承认了第三人对保险人的保险金请求权，并且该项请求权不附任何条件，于损害事故发生时当然产生。[4]

"交强险"之外的其他强制责任保险，涉及第三人请求权的还有两个领域：《中华人民共和国民用航空法》（以下简称《民用航空法》）第 166 条和

---

〔1〕 参见萩本修："日本新保险法的立法过程及主要讨论事项"，载《中日新保险法研讨会资料》2009 年 10 月 17 日。

〔2〕 参见陈飞："论我国责任保险立法的完善——以新《保险法》第 65 条为中心"，载《法律科学》（西北政法大学学报）2011 年第 5 期。

〔3〕 参见李祝用、姚兆中："再论交强险的制度定位——立法的缺陷、行政法规与司法解释的矛盾及其解决"，载《保险研究》2014 年第 4 期。

〔4〕 参见郑莹："论责任保险第三者的保险金请求权"，载《湖北大学学报》（哲学社会科学版）2015 年第 1 期。

168 条规定，民用航空器的经营人应当投保地面第三人责任险或者取得相应的责任担保，并赋予受害人在一定条件下可直接向保险人提起诉讼的权利。《中华人民共和国海洋环境保护法》（以下简称《海洋环境保护法》）确立了强制油污民事责任保险制度，但没有规定船舶油污事故受害人对责任保险人直接请求赔偿的权利，但《中华人民共和国海事诉讼特别程序法》（以下简称《海事诉讼特别程序法》）第 97 条规定了受害人可直接向责任保险人提出油污损害赔偿。[1]

我国对于自愿责任保险的一般性规定主要是《保险法》第 65 条，保险人对责任保险的被保险人给第三者造成的损害，可以依照法律的规定或者合同的约定，直接向该第三者赔偿保险金。责任保险的被保险人给第三者造成损害，被保险人对第三者应负的赔偿责任确定的，根据被保险人的请求，保险人应当直接向该第三者赔偿保险金。被保险人怠于请求的，第三者有权就其应获赔偿部分直接向保险人请求赔偿保险金。责任保险的被保险人给第三者造成损害，被保险人未向该第三者赔偿的，保险人不得向被保险人赔偿保险金。责任保险是指以被保险人对第三者依法应负的赔偿责任为保险标的的保险。

第 65 条共分为 4 款，结合《保险法司法解释四》的相关规定来看，我国保险法总体上赋予了第三人对保险金的不完全的债权，即第三人附条件请求权。具体而言：（1）如果有法律规定（如"交强险"）或者合同约定（如第三人明确等条件具备），保险人可以直接向第三人赔偿保险金，但第三人有无直接诉权并不明确。（2）被保险人具有请求权，但请求的内容是保险人向第三人给付保险金，或者说第三人是实质上的权利人。"被保险人对第三人应负的赔偿责任确定"[2]是保险事故发生的标准。（3）被保险人"怠于请求

---

〔1〕 参见陈亚芹："论责任保险第三人直接请求权的立法模式——对直接请求权理论基础的新解读"，载《保险研究》2011 年第 1 期。

〔2〕《保险法司法解释四》第 14 条规定，具有下列情形之一的，被保险人可以依照保险法第 65 条第 2 款的规定请求保险人直接向第三者赔偿保险金：（1）被保险人对第三者所负的赔偿责任经人民法院生效裁判、仲裁裁决确认；（2）被保险人对第三者所负的赔偿责任经被保险人与第三者协商一致；（3）被保险人对第三者应负的赔偿责任能够确定的其他情形。前款规定的情形下，保险人主张按照保险合同确定保险赔偿责任的，人民法院应予支持。

的"[1]，第三人有权就其应获赔偿部分直接请求保险金。"就其应获赔偿部分"表示保险责任受到第三人与被保险人之间责任关系的限制。需要说明，虽然法条规定并不明确，但因为保险人依据保险合同承担保险金涉及被保险人对第三人赔偿责任的确定，所以保险人有参加诉讼和和解的权利，即和解与诉讼的参与权，[2]可依据保险合同约定事由和被保险人抗辩第三人的事由来抗辩第三人，以防止被保险人因有保险而消极抗辩和不当和解，扩大保险人的赔偿责任。（4）被保险人对保险金不具有实体权利。其一，保险人不得向被保险人赔偿。[3]其二，被保险人赔偿（实质是"垫付"）第三人后，可以向保险人请求（追偿）保险金。这说明，保险金的实体权利属于第三人，并非属于被保险人的财产，因而别除于被保险人的一般责任财产之外，或者说是专属于被保险人对第三人的责任财产，也即第三人相对被保险人及其债权人对保险金享有优先权。当然，虽然法律没有明确规定，但我们也可以推导出：保险人是替代被保险人赔偿第三人，因此，在实付保险金额度内对于被保险人发生免责的效果。

总体上看，我国关于"责任保险第三人请求权"的立法接近于德国模式，在保险法上赋予第三人附条件的请求权，基本上体现了其制度的应然功能，当然，在法条表述的明确和细致方面仍有进一步完善的空间，诸如第三人行使请求权的条件、保险人和解与诉讼参与权以及抗辩权的范围等方面均需要进一步明确，另外在立法上是否需要借鉴德国法上的"保险人抗辩义务"也值得研究。

---

〔1〕《保险法司法解释四》第15条规定，被保险人对第三者应负的赔偿责任确定后，被保险人不履行赔偿责任，且第三者以保险人为被告或者以保险人与被保险人为共同被告提起诉讼时，被保险人尚未向保险人提出直接向第三者赔偿保险金的请求的，可以认定为属于保险法第65条第2款规定的"被保险人怠于请求"的情形。

〔2〕《保险法司法解释四》第19条规定，责任保险的被保险人与第三者就被保险人的赔偿责任达成和解协议且经保险人认可，被保险人主张保险人在保险合同范围内依据和解协议承担保险责任的，人民法院应予支持。被保险人与第三者就被保险人的赔偿责任达成和解协议，未经保险人认可，保险人主张对保险责任范围以及赔偿数额重新予以核定的，人民法院应予支持。

〔3〕《保险法司法解释四》第20条规定，责任保险的保险人在被保险人向第三者赔偿之前向被保险人赔偿保险金，第三者依照保险法第65条第2款的规定行使保险金请求权时，保险人以其已向被保险人赔偿为由拒绝赔偿保险金的，人民法院不予支持。保险人向第三者赔偿后，请求被保险人返还相应保险金的，人民法院应予支持。

【结论】

"责任保险第三人请求权"是由立法赋予第三人以保险金请求权的一种制度安排，是责任保险制度功能从分散被保险人责任风险拓展为救济受害第三人的应然选择。"第三人请求权"制度，在价值层面体现了对受害第三人、被保险人和保险人三方主体利益关系的平衡，旨在解决第三人与被保险人及其债权人的利益冲突以及保障保险人的和解与诉讼参与权和抗辩权的实现。在法律技术层面突破了传统责任保险法律关系中所遵循的"无损失无赔偿"和"分离原则"的羁绊，在赋予第三人对保险人实体债权的同时，防止第三人滥用诉权带来不利影响。

赋予第三人请求权，就是把被保险人的保险金请求权转换成了第三人的请求权，使保险人以其与被保险人的保险合同为基础加入到被保险人对第三人的赔偿关系中，替代被保险人承担责任。这在法理上可以解释为法定的债务加入，第三人可以选择由保险人承担赔偿责任。"第三人请求权"是第三人对保险人的债权，可区分为完全债权和不完全债权，也称为"第三人直接请求权"和"第三人附条件请求权"，二者均源自法律规定的原始权利，而非代位被保险人的保险金请求权；二者的区别在于后者的"诉权"权能受到一定限制。在诉的诸多要素不具备或者不明确时，赋予不特定的第三人直接诉权可能会带来一些诉讼程序上的问题，也不利于保险人行使抗辩权与和解的参与权。适当的选择是赋予第三人附条件的诉权，即在诉的条件具备时或者行权必要时，第三人可以直接起诉保险人。

因此在立法上，可以根据强制保险和自愿保险分别对待：在偏重救济第三人的强制保险领域，由于责任保险的普遍性和保险合同内容的法定性，三方主体相对明确，权利义务关系相对固定，且救济第三人具有一定的紧迫性，可以在特别法上赋予第三人直接请求权；在偏向替代被保险人向第三人承担责任的自愿保险领域，可以在一般法上赋予第三人附条件的请求权，以防止滥用诉权。我国与德国的相关立法均采用了类似的这种模式，日本在自愿保险领域则采用了简单地赋予第三人对保险金优先权的模式。

交强险的功能定位与制度反思

　　我国《交强险条例》以《道路交通安全法》和《保险法》为立法依据。《交强险条例》第 3 条规定，本条例所称机动车交通事故责任强制保险，是指由保险公司对被保险机动车发生道路交通事故造成本车人员、被保险人以外的受害人的人身伤亡、财产损失，在责任限额内予以赔偿的强制性责任保险。《交强险条例》的颁布标志着我国机动车交通事故责任强制保险制度的确立。

　　《交强险条例》是国务院依据《道路交通安全法》第 17 条[1]的立法授权制定颁行的，因此，该条例可以视为《道路交通安全法》的延伸，具有法律的属性，可以直接作为法院的裁判依据。有学者认为，交强险制度是政府巧妙地借用"市场之手"，加以适当的政策化改造，实现社会正义之目的的成功典范，是对机动车第三者责任任意保险这一私法制度的公法化改造[2]。但自 2004 年我国《道路交通安全法》实施以来，对于其第 17 条、第 76 条规定的强制保险制度究竟是责任保险，还是一种保障性保险（或为一种社会保障制度），一直存在不同的认识。[3]有学者如此形容道，司法解释与行政法规在这一问题上罕有地出现了直接对抗，进而引发了理论与实务的无尽纷争。[4]或者说，自我国交强险制度确立之始，理论及实践上对于其功能定位便未达成共识，进而导致其在具体规则和制度层面出现"手段与目的相背离"的情形。

---

　　〔1〕　我国《道路交通安全法》第 17 条规定："国家实行机动车第三者责任强制保险制度，设立道路交通事故社会救助基金。具体办法由国务院规定。"

　　〔2〕　参见丁凤楚："论我国机动车交通事故责任强制保险制度的完善"，载《江西财经大学学报》2007 年第 1 期。

　　〔3〕　参见李祝用、姚兆中："再论交强险的制度定位——立法的缺陷、行政法规与司法解释的矛盾及其解决"，载《保险研究》2014 年第 4 期。

　　〔4〕　参见马宁："中国交强险立法的完善：保险模式选择与规范调适"，载《清华法学》2019 年第 5 期。

尽管我国《道路交通安全法》以及《交强险条例》和《交强险条款》已经多次修改，[1]但很多争议问题并未得到解决。因此，厘清我国交强险制度的功能定位，并以此为衡量标准对交强险的具体规则和制度进行反思，具有重要意义。

一、交强险制度的机制和特征

（一）交强险制度的机制

汽车的发明和普及，在提高生产效率和提升生活便利的同时，也给人们带来了大量的交通事故损害的困扰。如同工业发展和科技进步带来的诸多新的风险需要防控和分散一样，道路交通事故受害人的救济和保障问题也需要社会给予关注和解决。而传统的侵权法在很多情况下并不能给受害人提供切实有效的救济和保障，例如驾驶人因为惧怕高额的赔偿责任而肇事逃逸，导致受害人得不到及时抢救而丧生；驾驶人因为没有赔偿能力导致"判决不能执行"，受害人的救济和保障不能落到实处等。因此，在无法禁止或者选择保留汽车等机动交通工具的情况下，采取何种措施既能够给予无法完全避免的道路交通事故中的受害人提供及时有效的救济和保障，又不能因为严苛的侵权赔偿责任使得机动车辆使用人不敢使用这些现代交通工具，是现代文明社会必须面对和解决的问题。保险制度是可以使交通事故损害风险社会化分担的一种机制，无疑是解决上述难题合理且应然的选择。质言之，现代社会需要提供一种（或两种）制度来保证交通事故受害人的切实有效救济和解决机动车辆使用人的责任分担问题。

在传统法律制度框架下，对于道路交通事故受害人的救济，主要依据侵权法，由交通事故肇事方依据其过错责任对受害人进行赔偿。但这种救济机制受制于侵权人的财力，可能存在侵权人逃避或者无力赔偿的情况，此时受害人就不能得到有效的救济。责任保险制度通过将肇事方的赔偿责任风险社会化的方式，可以在一定程度上解决侵权人的赔偿能力和受害人的有效救济

---

[1] 我国《道路交通安全法》自 2003 年制定以来，已经进行了三次修正（2007 年 12 月第一次修正，2011 年 4 月第二次修正，2021 年 4 月第三次修正）。我国《交强险条例》自 2006 年颁布以来，已经进行了四次修订（2012 年 3 月第一次修订，2012 年 12 月第二次修订，2016 年 2 月第三次修订，2019 年 3 月第四次修订）。《交强险条款》也相应进行了多次修订。

问题。但并非所有的机动车主或者驾驶人都愿意购买责任保险，而保险公司基于商业动机也不一定会提供适当的产品。法律通常情况下不能强制要求机动车主或者驾驶人与保险公司强制缔约，因为责任保险通常是由保险公司提供的商业产品，如何确定责任保险的条款和价格是保险公司的自由，而是否购买以及如何选择则是投保人的自由。

同时，即便机动车主或者驾驶人购买了责任保险，但责任保险的赔偿以被保险人承担侵权赔偿责任为前提，而侵权人是否存在过错以及具体赔偿责任的确定，往往需要经过诉讼程序由法院最终来判定，在时间上往往很难快速解决，所以，受害人基本无望得到及时救济，这对于那些需要及时进行医疗抢救但自己又无钱垫付医疗费用的受害人可能是一种灾难。而且，从机动车与行人的对比关系来看，即使机动车方无过错而受害的行人有过错，按照侵权法过错责任原则对受害的行人不给予任何赔偿也并不妥当。因此，社会为交通事故受害人提供一个基础性救济机制有其正当性基础。可以选择的制度一种是强制责任保险，另一种是由政府直接组织管理的保障性保险，当然也可以将二者结合使用。

从国外的与交强险相似的交通事故受害人救济制度来看，具有逐步向为受害人提供保障制度的发展趋势。比利时于 1995 年开始就明确了不区分侵权人责任的保险赔付规则。美国的无过错保险体系亦明确不考虑侵权人责任问题，交通事故受害人可以在保险限额内向保险人主张除直接财产损失以外的人身损害赔偿。加拿大魁北克地区的"交强险"实行无过错主义，确立了保险赔付规则与侵权法的构成要件相分离的制度。新西兰为了照顾交通事故受害人，将其纳入社会保险中予以保护，赔偿条件仅限于是否发生事故。从这些国家的相关立法足以看出国外"交强险"制度的趋势，已经不再区分责任以及侧重于保护和救济自然人的人身损害。[1]

我国交强险在很大程度上也不考虑当事人的过错就对受害人给予基本的救济和保障，但又没有完全采用美国或者新西兰这种社会保障制度形式。可能是基于运行成本和技术难度的考虑，我国没有成立专门的交强险行政或者事业机构，而把交强险的运作交给商业保险公司经营，形成了以交强险为基

---

[1] 参见罗振向："我国交强险的功能定位及改革思路"，载《法制与社会》2021 年第 7 期。

础、商业第三者责任险为补充的受害人救济保障体系。尽管《交强险条例》是按照强制性责任保险的思路来设计的，但并没有完全坚持和贯彻责任保险的原理。一方面，《交强险条例》也没有直接规定保险责任要以交通事故侵权责任的认定为前提；另一方面，立法和监管机构在对交强险制度答记者问时明确指出，目前实行的商业机动车第三者责任保险是根据被保险人在交通事故中所承担的事故责任来确定其赔偿责任的。机动车交通事故责任强制保险实施后，无论被保险人是否在交通事故中负有责任，保险公司均将按照《交强险条例》以及机动车交通事故责任强制保险条款的具体要求在责任限额内予以赔偿。[1]质言之，基于各种因素考量和利益平衡而设计的我国交强险制度，形式上采用了责任保险的机制，并交由商业保险公司运作经营，而实质上却要实现社会保障的功能。可以说是多方借鉴但又不完整体系地学习各国立法的成果，走的是责任保险与社会保障相结合的路线，而这种做法必然导致交强险的制度性质不明、功能定位不清等问题，也极有可能造成具体规则的设置背离制度的功能和宗旨、目的和手段相脱节的后果。

（二）交强险的特征

因为我国交强险采用责任保险的形式，且与机动车商业第三者责任（以下简称"商业三者险"）并存，因此，交强险的特征主要体现在其与商业三者险的区别上。从我国《交强险条例》和《交强险条款》的规定来看，交强险与商业三者险的区别主要体现在如下几个方面：

第一，交强险具有强制性，系国家规定的强制性保险。根据《交强险条例》规定，机动车的所有人或者管理人都应当依照《道路交通安全法》的规定投保交强险。同时，保险公司不能拒绝承保，不得拖延承保，不得随意解除合同。相比之下，商业三者险则不具有强制性，采自愿投保原则。

第二，二者的保障范围不同。商业三者险通常规定较多的责任免除事项或者设置免赔额和免赔率；而交强险的保险责任几乎涵盖了所有的道路交通风险，且不设免赔额和免赔率，免责事项设置也很少。

第三，交强险与商业三者险的赔偿条件不同。商业三者险赔偿的前提是

---

〔1〕 参见"国务院法制办、保监会负责人就《机动车交通事故责任强制保险条例》答记者问"，载 http://www.cbirc.gov.cn/cn/view/pages/ItemDetail.html? docId=366541&itemId=915&generaltype=0，最后访问时间：2022年1月16日。

被保险人（被保险车）在交通事故中需要负有赔偿责任，而判断其是否担责通常采取过错责任原则，保险公司根据被保险人在交通事故中所承担的事故责任，来确定其赔偿责任。而交强险的赔付前提是第三人受损害，而无论被保险人（被保险车）在交通事故中是否有过错以及是否应负赔偿责任，交强险均应按照交强险条款的规定，在责任限额内予以赔偿。

第四，交强险施行分项责任限额。交强险合同中的责任限额是指被保险机动车发生道路交通事故，保险公司对每次保险事故所有受害人的人身伤亡和财产损失所承担的最高赔偿金额。责任限额分为死亡伤残赔偿限额、医疗费用赔偿限额、财产损失赔偿限额以及被保险人在道路交通事故中无责任的赔偿限额。[1]根据中国保险行业协会 2020 年对《机动车交通事故责任强制保险条款》的修订，保险人对每次事故在下列赔偿限额内负责赔偿：（1）死亡伤残赔偿限额为 180 000 元；（2）医疗费用赔偿限额为 18 000 元；（3）财产损失赔偿限额为 2000 元；（4）被保险人无责任时，死亡伤残赔偿限额为 18 000元；医疗费用赔偿限额为 1800 元；财产损失赔偿限额为 100 元。[2]而商业三者险一般不对死亡伤残、医疗费用、财产损失的赔偿责任进行分项限额。

第五，交强险采浮动保险费率。根据《交强险条例》第 8 条规定，被保险机动车没有发生道路交通安全违法行为和道路交通事故的，保险公司应当在下一年度降低其保险费率。在此后的年度内，被保险机动车仍然没有发生道路交通安全违法行为和道路交通事故的，保险公司应当继续降低其保险费率，直至最低标准。被保险机动车发生道路交通安全违法行为或者道路交通事故的，保险公司应当在下一年度提高其保险费率。多次发生道路交通安全违法行为、道路交通事故，或者发生重大道路交通事故的，保险公司应当加大提高其保险费率的幅度。在道路交通事故中被保险人没有过错的，不提高其保险费率。商业三者险并无法定浮动费率要求，但实务上保险公司也多采取浮动费率以控制道德风险。

第六，经营原则不同。商业三者险以营利为目的，属于商业保险业务。而交强险则不以营利为目的，采"不营利不亏损"的原则。

---

〔1〕 参见《交强险条款》（2020 年版）第 6 条。
〔2〕 参见《交强险条款》（2020 年版）第 8 条。

二、交强险的性质及制度功能

(一) 交强险的性质之争

交强险的性质是属于责任险还是保障险，是其功能定位的直接反映。对此问题，在理论和司法实践均有不同的观点和倾向。

1. 责任保险说。认为交强险属于责任保险的理由主要包括：

首先，交强险险种命名为责任保险。《保险法》第 65 条将责任保险定义为：以被保险人对第三者依法应负的赔偿责任为保险标的的保险。《道路交通安全法》第 17 条规定，国家实行机动车第三者责任强制保险制度，明确指出是"第三者责任"强制保险，符合《保险法》第 65 条对责任保险的定义，当然属于责任保险的范畴，应当遵循责任保险的基本原理。并且，《交强险条例》在起草过程中，草案最初的名称也是"机动车第三者责任强制保险条例"，与《道路交通安全法》第 17 条一致。尽管在后续征求意见的过程中修改成了"机动车交通事故责任强制保险"，但是并没有删除"责任"二字，仍然是责任保险。因此，从险种的名称上看，交强险属于责任保险。[1]从《交强险条例》第 3 条对交强险的定义来看，其核心词即为"强制性责任保险"。同时，从中国保险行业协会发布的《交强险条款》第 8 条的表述来看也是如此，保险人按照交强险合同的约定在赔偿限额内负责赔偿"依法应当由被保险人承担的损害赔偿责任"。

其次，2006 年颁布的《交强险条例》主要采用了责任保险的制度设计。[2]这种责任保险模式的主要特点是以侵权责任为基础，强调交强险的责任保险属性，即责任保险分担被保险人损失的功能。这种立法模式主张先成立侵权人与受害人之间的侵权责任，侵权人（被保险人）再依据保险合同成立保险金给付请求权，因此，原则上被保险人为保险金请求权人。[3]也有学

---

〔1〕 参见李祝用、姚兆中："再论交强险的制度定位——立法的缺陷、行政法规与司法解释的矛盾及其解决"，载《保险研究》2014 年第 4 期。

〔2〕 参见李祝用、姚兆中："再论交强险的制度定位——立法的缺陷、行政法规与司法解释的矛盾及其解决"，载《保险研究》2014 年第 4 期。

〔3〕 参见姜强："交强险的功能定位及其与侵权责任的关系——审理机动车交通事故损害赔偿案件的制度背景"，载《法律适用》2013 年第 1 期。

者进而认为，受害第三人对保险公司并不享有直接请求权，这就表明《交强险条例》实际上是按照传统责任保险法律关系的一般原理设计的，即保险人对受害第三人的赔偿责任是依附于交通事故侵权责任而产生的。只有被保险人承担了侵权责任，才能要求保险赔偿。交强险分别设置了"有责"和"无责"的赔偿限额，所谓"责"，指的就是被保险人应承担的交通事故侵权责任，这也说明交强险的赔偿责任与交通事故侵权责任具有牵连关系。[1]还有学者认为，在现行交强险的三方法律关系结构之下，将交强险定位为保障制度存在严重的逻辑漏洞。与无过失保险中的两方法律关系不同，在保险人、被保险人、受害人三方法律关系下，保险公司之所以进行赔付，是因为要填补被保险人因交通事故所承担的损失，但这种损失根本上是受害人所遭受到人身伤亡和财产损失。其中的逻辑联系就是被保险人对受害人要承担一定的损害赔偿责任。如果无视这种损害赔偿责任，则无法解释为什么投保人要购买保险，承担保费，而最终保障的却是受害人的损失。因此，确认保险赔偿的前提，仍然是被保险人依法负有侵权责任。[2]

最后，从《道路交通安全法》第 76 条的解释来看，其并没有明确否定保险责任与道路交通事故侵权责任之间的联系。第 76 条规定，机动车发生交通事故造成人身伤亡、财产损失的，由保险公司在机动车第三者责任强制保险责任限额范围内予以赔偿；不足的部分，按照下列规定承担赔偿责任：（1）机动车之间发生交通事故的，由有过错的一方承担赔偿责任；双方都有过错的，按照各自过错的比例分担责任。（2）机动车与非机动车驾驶人、行人之间发生交通事故，非机动车驾驶人、行人没有过错的，由机动车一方承担赔偿责任；有证据证明非机动车驾驶人、行人有过错的，根据过错程度适当减轻机动车一方的赔偿责任；机动车一方没有过错的，承担不超过 10% 的赔偿责任。交通事故的损失是由非机动车驾驶人、行人故意碰撞机动车造成的，机动车一方不承担赔偿责任。表面上，《道路交通安全法》第 76 条第 1 款的表述没有附加任何前提或限制，保险公司的赔偿责任似乎是无条件的，与交通事故

---

〔1〕 参见李祝用、姚兆中："再论交强险的制度定位——立法的缺陷、行政法规与司法解释的矛盾及其解决"，载《保险研究》2014 年第 4 期。

〔2〕 参见刘学生："交强险立法与实践的两个法律问题辨析——以侵权责任法律关系为视角"，载《保险研究》2011 年第 9 期。

侵权责任并无联系。但这是从文义解释的角度作出的推断，在条款没有明确否定机动车第三者责任强制保险属于责任保险性质的情况下，结合《道路交通安全法》第 17 条规定国家实行机动车"第三者责任"强制保险，依然可以认为保险责任的承担要以被保险人交通事故侵权责任为前提，只是在本条的表述上并没有充分明确。〔1〕全国人大负责《道路交通安全法》立法工作的人员也认为，强制保险在三者险的范围内不定过错、全部赔偿的观点是不正确的，首先是有责任，然后再看在负责任的情况下，最高赔多少，即"限额"〔2〕。立法工作的人员持此观点，具有较高的权威性，应为立法本意。也有学者支持这个理由，认为法律法规的文义解释应服从其目的解释和制度构成，《道路交通安全法》第 76 条第 1 款应被解读为：机动车一方应当承担交通事故赔偿责任的，由保险公司在机动车责任强制保险责任限额范围内直接予以赔偿。〔3〕

2. 保障性保险说。认为交强险属于保障性保险的理由主要包括：

首先，虽然《道路交通安全法》第 76 条并未明确否定保险责任与道路交通事故侵权责任之间的联系，但从文义解释的角度看，《道路交通安全法》第 76 条可以理解为在保险责任限额范围内，并不考察被保险人的过失及其交通事故侵权责任。〔4〕该条文在对交强险、商业险、侵权责任的赔偿次序确定问题进行规定时，并未首先对交通事故侵权责任的归责进行规定，而是首先确定了保险公司在交强险限额范围内的责任承担。这与责任保险的应然模式相悖。质言之，联系整个条款前后的表述，如果交强险采取的是责任保险的模式，则合理的做法应当是，先规定交通事故侵权责任的归责问题，再规定保险公司的责任承担，而非相反。反过来说，仅对超过强制保险限额部分规定侵权责任，就从反面证明了对保险限额内的损害进行赔偿并不以侵权责任为前提。

---

〔1〕 参见李祝用、姚兆中："再论交强险的制度定位——立法的缺陷、行政法规与司法解释的矛盾及其解决"，载《保险研究》2014 年第 4 期。

〔2〕 参见"聚焦道路交通安全法第 76 条四大热点——全国人大常委会法工委副主任王胜明谈道路交通安全法修改"，载 https://news.sina.com.cn/o/2007-12-29/203313167391s.shtml，最后访问时间：2020 年 1 月 18 日。

〔3〕 参见李青武：《机动车责任强制保险制度研究》，法律出版社 2010 年版，第 148~149 页。

〔4〕 参见李祝用、姚兆中："再论交强险的制度定位——立法的缺陷、行政法规与司法解释的矛盾及其解决"，载《保险研究》2014 年第 4 期。

因此，第 76 条规定的不是责任保险。

其次，从理论和实践层面来看，一方面，大量的理论观点〔1〕和审判实践〔2〕否定了交强险限额内的保险责任与交通事故侵权责任之间存在牵连关系；另一方面，目前实践操作中保险行业为了简化理赔程序，以及迫于败诉压力，很多方面也并未按照责任保险的方式来进行交强险的理赔工作。当发生保险事故后，保险公司往往仅根据机动车是否承担责任，直接依照有责或者无责的赔偿限额对受害人的损失进行赔偿，并不是在认定被保险人交通事故侵权责任之后再予以赔偿。因此，实践操作与法律、法规相关规定的脱节，使交强险的责任保险定位存在难以克服的缺陷。

3. 本书的观点。笔者认为，对于交强险性质的判定的标准，正如上述争议之几大焦点，可以从该险种名称、保险标的、立法目的等三个方面进行考量。在上述三个判定标准中尤应以保险标的和立法目的为核心标准，因为险种名称有时是靠不住的，很多险种确实"徒有其表"，所用名称实际上并不能代表其本质，所以，至少在方法论上我们不能仅从外在的名称来断言其内在的本质。

那么，交强险的保险标的是被保险人依法对第三人的赔偿责任？还是不考虑被保险人的赔偿责任而直接针对第三人在交通事故中的损害？或者说，交强险的赔付是否以被保险人对第三人的侵权责任为基础？是否替代被保险人对第三人的赔偿责任？对这个问题如何回答，也就间接明确了交强险的

---

〔1〕 不仅是学者，立法机构编著的相关法律释义中也明显持这种观点，例如，全国人大法工委有关人士参与编写的《〈中华人民共和国道路交通安全法〉逐条详解与立法原始资料》一书中，对第76 条的解释为"首先由保险公司从其第三者责任保险的责任限额范围内赔偿，当保险金额不足以赔偿实际财产损失时，则应按照本条的规定予以解决赔偿责任问题"；全国人大法工委编写的《中华人民共和国侵权责任法释义》解释为"机动车发生交通事故……都是先由保险公司在机动车第三者责任强制保险责任限额内予以赔偿，不足的部分才由机动车一方承担赔偿责任"。参见编写组：《〈中华人民共和国道路交通安全法〉逐条详解与立法原始资料》，中国方正出版社 2003 年版，第 133 页；王胜明主编：《中华人民共和国侵权责任法释义》，法律出版社 2010 年版，第 249 页。参见李祝用、姚兆中："再论交强险的制度定位——立法的缺陷、行政法规与司法解释的矛盾及其解决"，载《保险研究》2014 年第 4 期。

〔2〕 从笔者查阅的司法案件来看，即使受害人在事故中负有相应责任，法院也判决保险人在交强险责任限额范围内首先承担赔偿责任，之后才根据双方当事人的过错程度，计算相应的侵权损害赔偿责任。参见李祝用、姚兆中："再论交强险的制度定位——立法的缺陷、行政法规与司法解释的矛盾及其解决"，载《保险研究》2014 年第 4 期。

性质。

笔者倾向认为交强险的核心属性是保障性保险，但在一定程度上兼具有替代被保险人对第三人赔偿责任的责任保险性质。

首先，从《道路交通安全法》第 76 条以及相关司法解释的规定来看，交强险与被保险人的侵权责任是脱钩的。2012 年《最高人民法院关于审理道路交通事故损害赔偿案件适用法律若干问题的解释》（以下简称《2012 年道交司法解释》）第 16 条第 1 款规定，同时投保机动车第三者责任强制保险和第三者责任商业保险的机动车发生交通事故造成损害，当事人同时起诉侵权人和保险公司的，人民法院应当按照下列规则确定赔偿责任：（1）先由承保交强险的保险公司在责任限额范围内予以赔偿；（2）不足部分，由承保商业三者险的保险公司根据保险合同予以赔偿；（3）仍有不足的，依照道路交通安全法和侵权责任法的相关规定由侵权人予以赔偿。2020 年 12 月，最高人民法院颁布了《关于审理道路交通事故损害赔偿案件适用法律若干问题的解释》（以下简称《2020 年道交司法解释》），因《2012 年道交司法解释》第 16 条第 1 款内容已被我国《民法典》第 1213 条吸收，故《2020 年道交司法解释》第 13 条第 1 款对《2012 年道交司法解释》第 16 条第 1 款的表述进行了简化，其核心内容并未发生变化。《民法典》充分吸收了这一规定，确立了先由交强险保险公司赔付，再由商业三者险保险公司赔付，最后由侵权人赔偿。[1]同时，最高人民法院法官在对该条司法解释以及我国交强险的功能定位及其与侵权责任的关系进行分析和解读时认为，现行法更为强调交强险的基本保障功能，更为重视交强险对受害人损失的填补功能，因此，我国采纳的是基本保障模式，其特点是在理念上更加重视受害人的损失填补、强调交强险的基本社会保障功能，在不同程度上，使之与侵权责任相互分离。质言之，在交强险限额内，保险公司的赔付义务与被保险人的侵权责任相互脱钩。[2]这一系列司法解释与立法说明明确了交强险的保险责任与交通事故侵权责任的分离关系，其实也就否定了交强险的责任保险性质，认可其保障性保险的属

---

〔1〕 参见陈龙业："民法典关于机动车交通事故责任的创新发展与司法适用"，载《人民司法》2021 年第 7 期。

〔2〕 参见姜强："交强险的功能定位及其与侵权责任的关系——审理机动车交通事故损害赔偿案件的制度背景"，载《法律适用》2013 年第 1 期。

性。这也是我国最高人民法院相关司法解释的思路，正如学者所认识到的，在这种保障模式下，机动车发生交通事故造成的损害中，第三者责任强制保险范围内的损失填补与侵权责任无关。在责任限额之外的部分，再根据侵权法的规则认定侵权责任。[1]也就是说，不论被保险人对第三人是否应该承担侵权责任，交强险都对第三人的损害给予赔偿，这无疑属于一种保障性保险，其保险标的并非被保险人对第三人的赔偿责任，而是受害第三人的损害。但也需注意，从受害第三人损害填补的角度看，如果被保险人对第三人负有全部或者部分侵权责任，则交强险的赔偿可以冲抵一部分被保险人对第三人的赔偿责任。在司法实践中，法官是先计算出受害人的总的"损失"，然后在分配"损失"中先由交强险负担，再依据侵权人（被保险人）的责任比例让侵权人（被保险人）投保商业三者险的保险公司和侵权人承担相应的赔偿责任。可见，交强险赔偿时并不考虑被保险人的侵权责任，即便被保险人无侵权责任。交强险对无责情况下的赔付设置，本身就意味着交强险并非建立在侵权责任认定的基础上。质言之，无责赔付本身就与责任保险冲突。但在后续需由被保险人承担侵权承担全部责任时，其赔偿数额中已经在受害人的总"损失"中减除了交强险赔偿的部分，例如被保险人全责时，交强险的赔偿就冲抵了被保险人应承担的部分赔偿数额，此时之交强险完全具有替代被保险人责任的责任保险客观效果；而在被保险人承担部分责任时，交强险的赔偿客观上是按被保险人的责任比例替代了被保险人的侵权责任。

其次，从立法目的来看，交强险强调的是对交通事故受害人提供基础的救济和保障，这也是由交强险之所以为法定强制保险的法理基础决定的。如果交强险仅仅为被保险人分散法律责任风险所设，其法律强制性便无正当性。从立法最初的设计思路来看，虽然可能存在《交强险条例》和《交强险条款》是按照传统责任保险法律关系的一般原理进行设计的这一推断，即保险人对受害第三人的赔偿责任是依附于交通事故侵权责任而产生的，但这种推断的客观依据事实上也仅体现在其以《道路交通安全法》中对交强险"责任保险"名称和定义的单纯沿用，而在其细化规则上并未贯彻责任保险的原理。

---

[1] 参见李祝用、姚兆中："再论交强险的制度定位——立法的缺陷、行政法规与司法解释的矛盾及其解决"，载《保险研究》2014年第4期。

诚然，责任保险论的支持者可以以《道路交通安全法》第 76 条、《交强险条例》和《交强险条款》均未明确否定保险责任与道路交通事故侵权责任之间的联系为其观点辩护，但这些规则同样并未直接规定保险责任要以交通事故侵权责任的认定为前提，同样可以作为保障制度论的论据。事实上，《道路交通安全法》和《交强险条例》对交强险名称及定义的表述是模糊不清的，在这种情况下，实不宜将简单对名称和定义的概括性重复奉为圭臬，而应当通过其具体规则来理解其真正内涵，或者说，应当超越交强险"责任保险"之名，对其进行实质性的解释。立法和监管机构在对交强险制度答记者问时明确指出：目前实行的商业机动车第三者责任保险是根据被保险人在交通事故中所承担的事故责任来确定其赔偿责任的。机动车交通事故责任强制保险实施后，无论被保险人是否在交通事故中负有责任，保险公司均将按照《交强险条例》以及机动车交通事故责任强制保险条款的具体要求在责任限额内予以赔偿。[1]最高人民法院相关司法解释释义认为，《交强险条例》第 1 条表明，使受害人得到及时赔偿是交强险制度的首要目的。关于这些规则的诸多解答和释义也足以表明我国交强险的性质属于保障性保险。

（二）交强险的制度功能

国务院法制办、保监会负责人就《交强险条例》答记者问时，对交强险的制度功能概括为以下四个方面：其一，保障机动车道路交通事故受害人依法得到赔偿，获得及时有效的经济保障和医疗救治；其二，减轻交通事故肇事方的经济负担；其三，通过"奖优罚劣"的费率经济杠杆手段，促进驾驶人增强安全意识，间接促进道路交通安全；其四，发挥保险的社会保障功能，维护社会稳定。[2]其中，第一个方面无疑是交强险制度的核心功能，就是保障交通事故受害人得到及时有效的救济。第二个方面是附带的功能，交强险可以在一定程度上替代交通事故肇事方的赔偿责任，似乎使投保义务人缴纳

---

〔1〕 参见"国务院法制办、保监会负责人就《机动车交通事故责任强制保险条例》答记者问"，载 http://www.cbirc.gov.cn/cn/view/pages/ItemDetail.html? docId = 366541&itemId = 915&generaltype = 0，最后访问时间：2022 年 1 月 18 日。

〔2〕 参见"国务院法制办、保监会负责人就《机动车交通事故责任强制保险条例》答记者问"，载 http://www.cbirc.gov.cn/cn/view/pages/ItemDetail.html? docId = 366541&itemId = 915&generaltype = 0，最后访问时间：2022 年 1 月 20 日。

保险费获得了一个"对价"平衡。因为交强险赔偿与侵权责任"脱钩"，被保险人侵权责任比例越高，则交强险替代责任的比例也就越高，这会使得有责的被保险人比无责的被保险人在交强险的赔偿额度内更为划算，所以，第三个方面"奖优罚劣"主要在于平衡投保人在投保共同体中对保险费的分担利益，即让谨慎不出险或者在交通事故中无责的投保方分担更少的保险费，同时也能起到一定的防范道德风险的作用。第四个方面，从社会效果方面肯定了交强险的社会管理意义，也为其采用"强制保险"模式找到一个支撑点。

因此，我国交强险最为核心的制度功能就在于及时有效地为机动车交通事故中的受害人提供必要的、基本的救济。各个国家或地区较为普遍地采取强制保险或者类似的保障制度对交通事故受害人提供基础性救济。

相较于其他法域，我国面临的机动车事故威胁更为严重，[1]因而构建有效的或完善既有的风险分散与补偿机制一直是各方的关注焦点。对此，各个法域的立法目标或完善标准其实并无两样，都希望能以相对低的成本即较低保费向风险当事人提供相对充分且高效的保险赔付。[2]毫无疑问，交强险制度作为一种社会保障性救济制度，对有效维护交通事故受害人利益、实现社会正义具有积极意义。[3]

三、交强险是否应设置分项赔偿限额？

（一）我国交强险的分项赔偿限额及立法比较

我国《交强险条例》第23条规定，机动车交通事故责任强制保险在全国范围内实行统一的责任限额。责任限额分为死亡伤残赔偿限额、医疗费用赔偿限额、财产损失赔偿限额以及被保险人在道路交通事故中无责任的赔偿限额。机动车交通事故责任强制保险责任限额由国务院保险监督管理机构会同国务院公安部门、国务院卫生主管部门、国务院农业主管部门规定。《交强险

---

[1] 参见汪世虎、沈小军："我国机动车之间交通事故归责原则之检讨——以德国法为参照"，载《现代法学》2014年第1期。

[2] 参见马宁："中国交强险立法的完善：保险模式选择与规范调适"，载《清华法学》2019年第5期。

[3] 参见金钢："论'交强险'制度之完善"，载《特区经济》2010年第6期。

条款》第8条则规定了各项责任限额的具体金额。

我国《交强险条例》所设置的分项，有学者依据其表述解读为分为死亡伤残、医疗费用、财产损失和被保险人在道路交通事故中无责任的赔偿限额四项；也有学者按照分项的实质内容解读为三项：死亡伤残、医疗费用、财产损失的赔偿限额，但各项中又进一步区分为被保险人有责和被保险人无责情形两个标准。其实，上述两种解读并无实质性冲突，但笔者倾向按照三项来解读，因为在一个特定的赔付案件中，仅可能同时涉及三项赔偿，而不会同时涉及四项赔偿。自2006年我国推出交强险以来，在保险费基本未变的情况下，其赔偿总限额及各分项赔偿限额历经多次修改，由最初的6万元（死亡伤残5万元，医疗费用8000元，财产损失2000元）已经增加到20万元（死亡伤残18万元，医疗费用1.8万元，财产损失2000元）。

立法例上，交强险的赔付方法具有不同的分类模式。其一，根据是否区分赔偿项目而设定责任限额，分为概括限额与分项限额。两者差异在于，分项限额不允许分项间赔偿额的相互抵用，其立法宗旨体现了交强险保护受害人利益的不同侧重点，即保障的重点依次是：人身伤亡、医疗费用、财产损失。但在某项赔偿金额过高而其他赔偿金额较低的情况下，由于分项限额不允许各项间相互打通、相互抵用，受害人得到的保障程度将明显低于概括限额模式。[1]

我国交强险设置分项限额的模式，应该是参考和借鉴了日本的相关立法。根据日本《机动车损害赔偿保障法》的相关规定，日本采取分项责任限额并不设事故赔偿总金额上限，以每一受害人为标准，规定该保障于死亡、伤害、残疾三个项目的最高责任限额内分项赔付，每一事故赔付金额不设上限。日本目前实行的机动车强制责任保险最低责任限额关于人身伤害部分的规定为：死亡为300万日元/人，一级伤残为4000万日元/人。[2]可见，日本采取了分项赔偿限额并不设赔偿总金额上限的制度。但与我国交强险制度明显不同的是，日本的分项赔偿限额均针对"每一受害人"，而非"每次事故"，且未设置财产损失分项。这两点不同，也是值得我们应当反思之处。

---

〔1〕 参见韩长印："我国交强险立法定位问题研究"，载《中国法学》2012年第5期。

〔2〕 参见《机动车强制责任保险制度比较研究》编写组编：《机动车强制责任保险制度比较研究》，中国财政经济出版社2008年版，第36~38页。

（二）对于我国交强险设置分项赔偿限额的争议

关于交强险应否设置分项赔偿限额的问题，在我国司法实务及法学理论界中均存在较大争议。

在司法实践上，争议主要集中在医疗费用分项赔偿限额与死亡伤残分项赔偿限额能否突破？进而"打通"分项来使用赔偿限额？最典型的案情即为：当投保交强险的被保险机动车发生交通事故，造成第三者人身伤害所产生的医疗费用超过该分项赔偿限额时，如果权利人主张在死亡伤残赔偿限额内获得赔偿，是否能够得到法院支持。有学者经过查询大量司法判例，发现大部分法院不支持此项诉求，但也有少数人民法院做出了支持突破分项限额的判决。应当认为直到现在，司法界对此类案件仍然存在"同案不同判"的情形。[1]

多数法院不支持交强险分项限额的突破，其裁判依据主要来源于最高人民法院针对辽宁省高级人民法院《关于在道路交通事故损害赔偿纠纷案件中，机动车交通事故责任强制保险中的分项限额能否突破的请示》（〔2012〕辽民一他字第1号）回复的《最高人民法院关于在道路交通事故损害赔偿纠纷案件中机动车交通事故责任强制保险中的分项限额能否突破的请示的答复》（〔2012〕民一他字第17号）文件中给予了"不支持突破"的明确答复。该批复指出，根据《道路交通安全法》第17条、《交强险条例》第23条，机动车发生交通事故后，受害人请求承保机动车第三者责任强制保险的保险公司对超出机动车第三者责任强制保险分项限额范围的损失予以赔偿的，人民法院不予支持。由于是最高人民法院的批复，所以大多数基层或中级人民法院在审理此类案件时直接引用，做出驳回原告诉讼请求的判决。[2]据此，在司法实务方面，关于交强险分项限额问题似乎已风波渐平，但该复函下发后各地法院态度不一，某些法官认为上述复函不具有普遍适用效力。[3]

---

〔1〕参见陈志斌："关于交强险分项限额赔偿制度的立法思考"，载《山西财政税务专科学校学报》2021年第2期。

〔2〕参见陈志斌："关于交强险分项限额赔偿制度的立法思考"，载《山西财政税务专科学校学报》2021年第2期。

〔3〕参见王德明："交强险打通分项限额判决评析——兼论交强险的立法目的和对价平衡原则"，载《保险研究》2014年第6期。

少数法院支持交强险分项限额可以突破，其中最为典型的是贵州省高级人民法院《关于审理涉及机动车交通事故责任强制保险案件若干问题的意见》（黔高法〔2011〕124 号）中第 5 条明确规定，被保险机动车发生交通事故，不论被保险人在交通事故中有无过错及过错程度，保险公司均负有在交强险责任限额范围内向受害第三者直接赔付的法定义务。该意见明确了审理交强险理赔案件时采取"不分项、不分责"的裁判原则，并坚持了将近 10 年。在贵州省高级人民法院《关于对贵州省政协十二届二次会议第 419 号委员提案的答复函》（黔高法办代表〔2019〕24 号）（以下简称《答复函》）中，贵州省高级人民法院给出两点理由：一是目前缺乏"分项、分责"明确的法律法规依据；二是基于交强险的性质和制度功能，再次推导出应当"不分项、不分责"。[1]

此处需要特别说明的是，2020 年贵州省高级人民法院发布《关于道路交通事故纠纷中机动车强制保险赔付适用分项限额规定的通知》，该通知已于 2021 年 1 月 1 日起施行，明确规定了"贵州省道路交通事故纠纷中机动车强制保险赔付适用分项限额的相关规定。""机动车发生交通事故后，受害人请求承保机动车强制保险的保险公司对超出机动车强制保险分项限额范围的损失予以赔偿的，人民法院不予支持。"同时废止了该院制定的《关于审理涉及机动车交通事故责任强制保险案件若干问题的意见》（黔高法〔2011〕124 号）第 5 条。该通知自此终结了贵州省各级人民法院坚持多年的"不分项、不分责"的审判思路。

但也有学者认为，依据《交强险条例》第 23 条规定，交强险责任限额应由银保监会会同国务院公安部门、卫生主管部门、农业主管部门等共同制定。因此，在贵州省高级人民法院的《答复函》中，对银保监会单方颁布的交强险责任限额文件的法律效力不予采纳的理由并无不当。[2]同时，建议各级人民法院在审理道路交通事故人身损害赔偿案件中，当原告提出由承保交强险的保险公司对于超出医疗费用赔偿限额的损失部分在交强险人身损害总限额内予以赔偿的诉求时，应当予以支持。尤其是在机动车与行人或非机动车之

---

〔1〕 参见陈志斌："关于交强险分项限额赔偿制度的立法思考"，载《山西财政税务专科学校学报》2021 年第 2 期。

〔2〕 参见陈志斌："关于交强险分项限额赔偿制度的立法思考"，载《山西财政税务专科学校学报》2021 年第 2 期。

间发生的撞击交通事故中，根据《道路交通安全法》第76条的立法精神，更应该保护在人身安全防护方面明显处于弱势一方的行人和非机动车方的人身权益，这也符合我国交强险的立法宗旨。[1]笔者认为，仅以交强险制度的整体功能定位来否定分项赔偿限额的理由并不充分，如果认为医疗费用分项赔偿限额不足，解决的途径应当是增加该分项限额的额度，而不是突破该限额的限制。至于由保险监管部门颁布各个分项的具体限额标准的法律授权依据是否充足，则是法律的解释问题，可能"仁者见仁智者见智"。但贵州省高级人民法院《答复函》中对交强险制度功能与被保险人侵权责任关系的阐述，仍然具有一定的代表意义。[2]

关于交强险是否区分分项限额，尽管最高人民法院民一庭在给辽宁省高院的回函中已有明确态度，但在我国学界仍然存在着不同的理解和看法。

有学者认为应打破区分分项限额的规定，理由主要包括以下几点：其一，《道路交通安全法》第76条只规定由保险公司在交强险责任限额范围内予以赔偿，并未作分项限额之限定，因此《交强险条例》第23条和《交强险条款》第8条关于分项限额的做法违反了上位法的规定，应不予适用。其二，

---

[1] 参见陈志斌："关于交强险分项限额赔偿制度的立法思考"，载《山西财政税务专科学校学报》2021年第2期。

[2]《答复函》中关于"不分项、不分责"的理由之二：二、从设立交强险的目的及交强险的特殊性质来看。交强险的功能应更多地体现在保障道路交通事故受害人的权益，不能将交强险作为一般商业保险对待。《机动车交通事故责任强制保险条例》第1条规定，为了保障机动车道路交通事故受害人依法得到赔偿，促进道路交通安全，根据《中华人民共和国道路交通安全法》《中华人民共和国保险法》，制定本条例。可以看出，设立交强险的目的在于控制机动车行驶这一高危行为的风险，保障道路交通事故受害人的人身、财产损失能够依法及时得到赔偿，促进道路交通安全，交强险的功能是对受害人损失的及时填补、更多的是保障受害人的权益，这与一般商业保险分散被保险人风险的功能有明显区别。《机动车交通事故强制保险条例》第3条规定，本条例所称机动车交通事故责任强制保险，是指由保险公司对被保险机动车发生道路交通事故造成本车人员、被保险人以外的受害人的人身伤亡、财产损失，在责任限额内予以赔偿的强制性责任保险。《道路交通安全法》第76条规定，机动车发生交通事故造成人身伤亡、财产损失的，由保险公司在机动车第三者责任强制保险责任限额范围内予以赔偿。可以看出，交强险是一种强制性保险，这种强制性不仅表现在机动车所有人或管理人的法定投保义务和保险公司的法定承保义务，还体现在保险公司承担赔偿责任是以道路交通事故受害人发生了人身、财产损失为前提，而与被保险人的过错程度和责任无关。在发生道路交通事故时，被保险人利用交强险进行赔偿的，保险公司在责任限额内，以受害人实际的人身、财产损失为准进行赔偿，而不论被保险人在事故中的过错程度和责任大小，并且被保险人在事故中的过错程度和责任大小，与其造成的损失并没有必然联系，过错程度小，可能造成受害人的人身、财产损失大，若在交强险赔偿过程中考虑被保险人的过错程度，很可能造成受害人的损失无法得到填补，不符合设立交强险的目的。

交强险合同的分项限额条款是保险公司单方提出的格式条款，意在规避保险人的义务而排除被保险人的权利，应属无效。[1]其三，交强险分项限额明显限制了对受害人的保护，不符合交强险的制度功能和立法目的。交强险意在保障交通事故受害人及时得到有效的基本赔偿，具有法定性、强制性、公益性的特点，不应对受害人的利益进行限制。[2]

另有学者认为应严格区分分项赔偿限额，主要理由为，交强险分项赔偿限额的确定与机动车交通事故发生率、交强险投保的费率水平以及保险市场的发展等因素密切相连，分项赔偿限额制度不仅涉及受害人的损失填补，也涉及不特定多数人的利益，不能随意打破。[3]对于最高人民法院民一庭给辽宁省高院的回函，最高法院民一庭负责人的解释是，交强险的基本保障功能并不必然导致分项限额具有不合理性，甚至是相反。在交强险的赔偿在一定范围内与侵权责任脱钩的模式下，交强险保障范围的大小与一国所欲投入的损失填补成本息息相关，并不完全取决于法律上的逻辑。因此，在现行法的框架和我国目前的国情之下，分项限额制度是人民法院审理道路交通事故损害赔偿案件的背景之一。[4]可见，严格区分分项限额，有助于及时对受害人的人身伤害进行救济，而非对受害人的一切损失（尤其是财产损失）进行救济。交强险设立的目的是以人为本，其基本功能为对受害人的人身伤害进行及时填补。[5]同时，设置分项赔偿限额亦有助于防范道德风险。

此外，2019年7月，中国银保监会对十三届全国人大二次会议第4857号建议的答复中对于人民代表提出的关于修改交强险保险条款中分项限额的建议进行了说明和答复。该说明和答复指出，目前我国交强险针对交通事故死亡伤残、医疗费用和财产损失分别设置了不同的赔偿限额，其中死亡伤残赔

---

[1] 参见石国才：《索赔有方：道路交通事故处理全程指引》，法律出版社2016年版，第436页。

[2] 参见罗振向："论我国交强险分责分项限额赔付的争议及解决途径"，载《法制与社会》2021年第4期。

[3] 参见石国才：《索赔有方：道路交通事故处理全程指引》，法律出版社2016年版，第437页。

[4] 参见最高人民法院民一庭杜万华等："解读《最高人民法院关于审理道路交通事故损害赔偿案件适用法律若干问题的解释》"，载《司法文件选解读》2013年第1期；姜强："交强险的功能定位及其与侵权责任的关系——审理机动车交通事故损害赔偿案件的制度背景"，载《法律适用》2013年第1期。

[5] 参见罗振向："论我国交强险分责分项限额赔付的争议及解决途径"，载《法制与社会》2021年第4期。

偿限额最高。设置分项赔偿限额，可以集中理赔资源为人身伤亡提供经济赔偿，让有限的保险金精准对应赔偿的性质和用途，更好地发挥各项赔偿应有的功能和作用。从我国实践来看，目前交强险各分项限额能够满足绝大多数理赔案的赔偿需求。如果取消交强险分项限额制度，一是将使人身伤亡、财产损失项目混同适用于同一责任限额，使财产损失赔偿占用更多的理赔资源，改变交强险着重保障受害人人身伤亡的初衷；二是可能导致交强险整体费率水平明显上升，进而加重投保人经济负担。[1]

（三）本书的观点

笔者认为，突破或者取消分项赔偿限额对于交通事故受害第三人的权益保护无疑是有利的，但同时也无疑会带来保险费的提高以及保险基金更多被用于受害人财产损失的赔偿，或者说，法律强制投保义务人缴纳保险费却只是为了保障受害人的财产损失，这就会给交强险的"强制"属性的正当性带来挑战，也对交强险的功能定位到底是保障受害人的人身权益还是财产权益提出了质疑。因此，不能抽象笼统地以交强险的核心制度功能来否定其具体的制度设计，对于人们普遍感到医疗费用赔偿限额不足的问题，可以通过适当提高该赔偿限额来解决。笔者赞同不能突破分项赔偿限额的观点和理由，也认同最高人民法院复函的理由以及保险监管机构"说明和答复"的意见。交强险分项限额源于保险公司的专业精算技术，如果突破分项限额，就会对保险基金分摊机制造成冲击。同时，其他国家和地区的相关立法和制度设计情况也支持了交强险分项赔偿限额的规定。

另外，在最高人民法院已经做出明确指示的情况下，各级人民法院应当遵照该指示进行案件的审理，以保证司法的统一性。此外，在认可分项赔偿限额制度价值的同时，修改限额额度或可成为兼顾交强险制度功能与司法统一性、保险基金分摊机制的有效途径。

四、取消还是保留财产损失分项赔偿限额？

（一）对于设置财产损失分项赔偿限额的质疑

有学者认为，我国现行的机动车强制责任保险法律制度的实施效果不尽

---

〔1〕 上述"说明和答复"的内容，参见 http://www.cbirc.gov.cn/cn/view/pages/govermentDetail.html？docId=875902&itemId=893&generaltype=1，最后访问时间：2022 年 1 月 20 日。

如人意，其中一个主要原因即为我国交强险的保险范围设置不合理。我国交强险在赔付数额有限的背景下，仍然设定了财产损害赔偿项目。[1]也有学者认为，将我国交强险定位为受害人损害的填补者而非完全的责任保险以及将财产损害纳入其赔偿范围大大扭曲了强制责任保险原本所欲实现的赔偿资源优化配置功能，以至于最后只能采对受害人权利保护最为不利且限额较低的事故分项限额模式，因此也没有从根本上起到将部分侵权诉讼挡在法院之外的作用。[2]还有学者主张，考虑到我国目前交强险的高保费与低保障现实，有必要将保险资源集中于在法益衡量上更为优先的项目。[3]具体而言，由于造成财产损失交通事故的多发性，通过交强险填补受害人的财产损害将在极大程度内挤占本就不高的人身损害保障份额。同时，将财产损失纳入交强险保障范围也会直接影响投保人的保费负担和投保率，因而立法有必要取消财产损害的赔付，当事人可以通过商业性质的机动车第三者责任保险来填补前述空缺。[4]

笔者认为，当前将受害人的财产损失纳入交强险的保障范围的规则实有不妥，理由如下：

1. 设置财产损失分项不符合交强险的制度功能定位。交强险的功能定位与宗旨是为交通事故受害人提供最基本的救助和保障，主要是指医疗抢救和人身伤害的救助以及对于死亡和伤残的受害人进行最基本赔偿的保障，体现了现代文明社会以人为本的精神理念。这种基础性保障与救助是通过保障医疗抢救、伤残补偿、死亡抚恤等费用以对受害人人身损害的救助，而相比于受害人的人身损害，其财产损失并不值得强制责任保险予以保护。有学者认为，将财产损失纳入交强险保障范围，将导致本就有限的保险资金被支付给在法利益衡量上相对居次的财产损害，稀释了更为迫切的人身损

---

〔1〕 参见马宁："中国交强险立法的完善：保险模式选择与规范调适"，载《清华法学》2019年第5期。

〔2〕 参见张力毅："比较、定位与出路：论我国交强险的立法模式——写在《交强险条例》出台15周年之际"，载《保险研究》2021年第1期。

〔3〕 参见马宁："中国交强险立法的完善：保险模式选择与规范调适"，载《清华法学》2019年第5期。

〔4〕 参见马宁："中国交强险立法的完善：保险模式选择与规范调适"，载《清华法学》2019年第5期。

害赔付。[1]应该说，交强险所体现的是"以人为本"，是对受害人生命和人身的关怀，而不是以受害人的财产为本，受害人的财产损失应当交由商业责任保险解决。

2. 财产损失分项的赔付支出在交强险赔付中占有较大比例。因为交通事故多为城市道路上车与车的事故，频率最高的是剐蹭类的轻微事故，发生人身伤害的较少，发生财产损失的较多，所以，很多交强险保险金的支出都是用于给对方修车。也就是说，交强险设置财产损失的赔偿分项，或者加重了投保人的保险费负担，或者挤占了人身损害赔偿和医疗费用分项的额度。如果没有财产损失分项，那么，或者可以为投保人节省下相应部分的保险费，或者可以大大提升医疗和人身伤亡的赔偿额度。更为重要的是，交强险设置2000元的财产损失分项的赔偿额度，对于受害人来讲，这2000元的财产损失的保障相对于人身损害救济而言的确是微不足道的，也完全没必要由法律强制投保人团体"掏腰包"来分担，其正当性并不充分。

3. 从目前的实践来看，交强险设置财产损失分项的唯一好处是在双车碰撞情形下，提供了"互碰自赔"的可能。这对于快速处理轻微交通事故、缓解城市交通拥堵有一点点作用。但这个"作用"能否作为支撑交强险设置财产损失分项的理由，值得进一步讨论研究。

（二）比较法分析及本书的观点

对比国外的相关立法，是否将受害第三人的财产损失纳入强制保险的保障范围，不同的国家有着不同的做法。

例如，日本《机动车损害赔偿保障法》第1条规定，本法系以确立保障因汽车之运行而致人生命或身体被侵害时之损害赔偿制度，借以保护受害人，并促进汽车运送之健全发展为目的。[2]日本立法者认为，对交通事故受害人的人身损害进行赔偿是机动车强制责任保险的首要任务。[3]鉴于交强险强制保险的性质，如果将财产损失纳入交强险的赔偿范围，将会大幅度提高保费，

---

[1] 参见马宁："中国交强险立法的完善：保险模式选择与规范调适"，载《清华法学》2019年第5期。

[2] 参见江朝国编著：《强制汽车责任保险法》，中国政法大学出版社2006年版，第24页。

[3] 参见《机动车强制责任保险制度比较研究》编写组：《机动车强制责任保险制度比较研究》，中国财政经济出版社2008年版，第187页。

从而加重投保人的经济负担。因此，日本机动车强制责任保险仅保障道路交通事故受害人的人身伤害，并未将受害人的财产损失纳入赔偿范围之中。

德国的做法与日本不同，德国《汽车保有人强制责任保险法》第1条规定，于国内有固定驻地之汽车或拖车，且使用于公共道路或广场者，其保有人为担保因使用汽车造成之人身、物以及其他财产损害，有义务依本法规为自己、所有人及驾驶人缔结并维持一责任保险契约。[1]并于2003年对《道路交通法》进行了修改，其中第7条第1款规定，保有人的责任，擅自驾驶他人的机动车，如果因机动车的运营或它拖带的拖车的运营导致人死亡、身体或健康受侵害或者财物有损失，机动车保有人负有赔偿责任。[2]由上述两处规定可知，德国的机动车强制责任保险赔偿范围较广，既包括受害人的人身伤亡，亦包括财产损失以及其他间接经济损失。[3]

总体来说，日本、韩国、新加坡、澳大利亚等大多数国家和地区未将财产损失纳入机动车强制保险的赔偿范围，而德国、意大利等欧盟国家则选择将财产损失纳入机动车强制责任保险的赔偿范围。

笔者认为，这与机动车强制保险的性质、功能定位以及交通事故受害人的救济途径选择有关。如果采用保障性保险的途径，诸如与被保险人的侵权责任完全"脱钩"的美国无过失保险的方式或者我国交强险的方式，那么就没有足够正当的理由将财产损失纳入强制保险的保障范围，或者说，相关法律不应当强制投保人为保障受害人的财产损失获得赔偿而买单。如果采用责任保险的途径，强制保险与被保险人的侵权责任相关，替代被保险人的侵权责任，那么自然就会将受害人的财产损失纳入责任保险的赔偿范围，但如此的话，采用分项限额责任的方式（包括财产损失分项）与一般的商业责任保险相比就会显得突兀。德国、意大利等欧盟国家将财产损失纳入强制保险赔偿范围，是因为这些国家均采用了强制责任保险的途径解决受害人救济问题，而之所以采用这种途径或与《欧盟机动车保险指令》（及其受害人救济的法律

---

〔1〕 参见江朝国编著：《强制汽车责任保险法》，中国政法大学出版社2006年版，第23页。

〔2〕 参见《机动车强制责任保险制度比较研究》编写组编：《机动车强制责任保险制度比较研究》，中国财政经济出版社2008年版，第75页。

〔3〕 参见《机动车强制责任保险制度比较研究》编写组编：《机动车强制责任保险制度比较研究》，中国财政经济出版社2008年版，第77页。

理念）要求成员国对交通事故受害人的人身损害和财产损失均提供保险保障有关。

结合域外的相关立法情况来看，我国交强险制度借鉴了日本分项限额赔偿的做法，同时也吸收了德国将受害人财产损失纳入强制责任保险保障范围的做法。从法理及比较法来看，我国交强险赔偿范围设置财产损失分项的做法，既缺乏法理上的正当性基础，也违背了受害人救济制度的路径选择的基本逻辑；既不符合交强险制度的功能定位，在实践上也削弱了交强险救济受害人的客观效果。有学者经调研得知，在交强险赔偿总额中，财产赔偿所占比例已经超过赔偿总金额之半数；另还有占比三分之二之说。[1] 如果上述数据属实，则意味着交强险保险费中至少有一半都赔付给了财产损失，也就是说，如果交强险赔偿范围不包括财产损失的话，保险费至少可以比现有标准降低一半，或者在维持现有保险费水平的情况下，大大提高医疗费用和死亡、伤残分项的赔偿额度。

有学者主张应当对我国交强险制度进行改革，认为在交强险限额有限的情况下，剔除财产损失赔偿，全部转化为人身损害赔偿，既能及时救助受害人的人身伤害，也会相应降低保险公司赔付负担，保障交强险运营的持续健康发展，体现我国立法优先保障受害人生命权和健康权的价值取向。[2] 笔者认同该主张，结合前文对财产损失分项设置的法理分析和比较研究，我国《交强险条例》及《交强险条款》对赔偿范围的规定应取消财产损失分项或尽量减少财产损失分项的额度。

五、"每次事故"还是"每人每次事故"？

（一）对"每次事故"保障模式的质疑

有学者在逻辑上将交强险的保障模式即个案中保险金的赔付方式分为四种。依据是否区分赔偿项目分为概括限额模式与分项限额模式。其中，分项限额由于不允许分项间赔偿额的相互抵用，因而在某项赔偿金额过高而其他赔偿金额较低的情况下，受害人得到的保障程度低于概括限额模式。依据是

---

〔1〕 笔者未能在公开渠道找到财产分项的赔付支出占交强险赔付支出总额比例的数据。

〔2〕 参见罗振向："我国交强险的功能定位及改革思路"，载《法制与社会》2021年第7期。

否区分受害人人数而设定不同的赔偿限额，分为事故限额模式与受害人限额模式。事故限额是指保险人对一次事故的赔偿限额不因受害人人数的增加而相应增加；而受害人限额则恰恰相反。将上述两种分类合在一起，赔付方式共计四类：受害人概括限额、受害人分项限额、事故概括限额、事故分项限额。这四种模式对于受害人的综合保障程度最高的是受害人概括限额模式，最低的是事故分项限额模式。[1]

根据我国《交强险条款》第6条规定，交强险合同中的责任限额是指被保险机动车发生交通事故，保险人对每次保险事故所有受害人的人身伤亡和财产损失所承担的最高赔偿金额。可见，我国采取的是事故分项限额模式。有学者尖锐指出，这种事故分项限额保障模式多被用于商业自愿保险，以利于保险人管控经营风险，将之用于强制性且具有准公共物品属性的交强险中并不适宜。因为当事故中存在多个受害人时，各受害人将被迫共享本就极为有限的赔偿限额，进而使得一个事故中受害人越多，每个人的保障程度就越低。[2]又因为交通事故严重程度往往与受害人人数正相关，因此，这种事故限额模式对无辜而又无法左右事故严重程度的多名受害人而言不仅因事故严重程度的增加而更显保障不力，而且实际上是让他们就自己的保障问题听天由命。[3]

参考其他国家和地区的相关立法情况，在机动车强制保险领域，几乎没有采用事故限额模式的。有学者指出，在日本、韩国等国家和地区中，人身损害赔偿限额均采用受害人限额模式，我国应当立足国情最终亦采受害人限额模式，从而能从根本上更加公平地保护受害人的权益。[4]也有学者认为，我国的交强险保险金赔付模式应转向受害人限额模式，即针对"每人每次事故"进行赔付，从而为被保险人和受害人提供相对充分的保护，避免诸如重复投保、道德风险等一系列问题。[5]还有学者提出了更进一步的观点，即便考虑

[1] 参见韩长印："我国交强险立法定位问题研究"，载《中国法学》2012年第5期。
[2] 参见马宁："中国交强险立法的完善：保险模式选择与规范调适"，载《清华法学》2019年第5期。
[3] 参见韩长印："我国交强险立法定位问题研究"，载《中国法学》2012年第5期。
[4] 参见罗振向："我国交强险的功能定位及改革思路"，载《法制与社会》2021年第7期。
[5] 参见韩长印："我国交强险立法定位问题研究"，载《中国法学》2012年第5期。

到现阶段保险人的赔付能力与投保人对保费的承受力，未来的交强险至少也应转向受害人分项限额模式。同时在限额模式下消除医疗费用与伤残赔偿之间的分项界限来为受害者的核心利益诉求提供相对充分的保障。[1]可见，按照"每次事故"进行限额赔偿这种事故分项限额模式受到了广泛的质疑，学者们不论从比较法角度，还是交强险制度功能的角度，都是主张交强险应采用受害人限额模式，即采用"每人每次事故"作为赔偿限额的适用标准。

（二）本书的观点

笔者认为，在存在多个受害人时，交强险采用"每次事故"这种事故限额模式不仅对于受害人的救济额度明显不足，而且无法体现交强险保障受害人功能的公平性。试想同样是交通事故的受害人，却可能会因为一次事故中受害人人数较多而在赔偿额度上相差几倍，显然这并没有给受害人同等的保障。这种事故限额模式在制度功能层面是无法给出合理解释的。

另外，对于存在多个受害人的道路交通事故案件，交强险的保险公司几乎无法自行进行合理的赔偿，只能依赖法院判决。而法院在所有受害人的损失确定之前，也很难在多个受害人之间分配交强险的赔偿额度。这必然导致交强险的赔偿期限拖延很长时间，交强险对受害人及时救济的功能丧失殆尽。可以说，所谓"事故限额模式"仅是理论或者逻辑上存在的一种模式，实践中如果采用这种模式，在技术层面必然导致对受害人的保障和救济不充分、不公平、不及时的结果，与交强险的制度功能定位相背离，与交强险的"法律强制"属性不匹配。如果交强险仅仅为了分散被保险人的责任风险，则其"法律强制"就没有正当性基础；如果交强险的核心制度功能在于给交通事故受害人提供基础性（即须具有相对充分性和公平性）的、及时的救济和保障，就不能采用事故限额模式而必须采用受害人限额模式。

受害人限额模式下是采用概括限额模式还是分项限额模式？笔者认为这并非原则性问题，相对而言，虽然概括限额模式对受害人更为有利，但分项限额模式较概括限额模式可以在保险基金分配上更为精准地反映政策要求，也可以更好地控制保险费的额度和防范道德风险。同时需要强调的是，笔者

---

[1] 参见马宁："中国交强险立法的完善：保险模式选择与规范调适"，载《清华法学》2019年第5期。

坚持反对将受害人的财产损失纳入交强险的赔偿范围；退一步讲，如果像现有制度这样，已将财产损失纳入交强险赔偿范围，则采用分项限额模式是必需的选择，且应严格限制财产损失分项的赔偿额度，此种情形下绝对不可采用概括限额模式。

【结论】

我国交强险的核心属性是保障性保险，但在一定程度上兼具有责任保险性质，因此其主要的制度功能在于及时有效地为机动车交通事故中的受害人提供必要的、基本的救济，次要的功能是替代被保险人对受害人进行赔偿。

以交强险的性质及其主要制度功能为考量标准，本书认为其所采用的基本赔偿模式背离了交强险的宗旨和功能定位，应该予以反思和重构。

交强险分项限额源于政策对交通事故受害人精准保障的需要，突破分项限额会对保险基金分摊机制造成冲击，会带来保险费的提高以及保险基金更多被用于受害人财产损失的赔偿，不符合强制保险的法理基础。

我国交强险选择赔偿金额与被保险人侵权责任脱钩的保障性保险的途径，不应当将财产损失纳入保障范围。从法理及比较法来看，我国交强险赔偿范围设置财产损失分项的做法，既缺乏法理上的正当性基础，也违背了受害人救济制度的路径选择的基本逻辑；既不符合交强险制度的功能定位，在实践上也削弱了交强险救济受害人的客观效果。因此，我国《交强险条例》及《交强险条款》应取消财产损失分项或尽量减少财产损失分项的额度。

我国交强险赔偿采用事故限额模式，在技术层面必然导致对受害人的保障和救济不充分、不公平、不及时的结果，与其制度功能定位相背离，与其强制保险属性不匹配。因此，应当采用按照"每人每次事故"赔偿的受害人限额模式。

参考文献

一、中文文献

（一）著作

1. ［美］约翰·F. 道宾：《美国保险法》，梁鹏译，法律出版社 2008 年版。

2. ［美］所罗门·许布纳等：《财产和责任保险》，陈欣等译，中国人民大学出版社 2002 年版。

3. ［美］康斯坦斯·M. 卢瑟亚特等：《财产与责任保险原理》，英勇、于小东总译校，北京大学出版社 2003 年版。

4. ［美］小哈罗德·斯凯博等：《国际风险与保险：环境——管理分析》，荆涛等译，机械工业出版社 1999 年版。

5. ［美］Mark S. Dorfman：《当代风险管理与保险教程》，齐瑞宗等译，清华大学出版社 2002 年版。

6. ［美］约翰·罗尔斯：《正义论》，何怀宏等译，中国社会科学出版社 1988 年版。

7. ［美］罗斯科·庞德：《通过法律的社会控制：法律的任务》，沈宗灵、董世忠译，商务印书馆 1984 年版。

8. ［美］罗斯科·庞德：《法理学》（第一卷），邓正来译，中国政法大学出版社 2004 年版。

9. ［美］E. 博登海默：《法理学——法哲学及其方法》，邓正来、姬敬武译，华夏出版社 1987 年版。

10. ［美］E. 博登海默：《法理学：法律哲学与法律方法》，邓正来译，中国政法大学出版社 1999 年版。

11. ［美］罗纳德·德沃金：《认真对待权利》，信春鹰、吴玉章译，中国大百科全书出版社 1998 年版。

12. ［美］昂格尔：《现代社会中的法律》，吴玉章、周汉华译，中国政法大学出版社 1994 年版。

13. ［美］迈克尔·D. 贝勒斯：《法律的原则——一个规范的分析》，张文显等译，中国大百科全书出版社 1996 年版。

14. ［美］富勒：《法律的道德性》，郑戈译，商务印书馆 2005 年版。

15. ［美］小奥利弗·温德尔·霍姆斯：《普通法》，冉昊、姚中秋译，中国政法大学出版社 2006 年版。

16. ［美］约翰·亨利·梅利曼：《大陆法系》，顾培东、禄正平译，法律出版社 2004 年版。

17. ［美］伯纳德·施瓦茨：《美国法律史》，王军等译，中国政法大学出版社 1997 年版。

18. ［美］理查德·A. 波斯纳：《法律的经济分析》，蒋兆康译，中国大百科全书出版社 1997 年版。

19. ［美］理查德·A. 波斯纳：《法理学问题》，苏力译，中国政法大学出版社 2002 年版。

20. ［美］理查德·A. 波斯纳：《超越法律》，苏力译，中国政法大学出版社 2001 年版。

21. ［美］斯蒂文·萨维尔：《事故法的经济分析》，翟继光译，北京大学出版社 2004 年版。

22. ［美］乌戈·马太：《比较法律经济学》，沈宗灵译，北京大学出版社 2005 年版。

23. ［美］乔迪·S. 克劳斯、史蒂文·D. 沃特主编：《公司法和商法的法理基础》，金海军译，北京大学出版社 2005 年版。

24. ［美］罗伯特·考特、托马斯·尤伦：《法和经济学》，张军等译，上海三联书店 1994 年版。

25. ［美］罗伯特·D. 考特、托马斯·S. 尤伦：《法和经济学》，施少华、姜建强等译，上海财经大学出版社 2002 年版。

26. ［美］保罗·萨缪尔森、威廉·诺德豪斯：《微观经济学》，萧琛等译，华夏出版社 1999 年版。

27. ［美］威廉·M. 兰德斯等：《侵权法的经济结构》，王强等译，北京大学出版社 2005 年版。

28. ［美］格瑞尔德·J. 波斯特马：《哲学与侵权行为法》，陈敏、云建芳译，北京大学出版社 2005 年版。

29. ［美］理查德·A. 爱泼斯坦：《侵权法：案例与资料》，中信出版社 2003 年版。

30. ［美］罗伯特·A. 希尔曼：《合同法的丰富性：当代合同法理论的分析与批判》，郑云瑞译，北京大学出版社 2005 年版。

31. ［美］格兰特·吉尔莫：《契约的死亡》，曹士兵等译，中国法制出版社 2005 年版。

32. ［英］MALCOLM A. CLARKE：《保险合同法》，何美欢、吴志攀等译，北京大学出版社

2002 年版。

33. ［英］奥梅、希尔：《OMAY 海上保险——法律与保险单》，郭国汀等译，法律出版社 2002 年版。

34. ［英］约翰·伯茨：《现代保险法》，陈丽洁译，河南人民出版社 1987 年版。

35. ［英］约翰·T. 斯蒂尔：《保险的原则与实务》，孟兴国等译，中国金融出版社 1992 年版。

36. ［英］A. 哈耶克编著：《个人主义与经济秩序》，贾谌、文跃然等译，北京经济学院出版社 1989 年版。

37. ［英］弗里德利希·冯·哈耶克：《自由秩序原理》，邓正来译，生活·读书·新知三联书店 1997 年版。

38. ［英］哈特：《法律的概念》，张文显等译，中国大百科全书出版社 1996 年版。

39. ［英］边沁：《道德与立法原理导论》，时殷弘译，商务印书馆 2000 年版。

40. ［英］彼得·斯坦、约翰·香德：《西方社会的法律价值》，王献平译，中国法制出版社 2004 年版。

41. ［英］迈克尔·帕金：《微观经济学》，梁小民译，人民邮电出版社 2003 年版。

42. ［英］P. S. 阿狄亚：《合同法导论》，赵旭东等译，法律出版社 2002 年版。

43. ［英］约翰·史密斯：《合同法》，张昕译，法律出版社 2004 年版。

44. ［美］乔治斯·迪翁主编：《保险经济学前沿问题研究》，朱铭来等译校，中国金融出版社 2007 年版。

45. ［美］乔治斯·迪翁、斯科特·E. 哈林顿：《保险经济学》，王国军等译，中国人民大学出版社 2005 年版。

46. ［德］黑格尔：《法哲学原理》，商务印书馆 1982 年版。

47. ［德］考夫曼：《法律哲学》，刘幸义等译，法律出版社 2005 年版。

48. ［德］卡尔·拉伦茨：《法学方法论》，陈爱娥译，商务印书馆 2003 年版。

49. ［德］卡尔·拉伦茨：《德国民法通论》，王晓晔等译，法律出版社 2003 年版。

50. ［德］马克斯·韦伯：《论经济与社会中的法律》，张乃根译，中国大百科全书出版社 1998 年版。

51. ［德］K. 茨威格特、H. 克茨：《比较法总论》，潘汉典等译，法律出版社 2003 年版。

52. ［德］罗伯特·霍恩等：《德国民商法导论》，楚建译，中国大百科全书出版社 1996 年版。

53. ［德］N. 霍恩：《法律科学与法哲学导论》，罗莉译，法律出版社 2005 年版。

54. ［德］克雷斯蒂安·冯·巴尔：《欧洲比较侵权行为法》，张新宝译，法律出版社 2001

年版。

55. ［德］迪特尔·梅迪库斯:《德国债法总论》,杜景林、卢谌译,法律出版社 2004 年版。

56. ［日］我妻荣:《债权在近代法中的优越地位》,王书江等译,中国大百科全书出版社 1999 年版。

57. ［日］园乾治:《保险总论》,李进之译,中国金融出版社 1983 年版。

58. ［法］基佐:《欧洲文明史:自罗马帝国败落起到法国革命》,程洪逵、沅芷译,商务 印书馆 1998 年版。

59. ［法］莫里斯·奥里乌:《行政法与公法精要》,龚觅等译,郑戈校,辽海出版社、春 风文艺出版社 1999 年版。

60. ［奥］凯尔森:《法与国家的一般理论》,沈宗灵译,中国大百科全书出版社 1996 年版。

61. 郑玉波:《保险法论》,三民书局 1981 年版。

62. 郑玉波:《保险法论》,刘宗荣修订,三民书局 2003 年版。

63. 袁宗蔚:《保险学——危险与保险》,首都经济贸易大学出版社 2000 年版。

64. 江朝国:《保险法基础理论》,中国政法大学出版社 2002 年版。

65. 江朝国编著:《强制汽车责任保险法》,中国政法大学出版社 2006 年版。

66. 梁宇贤:《保险法新论》,中国人民大学出版社 2004 年版。

67. 梁宇贤:《保险法实例解说》,中国人民大学出版社 2004 年版。

68. 胡长清:《中国民法总论》,中国政法大学出版社 1997 年版。

69. 史尚宽:《债法总论》,中国政法大学出版社 2000 年版。

70. 王泽鉴:《民法总则》,中国政法大学出版社 2001 年版。

71. 王泽鉴:《侵权行为法》(第一册),中国政法大学出版社 2001 年版。

72. 王泽鉴:《民法学说与判例研究》(第一册),中国政法大学出版社 1998 年版。

73. 王泽鉴:《民法学说与判例研究》(第二册),中国政法大学出版社 1998 年版。

74. 苏永钦:《私法自治中的国家强制》,中国法制出版社 2005 年版。

75. 邱聪智:《从侵权行为归责原理之变动论危险责任之构成》,中国人民大学出版社 2006 年版。

76. 林诚二:《民法债编总论——体系化解说》,中国人民大学出版社 2003 年版。

77. 魏华林、林宝清主编:《保险学》,高等教育出版社 2006 年版。

78. 张洪涛、郑功成主编:《保险学》,中国人民大学出版社 2000 年版。

79. 郑功成、孙蓉主编:《财产保险》,中国金融出版社 1999 年版。

80. 邹海林:《责任保险论》,法律出版社 1999 年版。

81. 邹海林:《保险法》,人民法院出版社 1998 年版。

82. 邹海林:《保险法学的新发展》,中国社会科学出版社 2015 年版。

83. 庄咏文主编:《保险法教程》,法律出版社 1986 年版。

84. 覃有土主编:《保险法》,北京大学出版社 1998 年版。

85. 覃有土、樊启荣:《保险法学》,高等教育出版社 2003 年版。

86. 樊启荣:《保险契约告知义务制度论》,中国政法大学出版社 2004 年版。

87. 樊启荣编著:《责任保险与索赔理赔》,人民法院出版社 2002 年版。

88. 樊启荣:《保险法》,北京大学出版社 2011 年版。

89. 李玉泉:《保险法》,法律出版社 2003 年版。

90. 尹田主编:《中国保险市场的法律调控》,社会科学文献出版社 2000 年版。

91. 温世扬主编:《保险法》,法律出版社 2003 年版。

92. 齐瑞宗、肖志立编著:《美国保险法律与实务》,法律出版社 2005 年版。

93. 祝铭山主编:《保险合同纠纷》,中国法制出版社 2004 年版。

94. 吴庆宝主编:《保险诉讼原理与判例》,人民法院出版社 2005 年版。

95. 邓成明等:《中外保险法律制度比较研究》,知识产权出版社 2002 年版。

96. 秦道夫主编:《保险法论》,机械工业出版社 2000 年版。

97. 周玉华:《保险合同法总论》,中国检察出版社 2000 年版。

98. 周玉华:《保险合同与保险索赔理赔》,人民法院出版社 2001 年版。

99. 宋朝武主编:《民事诉讼法学》,中国政法大学出版社 2015 年版。

100. 孙积禄:《保险法论》,中国法制出版社 1997 年版。

101. 孙积禄等编著:《保险法原理》,中国政法大学出版社 1993 年版。

102. 沙银华:《日本经典保险判例评释》,法律出版社 2002 年版。

103. 常敏:《保险法学》,法律出版社 2012 年版。

104. 陈欣:《保险法》,北京大学出版社 2000 年版。

105. 梁鹏:《保险人抗辩限制研究》,中国人民公安大学出版社 2008 年版。

106. 王萍:《保险利益研究》,机械工业出版社 2004 年版。

107. 王伟:《董事责任保险制度研究》,知识产权出版社 2006 年版。

108. 许飞琼编著:《责任保险》,中国金融出版社 2007 年版。

109. 方乐华:《保险法论》,立信会计出版社 2006 年版。

110. 李秀芬:《保险法新论》,中国人民公安大学出版社 2004 年版。

111. 许崇苗、李利:《保险合同法理论与实务》,法律出版社 2002 年版。

112. 张洪涛、王和主编：《责任保险理论、实务与案例》，中国人民大学出版社 2005 年版。

113. 郭锋等：《强制保险立法研究》，人民法院出版社 2009 年版。

114. 郭宏彬：《保险监管法律制度研究》，吉林人民出版社 2004 年版。

115. 史学瀛、郭宏彬主编：《保险法前沿问题案例研究》，中国经济出版社 2001 年版。

116. 王家福主编：《中国民法学·民法债权》，法律出版社 1991 年版。

117. 梁慧星：《民法总论》，法律出版社 2001 年版。

118. 梁慧星：《中国民法经济法诸问题》，法律出版社 1991 年版。

119. 张俊浩主编：《民法学原理》，中国政法大学出版社 2000 年版。

120. 张俊岩主编：《保险法热点问题讲座》，中国法制出版社 2009 年版。

121. 马俊驹、余延满：《民法原论》，法律出版社 1998 年版。

122. 王卫国主编：《民法》，中国政法大学出版社 2007 年版。

123. 王卫国：《过错责任原则：第三次勃兴》，中国法制出版社 2000 年版。

124. 王利明：《侵权行为法归责原则研究》，中国政法大学出版社 2004 年版。

125. 杨立新：《侵权损害赔偿》，法律出版社 2008 年版。

126. 张新宝：《中国侵权行为法》，中国社会科学出版社 1998 年版。

127. 麻昌华：《侵权行为法地位研究》，中国政法大学出版社 2004 年版。

128. 刘金章等：《责任保险》，西南财经大学出版社 2007 年版。

129. 刘士国：《现代侵权损害赔偿研究》，法律出版社 1998 年版。

130. 胡雪梅：《"过错"的死亡——中英侵权法宏观比较研究及思考》，中国政法大学出版社 2004 年版。

131. 郭明瑞等：《民事责任论》，中国社会科学出版社 1991 年版。

132. 李永军：《合同法》，法律出版社 2004 年版。

133. 崔建远主编：《合同法》，法律出版社 2010 年版。

134. 杜军：《格式合同研究》，群众出版社 2001 年版。

135. 周枏：《罗马法原论》，商务印书馆 2014 年版。

136. 沈宗灵主编：《法理学》，北京大学出版社 1999 年版。

137. 张文显：《二十世纪西方法哲学思潮研究》，法律出版社 2006 年版。

138. 谢鹏程：《基本法律价值》，山东人民出版社 2000 年版。

139. 徐国栋：《民法基本原则解释——以诚实信用原则的法理分析为中心》（增删本），中国政法大学出版社 2004 年版。

140. 赵万一：《商法基本问题研究》，法律出版社 2002 年版。

141. 包锡妹：《反垄断法的经济分析》，中国社会科学出版社 2003 年版。

142. 平新乔：《微观经济学十八讲》，北京大学出版社 2001 年版。

143. 刘定华：《金融法专题研究》，北京大学出版社 2002 年版。

144. 单飞跃：《经济法学》，中南工业大学出版社 1999 年版。

145. 胡建淼：《比较行政法——20 国行政法评述》，法律出版社 1998 年版。

146. 马永伟主编：《各国保险法规制度对比研究》，中国金融出版社 2001 年版。

147. 吴定富主编：《中国责任保险发展论坛》，中国建筑工业出版社 2005 年版。

148. 李青武：《机动车责任强制保险制度研究》，法律出版社 2010 年版。

149. 编写组编：《〈中华人民共和国道路交通安全法〉逐条详解与立法原始资料》，中国方
    正出版社 2003 年版。

150. 王胜明主编：《中华人民共和国侵权责任法释义》，法律出版社 2010 年版。

151. 《机动车强制责任保险制度比较研究》编写组编：《机动车强制责任保险制度比较研
    究》，中国财政经济出版社 2008 年版。

152. 石国才：《索赔有方：道路交通事故处理全程指引》，法律出版社 2016 年版。

（二）论文

1. 刘锐："《道路交通安全法》第 76 条重构"，中国政法大学 2005 年博士学位论文。

2. 李兵："论责任保险对于侵权法的影响"，中国政法大学 2004 年硕士学位论文。

3. 邵海："责任保险影响下的现代侵权法的嬗变"，重庆大学 2008 年博士学位论文。

4. 许颢："论责任保险与侵权法的冲突与协调"，西南政法大学 2009 年硕士学位论文。

5. 马楠："责任保险第三人请求权研究"，吉林大学 2009 年博士学位论文。

6. 张磊："中国强制责任保险制度研究"，厦门大学 2007 年博士学位论文。

7. 谢书云："我国责任保险市场发展研究"，厦门大学 2008 年博士学位论文。

8. "中日新保险法研讨会"会议资料。（2009 年 10 月 17 日，主办单位：清华大学法学院、
   中国人民大学法学院、中国政法大学比较法研究所）。

9. "第二届中德侵权法研讨会"会议资料。（2007 年 7 月 23 日，主办单位：中国法学会民
   法学研究会、德国技术合作公司、中国人民大学法学院和中国人民大学民商事法律科学
   研究中心）。

10. ［美］约翰·G. 弗莱米："关于侵权行为法发展的思考：侵权行为法有未来吗？"，吕
    琳、许丽群译，载吴汉东主编：《私法研究》（第三卷），中国政法大学出版社 2003
    年版。

11. ［德］康德拉·茨威格特、海因·克茨："合同法中的自由与强制"，孙宪忠译，载梁
    慧星主编《民商法论丛》（第 9 卷），法律出版社 1998 年版。

12. ［日］北川善太郎："关于最近之未来的法律模型"，李薇译，载梁慧星主编：《民商法

论丛》（第 6 卷），法律出版社 1999 年版。

13. Rudolf Enz. ，Dr. Thomas Holzheu："责任保险损失的经济学：如何承保日益增长的责任风险"，载《Sigma》2004 年第 4 期。

14. 梁慧星："从近代民法到现代民法法学思潮——20 世纪民法回顾"，载梁慧星主编：《从近代民法到现代民法》，中国法制出版社 2000 年版。

15. 渠涛："从损害赔偿走向社会保障性的救济——加藤雅信教授对侵权行为法的构想"，载梁慧星主编：《民商法论丛》（第 2 卷），法律出版社 1994 年版。

16. 陈飞："论我国责任保险立法的完善——以新《保险法》第 65 条为中心"，载《法律科学》（西北政法大学学报）2011 年第 5 期。

17. 陈建晖、易艳娟："试论我国责任保险第三人代位请求权——新《保险法》第 65 条之管窥"，载《金融与经济》2009 年第 7 期。

18. 陈龙业："民法典关于机动车交通事故责任的创新发展与司法适用"，载《人民司法》2021 年第 7 期。

19. 陈亚芹："论责任保险第三人直接请求权的立法模式——对直接请求权理论基础的新解读"，载《保险研究》2011 年第 1 期。

20. 陈亚芹："责任保险第三人直接请求权的价值定位及其抗辩分析"，载《商业研究》2012 年第 2 期。

21. 陈志斌："关于交强险分项限额赔偿制度的立法思考"，载《山西财政税务专科学校学报》2021 年第 2 期。

22. 崔欣、华锰："责任保险的发展及责任保险危机"，载《北方经贸》2003 年第 7 期。

23. 丁凤楚："论我国机动车交通事故责任强制保险制度的完善"，载《江西财经大学学报》2007 年第 1 期。

24. 丁孜山："现代保险功能体系及衍生保险功能研究"，载《保险职业学院学报》2005 年第 5 期。

25. 郭锋、胡晓珂："强制责任保险研究"，载《法学杂志》2009 年第 5 期。

26. 郭国汀："关于所谓'酒后驾车险'的法律分析"，载《上海保险》2003 年第 9 期。

27. 郭宏彬："论保险监管的理论根源"，载《政法论坛》2004 年第 4 期。

28. 郭振华："责任保险：市场失灵、立法强制与道德风险管理"，载《金融理论与实践》2007 年第 2 期。

29. 韩长印："我国交强险立法定位问题研究"，载《中国法学》2012 年第 5 期。

30. 韩长印："责任保险中的连带责任承担问题——以机动车商业三责险条款为分析样本"，载《中国法学》2015 年第 2 期。

31. 胡晓珂："论强制责任保险的立法规制"，载《成人高教学刊》2008 年第 2 期。

32. 姜南："论责任保险的第三人利益属性——解析新《保险法》第六十五条"，载《保险研究》2009 年第 12 期。

33. 姜强："交强险的功能定位及其与侵权责任的关系——审理机动车交通事故损害赔偿案件的制度背景"，载《法律适用》2013 年第 1 期。

34. 金钢："论'交强险'制度之完善"，载《特区经济》2010 年第 6 期。

35. 李凤宁："海上责任保险的立法趋势与展望"，载《保险研究》2007 年第 4 期。

36. 李青武："论责任保险中'第三人'的法律地位"，载《学术界》2014 年第 8 期。

37. 李新天、印通："第三者保险金请求权类型化研究——以《保险法》第 65 条为中心"，载《保险研究》2014 年第 8 期。

38. 李祝用、姚兆中："再论交强险的制度定位——立法的缺陷、行政法规与司法解释的矛盾及其解决"，载《保险研究》2014 年第 4 期。

39. 刘德芸："机动车第三者责任强制保险制度的法律经济学分析"，载《海南金融》2006 年第 4 期。

40. 刘锐："强制责任保险与无过失保险可否兼容？——台湾的经验与大陆的教训"，载《中央财经大学学报》2006 年第 7 期。

41. 刘锐："中国机动车强制保险的目标定位与模式选择"，载《保险研究》2011 年第 7 期。

42. 罗振向："论我国交强险分责分项限额赔付的争议及解决途径"，载《法制与社会》2021 年第 4 期。

43. 刘学生："交强险立法与实践的两个法律问题辨析——以侵权责任法律关系为视角"，载《保险研究》2011 年第 9 期。

44. 刘玉林："责任保险被保险人请求权之结构、性质及功能——兼论我国《保险法》第 65 条、66 条规定之缺失"，载《广西师范大学学报》（哲学社会科学版）2015 年第 6 期。

45. 吕成道等："论我国责任保险市场的开发"，载《保险研究》2000 年第 7 期。

46. 马楠、王荣华："论责任保险第三人请求权之确立"，载《求索》2013 年第 3 期。

47. 马宁："中国交强险立法的完善：保险模式选择与规范调适"，载《清华法学》2019 年第 5 期。

48. 沈小军："论责任保险中被保险人的责任免除请求权——兼评《保险法司法解释四》责任保险相关条文"，载《法学家》2019 年第 1 期。

49. 孙宏涛："论强制保险的正当性"，载《华中科技大学学报》（社会科学版）2009 年第

4 期。

50. 孙宏涛：“产品责任保险中之第三人研究”，载《科学经济社会》2013 年第 4 期。

51. 孙祁祥、朱南军：“保险功能论”，载《湖南社会科学》2004 年第 2 期。

52. 王晨：“日本契约法的现状与课题”，载《外国法译评》1995 年第 2 期。

53. 王德明：“交强险打通分项限额判决评析——兼论交强险的立法目的和对价平衡原则”，载《保险研究》2014 年第 06 期。

54. 王伟：“责任保险法理学三论”，载《南京大学法律评论》2005 年第 2 期。

55. 王伟：“责任保险第三人是否有直接请求权”，载《中国保险》2005 年第 7 期。

56. 汪世虎、沈小军：“我国机动车之间交通事故归责原则之检讨——以德国法为参照”，载《现代法学》2014 年第 1 期。

57. 魏建、余晓莉：“机动车交通事故强制责任保险的法经济学分析”，载《学术研究》2006 年第 10 期。

58. 温世扬：“‘相对分离原则’下的保险合同与侵权责任”，载《当代法学》2012 年第 5 期。

59. 温世扬、姚赛：“责任保险保险事故理论的反思与重建”，载《保险研究》2012 年第 8 期。

60. 乌跃良：“论责任保险的特征”，载《财经问题研究》2000 年第 6 期。

61. 杨华柏：“完善我国强制保险制度的思考”，载《保险研究》2006 年第 10 期。

62. 杨勇：“任意责任保险中受害人直接请求权之证成”，载《政治与法律》2019 年第 4 期。

63. 姚辉：“侵权法的危机：带入新时代的旧问题”，载《人大法律评论》2000 年第 2 期。

64. 应松年：“《立法法》关于法律保留原则的规定”，载《行政法学研究》2000 年第 3 期。

65. 游春、朱金海：“强制保险的未来发展趋势及启示”，载《金融会计》2009 年第 1 期。

66. 曾娜：“从《道路交通安全法》看强制责任保险的发展对策”，载《昆明理工大学学报》（社会科学版）2004 年第 4 期。

67. 张力毅：“比较、定位与出路：论我国交强险的立法模式——写在《交强险条例》出台 15 周年之际”，载《保险研究》2021 年第 1 期。

68. 赵正堂、徐高峰：“从经济学视角看责任保险归责原则的变迁”，载《中国保险管理干部学院学报》2003 年第 5 期。

69. 郑莹：“论责任保险第三者的保险金请求权”，载《湖北大学学报》（哲学社会科学版）2015 年第 1 期。

70. 周学峰：“论责任保险的社会价值及其对侵权法功能的影响”，载于《甘肃政法学院学报》2007 年第 3 期。

71. 周博："责任保险制度的经济分析"，载《新西部》（下半月）2007 年第 12 期。

72. 最高人民法院民一庭杜万华等："解读《最高人民法院关于审理道路交通事故损害赔偿案件适用法律若干问题的解释》"，载《司法文件选解读》2013 年第 1 期。

73. 俞可平："社会公平和善治：建设和谐社会的基石"，载《光明日报》2005 年 3 月 22 日。

74. 张维迎："法律与社会规范"，载《文汇报》2004 年 4 月 25 日。

二、外文文献

1. André Tunc, *International Encyclopedia of Comparative Law*, Vol. 11, Torts, Introduction, J. C. B. Mohr（Paul Siebeck），1974.

2. B. A. Koch, Giovanni Comande, *Unification of Tort Law：Strict Liability*, Kluwer Law International, 2002.

3. B. S. Markesinis & S. F. Deakin, *Tort Law*, 4th ed., Oxford University Press, 1999.

4. Christopher Parsons, "Moral Hazard in Liability Insurance", *The Geneva Papers on Risk and Insurance-Issues and Practice*, Vol. 28, No. 3., 2003.

5. Craig Brown, "Deterrence in Tort and No-Fault：The New Zealand Experience", *California Law Review*, Vol. 73, 1985.

6. D. A. Farber, *Economic Efficiency and the Ex Ante Perspective*, in J. S. Kraus & S. D. Walt eds., *The Jurisprudential Foundations of Corporate and Commercial Law*, Cambridge University Press, 2000.

7. Daniel L. Rubinfeld, "The Efficiency of Comparative Negligence", 16 *Journal of Legal Studies*, Vol. 16（1987）.

8. David Mayers, Clifford W. Smith Jr., *On the corporate demand for insurance*. Foundations of insurance economics, Springer, Dordrecht, 1982.

9. Dorsey D. Ellis Jr., "Fairness and Efficiency in the Law of Punitive Damages", *Southern California Law Review*, Vol. 56, 1982.

10. Gary T. Schwartz, "Ethics and the Economics of Tort Liability Insurance", *Cornell Law Review*, Vol. 75, 1989.

11. Gerhard Wagner, *Tort Law and Liability Insurance*, Springer, 2005.

12. George L. Priest, "The Current Insurance Crisis and Modern Tort Law", *The Yale Law Journal*, Vol. 96, 1987.

13. Gur Huberman, David Mayers, Clifford W. Smith Jr. , "Optimal Insurance Policy Indemnity Schedules", *Bell Journal of Economics*, Vol. 14, 1983.

14. Ivar Strahl, "Tort Liability and Insurance", *Scandinavian Studies in Law*, Vol. 3, 1959.

15. Jan Hellner, "Tort Liability and Liability Insurance", *Scandinavian Studies in Law*, Vol. 16, Almqvist & Wiksell, 1962.

16. John Prather Brown, "Toward an Economic Theory of Liability", *The Journal of Legal Studies*, Vol. 2, 1973.

17. John G. Fleming, *An Introduction to the Law of Torts*, Oxford University Press, 1967.

18. John G. Fleming, "Contemporary Roles of the Law of Torts", *American Journal of Comparative Law*, Vol. 18, 1970.

19. John G. Fleming, "Is There a Future for Tort", *Louisiana Law Review*, Vol. 44, 1984.

20. Kenneth S. Abraham, "Environmental Liability and the Limits of Insurance", *Columbia Law Review*, Vol. 88, 1988.

21. Kenneth S. Abraham, *Insurance Law and Regulation*, The Foundation Press, 1990.

22. Kenneth S. Abraham, "The Rise and Fall of Commercial Liability Insurance", *Virginia Law Review*, Vol. 87, 2001.

23. Marc A. Franklin, *Injuries and Remedies: Cases and Materials on Tort Law and Alternatives*, 2nd ed. , The Foundation Press, 1979.

24. Michael Spence, "Consumer Misperceptions, Product Failure and Producer Liability", *The Review of Economic Studies*, Vol. 44, No. 3, 1977.

25. P. M. Danzon, "Liability and liability insurance for medical malpractice", *Journal of Health Economics*, Vol. 4, No. 4. , 1985.

26. Paula Giliker, Silas Beckwith, *Tort*, Sweet & Maxwell, 2000.

27. Peter Cane, *Atiyah's Accidents, Compensation and the Law*, 7th ed. , Cambridge University Press, 2006.

28. Peter Cane, *Tort Law and Economic Interests*, Clarendon Press, Oxford University Press, 1996.

29. Philip J. Cook, Daniel A. Graham, "The Demand for Insurance and Protection: The Case of Irreplaceable Commodities", *Foundations of insurance Economics*, Springer, Dordrecht, Vol. 91, 1977.

30. A. Mitchell Polinsky, "Strict Liability vs. Negligence in a Market Setting", *American Economic Review*, Vol. 70, 1980.

31. R. H. Coase, *The Problem of Social Cost*, 3 Journal of Law and Economics 1 (1978).

32. Richard N. Clarke, Frederick Warren-Boulton, David D. Smith, Marilyn J. Simon, "Sources of the Crisis in Liability Insurance: An Economic Analysis", *Yale Journal on Regulation*, Vol. 5, 1988.

33. Robert D. Cooter, Thomas S. Ulen, "An Economic Case for Comparative Negligence", *New York University Law Review*, Vol. 61, 1986.

34. Stephen D. Sugarman, "Doing Away with Tort Law", *California Law Review*, Vol. 73, 1985.

35. Steven Shavell, "On Moral Hazard and Insurance", *The Quarterly Journal of Economics*, Vol. 93, No. 4. , 1979.

36. Steven Shavell, "Strict Liability Versus Negligence", *Journal of Legal Studies*, Vol. 9, No. 1. , 1980.

37. Steven Shavell, "On Liability and Insurance", *The Bell Journal of Economics*, Vol. 13, No. 1. , 1982.

38. Steven Shavell, "Liability for Harm versus Regulation of Safety", *Journal of Legal Studies*, Vol. 13, No. 2. , 1984.

39. Steven Shavell, "The Judgement Proof Problem", *International Review of Law and Economics*, Vol. 6, No. 1. , 1986.

40. Ralph A. Winter, *Moral Hazard and Insurance Contracts*, in Georges Dionne ed. *Contributions to Insurance Economics*. Kluwer Academic Pulishers, 1992